外国语言文学与文化研究文库
WAIGUO YUYAN WENXUE YU
WENHUA YANJIU WENKU

ZHONGGUO JINXIANDAI GAOXIAO YINGYU JIAOYU
BIANQIAN YU ZHONGHUA WENHUA FUXING

中国近现代高校英语教育变迁与中华文化复兴

赵海燕 ◎ 著

首都经济贸易大学出版社
Capital University of Economics and Business Press

·北京·

图书在版编目(CIP)数据

中国近现代高校英语教育变迁与中华文化复兴／赵海燕
著. -- 北京：首都经济贸易大学出版社，2020.6
ISBN 978-7-5638-3118-0

Ⅰ.①中… Ⅱ.①赵… Ⅲ.①高等学校-英语-教育史-研究-中国-近现代 Ⅳ.①H319-092

中国版本图书馆 CIP 数据核字(2020)第 159879 号

中国近现代高校英语教育变迁与中华文化复兴
赵海燕 著
Zhongguo Jinxiandai Gaoxiao Yingyu Jiaoyu Bianqian yu Zhonghua Wenhua Fuxing

责任编辑	陈 侃
封面设计	小 尘
出版发行	首都经济贸易大学出版社
地 址	北京市朝阳区红庙（邮编 100026）
电 话	（010）65976483 65065761 65071505（传真）
网 址	http://www.sjmcb.com
E- mail	publish@cueb.edu.cn
经 销	全国新华书店
照 排	北京砚祥志远激光照排技术有限公司
印 刷	北京九州迅驰传媒文化有限公司
成品尺寸	170 毫米×240 毫米 1/16
字 数	252 千字
印 张	14.5
版 次	2020 年 6 月第 1 版 2024 年 8 月第 2 次印刷
书 号	ISBN 978-7-5638-3118-0
定 价	52.00 元

图书印装若有质量问题，本社负责调换
版权所有 侵权必究

北京市社会科学基金项目"中国近现代高校英语教育发展的文化路径及当代启示研究"资助(项目编号:16JYB007)

前　言

　　英语能力为我国国民外语能力的重要成分,对于"加强国际传播能力和对外话语体系建设,推动中华文化走向世界",具有重要意义。然而,中国高校英语教育中广为存在的"中国文化失语"现象,虽然已被关注十余年,但学界研究只集中于教学层面的机械性修补,且大多基于个人的知识和职业经验,所以至今仍未消除。中国高校英语教育"中国文化失语"问题导致国民英语能力中的中华文化表述力严重缺失,成为以英语向世界交流传播中华文化的重大障碍。

　　近代以来,中华文化面对"数千年未有之变局",各种思想"你方唱罢我登场",国家发展与复兴的道路摇摆不定;所以,一般的观察是:中国高校英语教育依政局的变动而变迁。目前还没有以文化背景为主线系统地研究中国高校英语教育发展的学术成果出现,现有对中国高校英语教育变迁历程的叙述散见于各种对中国英(外)语教育发展的研究中,其阶段划分正是以政权性质或政治思想的分野为依据,均流于对各时期中国高校英语教育发展的一般描述,既无对历史的解释力,也无对未来的预见力,无法从中国高校英语教育变迁的历史中系统探讨中国高校英语教育在当代世界的文化价值取向,因而对中国高校英语教育中出现的文化问题不能提出有深度的具有"内在决定性"的政策建议。

　　中国高校英语教育的"中国文化失语"只是一个表象,真正的问题在于中华民族百余年来文化自信的缺位、英美新教文化的侵覆、中国高校英语教育以英美文化为正统的传统,以及相应的政策上的保守与僵化。为此,梳理近代以来中国高校英语教育产生、变迁的文化背景,以此为主线揭示"中国文化失语"形成的历史文化根源,并据此创新理论、改进政策,是十分必要的。

　　中华传统文化是世界主要的原生文明之一,延绵悠远,博大精深。但在近代英国已率先完成工业革命进入工业文明的人类历史转折时期,旧中国仍在固步自封,拒绝交流和变革。以英美为代表的基督教文明与中华传统文明开始了漫长的碰撞与冲突。中国高校英语教育产生和发展于这种历史背景之中,成为两种异质文化在世界大势推动下进行触变的主要"切合点"之一。中国高校英语教育变迁的文化母体并不是一成不变的中华文化,而是在与英美文化为主的西方文化激烈接触与变容中浴火重生一步步走向复兴的中华文化。把握中国高校英语教育文化价值取向的历史脉络和未来走向,近代以来中华文化触变英美文化的历史进程是逻辑主线。一种致力于系统解释异文化"接触"与"变容"的理论框架——文化触变论,近年形成、完善于日本著名国际关系学者平野健一郎(Kenichiro Hirano)的著作《国际文化论》中,并经翻译传入中国,但在人文领域尚没有切实的应用成果。以文化触变论研究近代以来中华文化触变英美文化的历史进程是一项富有挑战性的工作。本书就此进行了较为深入细致的系统探索。

本书在近代以来英美新教文化东渐中华的历史视野中,梳理中国高校英语教育发展及其变迁的文化路径,揭示"中国文化失语"的历史文化根源,回归"自文化本位",增强文化自觉和确立"文化自信",使中国高校英语教育肩负起中华文化国际传播的使命。在中华文化英语表述问题上,要打破理论桎梏,揭示"中国英语"(China English)在中国及国际社会形成制度化变体的特有机制;为秉持文化自信,调整高校英语教育政策,消除"中国文化失语"提供理论基础,从而促进当代中国高校英语教育肩负起中华文化国际传播的时代使命,使中国成为英语教育强国,实现中华文化复兴。

目 录

一、绪论 ……………………………………………………………… 1
 (一)本书的研究内容 ………………………………………… 6
 (二)文化触变解读 …………………………………………… 7
 (三)本书对文化触变论的运用 ……………………………… 13

二、基本概念与理论基础 …………………………………………… 17
 (一)外语 ……………………………………………………… 19
 (二)教育 ……………………………………………………… 21
 (三)文化 ……………………………………………………… 24
 (四)民族与民族国家 ………………………………………… 28

三、中华文化与英美文化的异质性 ………………………………… 33
 (一)中华文化 ………………………………………………… 35
 (二)英美文化 ………………………………………………… 41
 (三)方凿圆枘 ………………………………………………… 49

四、晚清高校英语教育与西学东渐 ………………………………… 59
 (一)中国早期新教教会英语教育(1807—1861) …………… 62
 (二)晚清洋务英语教育与教会高校英语教育的产生(1862—1894) …… 67
 (三)教会高校英语教育的系统化与本土近代高校英语教育的
   发展(1895—1911) ……………………………………… 83

(四)英语教育与晚清中华文化的触变 …………………………… 96

五、民国高校英语教育与英美文化的传播 …………………………… 103
(一)民国高校英语教育的发展和新教文化的加快

传播(1912—1922) …………………………………………… 106

(二)现代民族主义初兴下的高校英语教育(1922—1927) ……… 119

(三)南京国民政府时期高校英语教育的发展(1927—1949) …… 123

(四)文化触变要素融入个例观察:民国教会高等教育中的

宗教教化与中国传统文化 ………………………………… 132

六、新中国高校英语教育与民族文化独立 …………………………… 137
(一)仿苏时期的中国高校英语教育(1949—1961) ……………… 139

(二)拒绝传承与借鉴的文化独立之路上的高校

英语教育(1962—1978) …………………………………… 145

(三)改革开放以来的高校英语教育(1979 之后) ………………… 148

七、中华文化复兴与中国高校英语教育的转折 ……………………… 163
(一)中华文化复兴中的中国高校英语教育 ………………………… 168

(二)中国高校英语教育的"自文化本位"回归 …………………… 174

(三)"中国英语"(China English)与中华文化国际传播 ………… 182

结语 ……………………………………………………………………… 205

参考文献 ………………………………………………………………… 210

后记 ……………………………………………………………………… 223

一、绪论

一、绪论

  2011年,中共中央发布的《关于深化文化体制改革推动社会主义文化大发展大繁荣若干重大问题的决定》要求,要"培养高度的文化自觉和文化自信……推动中华文化走向世界,增强国际话语权"①。2013年中央进一步指出,"加强国际传播能力和对外话语体系建设,推动中华文化走向世界"②。习近平总书记在不同场合多次要求,"传播好中国声音,讲好中国故事,向世界展现一个真实、立体、全面的中国"③。2016年总书记又指出:"坚定中国特色社会主义道路自信、理论自信、制度自信,说到底是要坚定文化自信。文化自信是更基本、更深沉、更持久的力量。"④文化自信、文化自觉、讲好中国故事是实现中华民族伟大复兴中国梦的重要组成部分,是我国的重大国家战略。随着我国综合国力的大幅跃升以及中国特色社会主义现代化道路的日益成熟,底蕴深厚的中华文明在当代社会主义新支点上重新崛起并全球传播渐成大势。"中国梦"和"一带一路"的推进,将使世界对中国的物质和精神要素的需求越来越强劲。英语为我国公民外语能力的主体成分,也是实际上的"国际通用语";短期内使汉语发展成为国际通用语之一,目前尚不可能,所以,中华文化的英语表达,将成为中华文化国际传播的现实途径。⑤近代以来,中国英语教育的产生和发展本质上是英语及英美新教文化向中华文化的传播,同时应造就中华文化反向传播的条件和途径。但现实是,许多有相当英文程度的中国大学生,甚至是一些具有较高英语水平以及文化素养的博士生,一旦进入英语交流语境,西方文化可娓娓道来,中华文化却词不达意。2000年,"中国文化失语"的论断震动学术界⑥。但十余年来,我国英语

---

  ① 中共中央.中共中央关于深化文化体制改革推动社会主义文化大发展大繁荣若干重大问题的决定 [J].求是,2011 (21):12.
  ② 新华社.中共中央关于全面深化改革若干重大问题的决定 [J].求是,2013 (22):14.
  ③ 2013年10月,在全国宣传思想工作会议上,习近平总书记指出:"讲好中国故事,传播好中国声音。" 2014年5月,他在中国国际友好大会上再次要求:"传播好中国声音,讲好中国故事,向世界展现一个真实、立体、全面的中国。"总书记在2014年11月中央外事工作会议上进一步提出:"要提升软实力,讲好中国故事,做好对外宣传。"
  ④ 习近平.在哲学社会科学工作座谈会上的讲话 [N].光明日报,2016-5-19 (06).
  ⑤ 赵海燕.中国近现代基础英语课程发展的文化路径及启示 [J].课程.教材.教法,2016 (1):80.
  ⑥ 南京大学外国语学院教授从丛在光明日报 (2000-10-19 C01) 发表《"中国文化失语":我国英语教学的缺陷》一文,指出当时中国英语教学中严重的"中国文化失语"现象,呼吁采取对策,在各级英语教学中加强中国文化教学以达成传播中国文化之使命。其观点鲜明尖锐、立论深刻有力,引发外语界震动。

教育的"中国文化失语"问题并没有得到有效解决，近年仍是热点问题，原因在于已有研究没有找准"症结"，只是循着现状、问题、原因、对策的思路，流于现象描述和直观对策，没能形成理论突破以调整高校英语教育政策。① 中国高校英语教育已严重滞后于中华文化国际传播的国家战略需求。"中国文化失语"是中国高校英语教育效果的产物，其直接根源在于高校英语教育政策的偏差，深层根源在于中国高校英语教育的文化价值取向的历史惯性。只有采英美新教文化东渐中华的历史视野，梳理近代以来中国高校英语教育发展的文化路径，才能揭示"中国文化失语"的历史文化根源，调整中国高校英语教育政策，使中国高校英语教育回归"自文化本位"，秉持文化自信，肩负起中华文化国际传播的使命。

作为关涉中华文化与英美文化的语言传播领域，中国高校英语教育自晚清时期产生起，就成为传播新教福音及英美文化的重要途径，也是西学东渐的主要桥梁。在中国高校英语教育的文化价值取向上，长期以来存在这样一个状态：潜意识里"跨越"（或"避开"）中华文化，无视或忽略中华文化应有的存在，将高校英语教育中文化能力的培养等同于英美文化的导入，旨在使受教育者适应或形成英美文化的概念结构。而在当代实践中，这种绵延已久的"舍己从人"的英语教育文化价值取向及其所形成的高校英语教育政策，使中国高校英语教育的发展走入误区，其实现教学目标的过程本身就已阻碍了学习者跨文化交际能力的成长，侵蚀了学习者对于中华文化的认同感和归宿感。在当前中华文化复兴大势下，这种高校英语教育的文化价值取向与提高英语学习者的中国文化素养，树立文化自觉和文化自信，进而增强中华文化的对外自我表述能力和国际传播力的时代要求格格不入。秉持文化自信，调整教育政策势在必行。

客观而言，英语教育中的文化纠结对中国高校英语教育政策的影响毋庸

---

① 近年来，对英语教学中的"中国文化失语"关注度逐年上升，在当前树立文化自信、中国文化走出去的国家战略下，该问题的解决已成为迫切的课题。已有众多学者就此展开研究：张为民，朱红梅. 大学英语教学中的中国文化 [J]. 清华大学教育研究，2002 (s1)：37-43；肖龙，肖笛，李岚，等. 我国高校英语教育中的"中国文化失语"现状研究 [J]. 外语教学理论与实践，2010 (1)：39-47；马冬虹. 外语教学中文化因素研究 [D]. 上海外国语大学，2007；陈桂琴. 大学英语跨文化教学中的问题与对策 [D]. 上海外国语大学，2014；郭佳. 英语专业教学中的中国文化意识培养 [J]. 外语学刊，2011 (3)：148-150；等等。其中，笔者从文化变迁视角探讨了该问题：赵海燕. 从文化变迁看高校英语教育的"中国文化失语" [J]. 中国高教研究，2016 (11)：99-102。

置疑。英语教育在我国约200年的历史、高校英语教育约150余年的历史，也正值传统中华文化受到以英美为代表的新兴工业文明的冲击而撼动、迷失、试错、涅槃的跌宕起伏的历史转折时期。异质文化相互作用而引致英语教育发生变迁的过程和机理丰富地蕴藏于中国高校英语教育的发展历史中。换言之，"舍己从人"的高校英语教育文化价值取向的形成有其深刻的历史渊源。

目前在我国，从文化角度研究英语教育主要着眼于英语教育的跨文化交际领域，在理论上定位于英语教育中学习者如何通过学习、使用外语在和异文化成员相处时能"行为恰当"、达到交际目的，涉及交际者的认知、情感、行为等各层面的研究；这种交际者通过生产性学习迈向"超越"的境界，其出现的新的知识只是关于认知、情感、行为、人的成长等方面的。而对中国英语教育的"中国文化失语"现象，现有的跨文化交际理论是没有解释力的。

外语教育因为语言所具有的天然文化内涵，不但涉及语言工具的教授，更涉及异文化的传播与交流，而后者形成并促进了人类文化多元竞争、触变演化的历史大势。从这个角度看，外语教育因此与民族国家的文化发展具有相关联的关系。外语教育的产生和发展源于人类异文化间接触的需要与事实，并因此形成了当代的跨文化交际研究领域，但同时，一个重要课题被长期忽视：由于异文化间的接触而导致的文化变化（文化触变）对民族国家的外语教育是否产生影响，如何产生影响，产生何种影响？这个课题彻底超出了目前外语教育中跨文化交际理论的研究范围，需要开辟对外语教育进行文化研究的新视角。

中国高校英语教育本身即是中华文化与英美文化相接触的产物，其发展的背景、环境甚至母体，并非既成的、静态的、一成不变的中华文化，而是与英美文化进行二百年激烈"触变"的中华文化①。以近现代中华文化触变英美文化为主线对中国高校英语教育变迁的历史进行梳理，对未来发展进行政策规划，具有现实必要性。本研究期望通过发现上述问题的答案，解构中国英语教育中"中国文化失语"的历史文化症结，更期望能够动态地、创造性地探索中华文化复兴态势下中国高校英语教育的文化价值新取向，为政策调整提供借鉴，服务于唤醒文化自觉、树立文化自信、加强文化国际传播的伟大复兴的中国梦。

---

① 赵海燕. 中国近现代基础英语课程发展的文化路径及启示[J]. 课程. 教材. 教法, 2016 (1)：74.

日本著名国际关系学者平野健一郎（Kenichiro Hirano）开创了国际文化论学说，构建了文化触变论的理论框架和方法论，以考察不同文化体系间接触与变容的动态机制。文化触变论是本书研究中国高校英语教育发展历程的方法论，力图以新视角诠释中华文化的现代化，研究中国高校英语教育文化政策、文化内容和文化价值取向的变迁和走向，服务于相应的中国高校英语教育政策调整。

（一）本书的研究内容

本书揭示当代中国高校英语教育的文化价值取向与中华文化复兴的大势产生偏差的历史原因，突破目前学界多以政权更替或政治思想分野角度描述中国高校英语教育发展历史的常规，从文化触变视角梳理中国高校英语教育约150余年的变迁，揭示中华文化与英美文化的触变对中国高校英语教育变迁路径的作用机理，研究当代中国高校英语教育的应然文化价值取向，从而秉持文化自信，调整相关政策，促进民族文化复兴。

为此，本书将从相关概念与视角切入，研究外语、教育与高等教育、文化、民族与民族国家等概念的源起与发展，揭示这些概念中存在着的一脉相承的基因和价值，并以此相互关联与影响，阐述其现代意义上的定义内涵，界定研究范畴，说明研究的角度、方法——文化触变论。在文化触变理论述评中，对平野健一郎的文化触变论简述其分析框架、方法特点，阐释其主要理论范畴和成果，并结合本书的研究对其进行述评。

中国高校英语教育产生于东西方两种文化的接触与碰撞，本身即为文化触变的产物，因此，对中华文化与英美文化进行必要的研究与对比是解析中国高校英语教育变迁发展与民族文化复兴的关系的前提。本书将分别从两种文化的源头出发，依主要发展脉络，揭示其各自基因特质与历史流变，并就文化精神与语言特点进行对比研究。

在对中国高校英语教育发展的研究资料和中国近现代史的资料进行搜集梳理的基础上，分晚清英语教育、民国英语教育与新中国英语教育三个阶段整理中国高校英语教育产生、发展的历史背景、国际关系背景，从中华文化对英美文化触变的角度研究中国高校英语教育文化价值取向变迁的机理，以及其对民族文化复兴的影响。

一、绪论

随着中国特色社会主义理论的形成和完善，中国现代化发展模式逐渐成熟和稳定，综合国力大幅度跃升，"离中华民族伟大复兴的目标从来没有这样接近过"。党的十八大提出"理论自信"、"道路自信"与"制度自信"，说到底即为"文化自信"，并且，这些"自信"的目的之一即为"文化传播"。2013年习近平总书记提出："要努力展示中华文化独特魅力……把跨越时空、超越国度、富有永恒魅力、具有当代价值的文化精神弘扬起来，把继承传统优秀文化又弘扬时代精神、立足本国又面向世界的当代中国文化创新成果传播出去。"[①] 党的十九大报告强调文化自信的基础性地位，提到"没有高度的文化自信，没有文化的繁荣兴盛，就没有中华民族伟大复兴"。中国民众中兴起的文史热、经典热经久不衰，当代社会与民族传统固有的血脉联系被渐渐疏通，民族文化的复兴和传播蔚为时代大势，其与强势英美文化的触变势将迎来新节点。中国高校英语教育将迎来文化价值新取向，面临理论创新和政策调整，在民族文化复兴中的作用及发挥作用的方向也必将发生变化。

本书中，所谓"中国高校英语教育"是指在中国进行的以英语为目的语的高校外语教育。英语在中国作为外语的一种，是属于哪个"外国的语言"呢？从英语的文化起源及其依托的国家的文化影响力来看，英国和美国先后在19世纪和20世纪成为英语的最主要输出主体，而且由于英国和美国文化渊源上的一致，以致通常被合称为英美文化，本书在从文化（触变）视角研究中国高校英语教育的发展时，英语作为"外国的语言"所承载的国别与文化被限定于英美，这种界定也符合英语在中国的实际文化状态。

（二）文化触变解读

本书的基本假设是：近代以来，中国高校英语教育的发展与中华文化触变英美文化的历史进程是相互融合的，因而中华文化触变英美文化的状态将影响中国高校英语教育的文化价值取向。为了把中国高校英语教育放到中华文化复兴的历史进程中去考察它的变迁、发展过程，解释中国高校英语教育的产生、发展、现状和走向，研究的视野不能平面化，就事论事，而是应该从历史纵深的维度结合历史背景梳理其变迁，对其机理进行系统的理论研究，

---

① 习近平.建设社会主义文化强国：着力提高国家文化软实力 [N].人民日报，2014-1-1 (01).

这样才能够科学推测其未来,并进一步提出政策建议。这就需要把关于中国高校英语教育史有关的资料,以及近代以来中华文化、英美文化接触与碰撞的资料系统地搜集、整理,综合研究、梳理和创新。

除了上述方法外,文化触变论是本书通过分析近现代中华文化整体的变迁过程来研究中国高校教育发展与中华文化复兴内在关系的主要方法论,力图以新的视角诠释中华文化的现代化,以及其所引致的中国高校英语教育文化政策、文化内容和文化价值取向的变迁和走向,以期服务于相应的中国高校英语教育政策调整。为此,如欲抽丝剥茧,步步深入,论证观点,创新思想,必须对文化触变论进行解读。

1. "文化触变"方法的必要性与可行性

研究中国高校英语教育变迁历程,学界历来是以政治思想或政权性质为视角。英语教育实质上体现的是异文化间的相互作用关系,因此,由于英语教育的性质是异文化的传播,通行的研究方法在揭示中国高校英语教育变迁与文化本体变化深度相关的机理问题上具有局限性,不能针对现实的"中国文化失语"问题实现理论创新并提供有深度的政策建议,也不能揭示中国高校英语教育发展与中华文化复兴的内在关系。"文化触变"的方法能从各类微观的文化要素入手深入分析与异文化接触的文化本体的变化,从而研究相关领域发展与变化相互影响的内在机理,因而是必要的。另外,中国高校英语教育本身即为中华文化与英美文化触变的产物,通过对外语、教育与高等教育、文化、民族与民族国家等相关概念进行起源性梳理,可以论证中国高校英语教育本身具有的文化因素。因此,研究认为"文化触变"的方法和视角是可行性的。

在对近代以来中华文化复兴的研究上,"文化触变"也是一种必要的、很有解释力的方法。一种人类文化,其发展变化自有其内在的规律和路径。中华文化数千年的演化实际上也是远古华夏文化触变了外围无数的异文化而形成的,以"夏"化"夷"为历史常态。近代以来,旧中国临"数千年未有之变局",被迫"师夷长技以制夷"以避灭种之祸;中华文化与英美文化在触变中处于弱势地位,不断地累积触变结果以改变自身面貌,以致当代中华文化本身因触变而涵化了很多英美文化要素。对此的分析与把握,不但前接中国高校英语教育约150余年的发展,后续新时代中国高校英语教育的前瞻,而且需要梳理主要文化要素的吸收与变容,以及因此形成的中华文化复兴的历史主线。

2. 文化触变论概述

文化触变论实际上是一种关于异文化关系的理论，但与学界主流的跨文化交际理论有很大的不同。

当前跨文化交际理论对异文化交流的研究，侧重于关注文化摩擦、文化冲突、文化互识等，主张通过尊重、参与、移情、调适等，达到求同存异、顺畅沟通。① 这种主流论述暗含的前提是：文化是既成的，且以互有差异为前提；于此所观察的文化交流往往囿于表面性，不仅立足于静态的文化，而且本质上是研究交流的规律，一般无涉文化本体，更不是探究动态的文化变化机制，以及此种变化对文化交流的影响。

研究处理表面性异文化交流和异文化沟通的方法，以解决异文化的人们顺畅交流、沟通的问题，不可谓不重要，然而由于文化会相互干涉，相互改变对方，因此理应尝试理解它的动态机制。

日本东京大学教授平野健一郎开创了"国际文化理论"，以研究近现代之国际关系。体现其核心思想和理念的奠基性著作《国际文化论》于2000年出版，张启雄等翻译的汉译本由中国大百科全书出版社于2011年出版。所谓国际文化论，"是以一种从文化的观点来观察国际关系的尝试……国际关系本身就是一种文化，所以尝试用文化的观点来理解整体的国际关系"②。平野健一郎把"acculturation"译为文化触变，把文化触变论开拓性地导入国际关系研究。由于文化会相互干涉，相互改变对方，因此尝试理解它的动态机制，即为文化触变。平野健一郎在《国际文化论》的中文版序言中自述，该著作原来是作为日本国际关系论中一个研究领域的教学成果而诞生的；在建构"国际文化论"的理论体系过程中，逐步将族群性的概念、族群的存在及其重要性等理论导入日本的国际关系论领域；另外，又参照文化人类学理论，开始建构"文化触变"之统一框架，提出以此即能理解近代、现代之国际关系的主张。

《国际文化论》全书共十章，依次为：绪论、国际关系中的文化、文化的变化、文化的接触和变容、对文化触变的抵抗、文化触变的结果、抵抗的文化触变、从文化触变论看近代亚洲及日本的文化、文化变容与文化交流、结

---

① 如李清源、魏晓红在其《中美文化与交际》（复旦大学出版社，2012：70-78）中所论。
② [日] 平野健一郎. 国际文化论 [M]. 北京：中国大百科全书出版社，2011：2.

束语。从章节内容即可看到,所谓的"国际文化论",其核心理论即"文化触变论"。

人类社会曾经处于相互分割的不同地理环境中,面临不同的生活环境和条件,经过长期的发展演化,形成了不同的文化进化路径、精神风貌和功能结构。这些千差万别的人类文化虽不是物理的自然物,却是社会的自然物,具有客观性和确定性,是可认知的,这是文化触变理论对文化作为体系展开分析的物质基础。

平野先生的文化触变理论旨在构建通过分析文化整体的转变过程来研究历史的方法论,以下假设为逻辑起点:①文化是由无数的文化要素构成的,就像人体是由无数的细胞所形成的有机体一般。②文化具有体系性。a)部分(文化要素)构成整体,整体大于部分之和。b)文化拥有边界。c)部分(文化要素)各有其特有功能,文化要素之间做了特定组合,因此整体也有其特定结构。d)具有稳定性与恢复平衡性,此为文化体系性的根本体现,文化循此而变化,即:崩解—打破旧平衡—创造—构成新平衡。文化触变论以文化要素的国际性活动作为素材,考察东亚文化对西欧文化的触变,以及全球文化的问题。文化触变论基于微观的"文化要素"之上,进行分析、归纳、推论,形成绵密的理论架构以阐释人类异文化间交流与演化的宏观场景(见图1-1)。

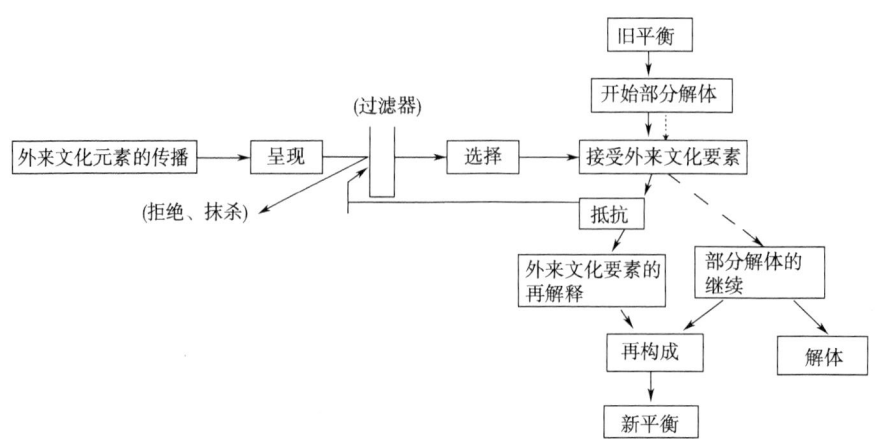

图1-1 文化触变的过程

资料来源:[日]平野健一郎.国际文化论[M].北京:中国大百科全书出版社,2011:56.

一、绪论

3. 文化触变论评议

以文化理论理解国际关系是平野先生的研究初衷。针对该理论的特点，本书提出以下几点评议。

（1）关于对文化的定义。文化触变论一个基本性的假设就是文化产生于人们的需要：文化乃人类为了守护自己而创造出介于周遭的自然环境与人之间具有普遍性、抽象性的东西，乃"求生存的办法"。至于文化的内涵，平野先生则引用了石田英一郎讲义中的表述，认为包含技术、社会、语言、价值四个"特别重要"的文化要素群。"技术……文化要素群被称为是作为人类用手来延伸的道具与用法，是人类为求生存的办法中最基本的东西。由于人类无法一个人单独生存，社会毕竟是作为人求生存办法所创造出来的集团和推动该集团生活的文化要素群。语言是作为集团生活中意思疏通的必要办法，不论是普遍的或是个别的，都不可或缺。价值是善恶、美丑、道德、宗教、文学、美术等与判断基准相关的文化要素，是集团内的共同价值，关系到相互理解，从而提高生存的可能性。"①

其对文化的把握与辜正坤的广义文化定义相近，即："人和环境互动而产生的精神、物质成果的总和，它包括生活方式、价值观、知识、技术成果，以及一切经过人的改造和理解而别具人文特色的物质对象。"② 因此，文化触变理论中文化的取义与中国学界一般所采用的广义文化概念的外延、内涵均大致相同。

（2）对人作为文化触变主体的觉察和强调。近代以来，文化触变几乎都发生在民族国家之间，主要是民族国家成为文化触变的现实主体。并且，从国际法的角度来看国际关系，毫无疑问国家即为主体，可是，从现代国际关系来看，正如平野先生所描述的国际交流那样，"人"在国际的行走频率，比传统的"国"际行走即外交的节奏已是大大超过，因而，"人"作为国际交往的主体，越来越显著了。国际行走的"人"所蕴含与携带的"文化移动"，必造成异文化间的接触，进而产生文化触变。文化触变理论对此种现象的觉察与强调，不仅源自于对现代社会"国际人流"日益庞大的观察，而且立足于其对20世纪60年代以来各国国内所发生的对"人权"的强化所做出的观察，"个人的人权变得可以与国家的主权相对立，为了维护个人的人权，主张

---

① ［日］平野健一郎. 国际文化论［M］. 北京：中国大百科全书出版社，2011：12.
② 辜正坤. 中西文化比较导论［M］. 北京：北京大学出版社，2007：53.

国际性的人道介入等提议，虽说尚未成为定论，却逐渐形成事实。"① 撇开上述论述西方个人主义的价值底色，就其揭示的客观实际来讲，"人"在文化触变主体中地位的上升确为考量国际文化间竞争与演化的重要根据。对"人"的"文化化"与"社会化"，其主要途径即为教育；"国际人流"的移动，外语当为媒介，因而，外语教育当成为观察和处置国际文化触变的重要领域。

（3）立足于文化的变化观察异文化交流。对异文化交流的研究，一般关注于文化摩擦、文化冲突、文化互识等，主张通过尊重、参与、移情、调适等，达到求同存异、顺畅沟通。这种普遍的主流论述暗含的前提是：文化是既成的，且以互有差异为前提；所观察的文化交流往往囿于表面性，立足于静态的文化，而且本质上是研究交流的规律，一般无涉文化本体，更不是探究动态的文化变化机制，以及此种变化对文化交流的影响。

文化触变理论基于异文化接触产生的相互干涉、相互改变，建构"文化触变"的统一框架，以此形成理论体系来观察和解释人类文化的演变规律。在全球化逐渐深入发展的当代，人类各主要文明间客观上存在着工业化、现代化的先后，但工业化、现代化的历史进程又使异文化间逐渐累积着一些相似却又不同的要素，对这些新的文化要素，存在着进行文化触变研究的必要性。也就是说，一种文化发展的背景、环境甚至母体，并非既成的、静态的、一成不变的，而总是与异文化进行相互"触变"中的。因此，立足于文化触变，考察人类文化的变迁，便成为动态的、创造性的探索路向，具有全新的解释力。

（4）微观的方法与宏观的视野。文化触变论以文化要素的国际性活动作为素材，考察东亚文化对西欧文化的触变，以及全球文化的问题。其以微观的"文化要素"的假设为逻辑起点，进行分析、归纳、推论，形成绵密的理论架构以阐释人类异文化间交流与演化的宏观场景。平野先生以此对近现代西欧文化对东亚文化（基本上是日本文化）的触变做了一些研究，包括文化要素的变异与特征，教育制度的演变与特色，日本文化是否"美国化"问题，清晰地解释了日本文化在日本工业化、现代化进程中以及二战以后的变迁逻辑。着眼于微观的文化要素变异的细腻的分析方法，与一种民族文化的宏观的历史变迁的进展，统一于文化触变论这个理论框架中。

---

① ［日］平野健一郎. 国际文化论［M］. 北京：中国大百科全书出版社，2011：188.

文化触变理论在国内处于初步的引介阶段，尚无应用成果，却具有很大的潜在的应用价值。平野的国际文化论认为国际关系本身就带有文化性质，故先验存在的是"文化的关系"，从而对国际关系研究的理论和方法论做出重要贡献。中国台湾地区近代史研究员张启雄指出："'国际文化论'既是新的学术领域，也可视为是一种新的研究方法。因为它是用文化的角度来切入问题的核心，使得向来用政治的观点来分析国际关系，或用经济的角度来切入国际关系的研究出现的问题——都呈现出来，所不曾出现的见解也不断地被提出来检讨。"①

中国近代以来救亡图强的历史，是基督教文化试图以自己的面目改造中华文化以使"中华归主"的历史，也是传统中华文化不断吸收基督教文化的文化要素而逐步改变面貌以使中华民族工业化、现代化的进程。笔者认为："儒文化在民族精神中主体地位的回归，使传统文化精神、民主集中制、社会主义市场经济融合而成的中国特色社会主义道路在中国社会真正生根。"② 当代中国文化，是近代以来中华文化面对基督教文化兼收并蓄而形成的文化触变成果，虽然各组成要素的面目和内涵已异于其在原文化体系中的状态，但这些文化要素的面目和内涵是经过触变形成的，是一种文化创新或创造，在中华文化体系中已经稳定扎根并参与构造，发挥了功能与活力，从而使当代中华文化成为一种崭新的文明形态。笔者深切地认识到，以"文化触变论"来研究以上命题假设，是可行的和必要的，也是极有价值的，将使我们清晰地、动态地、连续地看清近代以来中华文化的脉络和走向。

（三）本书对文化触变论的运用

在"走出去"与"一带一路"战略深入实施的当代中国，中国英语教育中"中国文化失语"的痼疾自公开提出历经十余年仍未解决，国民英语能力的缺陷已阻碍了中华文化的复兴与国际影响力的传播。本书认为，近代以来中华文化与英美文化的触变历程形成了中国近现代高校英语教育变迁的路径，而延续约150年的以英美文化为本位的具有"殖民色彩"的中国高校英语教

---

① 吉田和子，张启雄. 平野健一郎先生的学风与学问 [J]. 近代中国史研究通讯，1997，(24)：85.
② 赵海燕. 中国近现代基础英语课程发展的文化路径及启示 [J]. 课程. 教材. 教法，2016 (1)：79.

育文化价值取向,是造成该问题的根本原因,已经影响了中华文化的复兴。

在全球化取得快速进展的当代世界,激烈的国际文化竞争全面体现,一国的外语教育政策对该国的文化发展走向具有深刻影响;同时,外语教育政策取向又深受一国对外文化交流态势与政策的影响。那么,由于异文化间的接触而导致的文化变化(文化触变)对民族国家的外语教育如何发生作用呢?本书以此视角对中国高校英语教育变迁的历史进行梳理,对未来发展进行政策规划;同时,中国高校英语教育产生、发展的时代背景实际上是中国的现代化过程,以及中华文化由传统到现代的转折过程,即中华文化的复兴过程,从文化的视角研究中国高校英语教育的变迁,微观的方法与宏观的视野皆不可或缺。文化触变论是本书通过分析近现代中华文化整体的变迁过程来研究中国高校英语教育发展的方法论,力图从中华文化受容英美文化要素(器物层次、制度层次以及精神层次三个层面)的微观视角入手,考察宏观的英美文化触变中华文化所引致的中华文化变迁,进而所导致的中国高校英语教育文化政策、文化内容和文化价值取向的变化,及对中华文化复兴的影响。

当代国家的外语教育以及民族国家的文化命运受到国际上激烈的文化竞争的影响,这也决定了从"文化触变"视角研究外语教育的必要性。外语(语言)、教育(高等教育)、文化、民族与民族国家等概念具有共生的内在联系和基于民族文化特定价值的相通性。在漫长的历史演化中,不同民族因处于不同的地域而人文环境各异,必定会哺育出不同的文化体系,这个体系本身即蕴含着该民族文化发展的独特机制和路径。这种文化系统虽然不同于其他自然界里的物理事物,但具有客观性、确定性,因而是可知的,可以作为认识的对象加以分析。这是文化触变理论对文化作为体系展开分析的物质基础。因此,以文化触变视角研究高校外语教育亦具有可行性。

中国近现代高校英语教育所产生与发展的文化母体不是一成不变的,而是被英美文化激烈触变的中华文化,高校英语教育是文化触变发生的重要途径,并且其本身也是文化体系的组成部分。所以,文化触变分析方法,要求显示出以上外语(语言)、教育(高等教育)、文化、民族与民族国家等概念在文化意义上的内在统一性。由于涉及中华文化、英美文化两大文化体系,简要梳理其生发历程,阐明各自主要的特征,特别是在文化性质、哲学思维、价值观念等方面的特征,是研究近代以来中华文化变迁和中国高校英语教育文化价值取向的必要理论准备。

一、绪论

  本书将中国高校英语教育划分为"晚清""民国""新中国"三个时期，在近代以来中华文化与英美文化触变的视角下，梳理中国高校英语教育发展的文化路径，揭示中国高校英语教育的变迁和近代以来中华文化与英美文化触变的内在联系。本书研究的视野是宏观的，但入手点是微观的，对于器物层次、制度层次的文化要素，如在工业化、科技、经济、学制等文化要素的触变方面，都有所涉及；但主要选择价值观念层次的文化要素，即新教、自由主义、民主宪政等英美文化要素触变中华文化体系作为分析研究的重点，因为这是两个不同文化体系间触变的最深层次的问题，同样是近代以来中国现代化进程中在文化、教育、政治等精神领域较为重大的问题，也是历史性地影响中国高校英语教育文化价值取向的最为关键的要素。

  以下，本书力图运用文化触变论分析当代中华文化作为"文化触变结果"的现实状态，探索中华文化在复兴进程中与英美文化的相对关系和未然"触变"，论证中华文化复兴大势下中国高校英语教育由历史形成的殖民色彩的"英美文化本位"向"自文化本位观"回归的必然性。

二、基本概念与理论基础

二、基本概念与理论基础

（一）外语

本书研究的对象为中国英语教育，其核心构词之一为英语。英语是具体事物的名称，联系本书研究涉及的文化与教育等其他概念，选择外语作为表述英语这一事物的属性的概念，并成为本书界定的概念之一，是符合逻辑的、合适的。

语言是人类最辉煌的文明成就之一，它大大强化了人类改造自然的组织性和能动性，并使经验得以传播和积累，使人类改造自然的效率不断提高，推动了人类文明的进化和前进。关于语言的起源，"语言模仿说"①是有说服力且被较广泛地接受的一种假说。该说认为人类在不同的境遇中，具有不同的情绪，如高兴、愤怒、惊讶、好奇等，会本能地叫喊出声；人们在狩猎时本能地模仿动物的叫声，并以表情和动作配合发出喊声相互联络。这些叫喊声就是语言最初的萌芽。这种观点显然有一定的道理，但人类创造了语言不仅仅是因为有了合理的形成语言的途径，还有深层的人类之所以区别于其他动物的特质，这种特质使产生语言的可能成为现实。马克思主义认为，能够制造、使用工具进行劳动而区别于其他动物，是人类诞生的决定性一步。因此，制造工具进行劳动是人类特有的生产实践，是语言产生的直接的现实动因，并受到与生产工具不断进步相互作用的人类智力发展的促进而进化和成熟，又相应地反过来促进了人类生产工具和智力水平的发展与提高。

"劳动创造语言"，这是马克思主义关于语言起源的基本观点。语言产生于劳动，劳动决定了产生语言的需要，也创造了产生语言的主客观条件。而相互联系的生产活动需要人与人之间的交流、联系和协调，而语言则是这一联系的工具，这种意识是社会人特有的。语言和意识具有同样长久的历史；语言是一种实践的，既为别人存在并仅仅也为我自己存在的、现实的意识。②因此，语言以及意识（思维）是在实践的基础上产生的，由实践决定，并在其基础上相互依赖、相互制约。同一地域人类群体因为共同劳动通过语言形成共同的意识（思维），当这种共同的意识（思维）稳定并沉淀下来后，逐渐体现出物质性的外化，作为"利益群体"（因而具有政治属性）的族群

---

① 胡壮麟. 语言学教程 [M]. 北京：北京大学出版社, 2001: 9.
② 马克思, 恩格斯. 德意志意识形态 [M]. 北京：人民出版社, 2003: 25.

（原始民族）及相应的文化形成了。历史渊源上，基于民族（族群）的语言和文化之间具有密不可分的血肉联系。

从名称上看，母语这个概念因与"母亲"的联系而天然具有一种归属感的含义，多指婴儿期和幼年期间在家庭的氛围中自然习得的第一语言，但母语又不必然地指第一语言。"母语是个民族领域的概念，反映的是个人或民族成员对民族语言和民族文化的认同。母语直接指向民族共同语，但不指向共同语的地域变体（方言）。方言只能成为母言，不应视为母语。"① 因一个民族的语言又有共同语与方言的差异，所以方言并不被理所当然视为母语，母语只能是该民族的共同语言。在现代民族国家，母语作为民族共同语由民众通过国家语言教育获得，对维系一个民族或者国家的文化传承至关重要，是重要的语言政策，母语也因此有了"政治标准"。

"第二语言"是人们在谈到"外语"时加以区分的术语。20世纪70年代以来，第二语言因为"二语习得"理论的风行而在欧美被广泛地使用。但是，第二语言内涵的确定，在一定程度上却是模糊的。对于二者的区别，威廉·利特尔伍德（William Littlewood）的看法较具有代表性："第二语言"在学习所在地有其社会作用（如作为一种通用语或者作为另一社会集团的母语），而学习"外语"主要是为了与本国之外其他语言社团之外的人接触。② 学习第二语言，由于该语言可能是国内官方通用语或其他民族语的一种，周围有众多的该语言的使用者，习得该语言的环境比较自然和真实，比如英语在印度或菲律宾，法语在加拿大等。

"'第二语言'与'外语'在语境、语言输入、学习者的情感因素、认知基础和掌握程度方面都有着明显的差异。"③ 其中最本质的差异在于，作为学习对象的外语在本国内非但不是通用语，而且也不是国内其他民族的母语，也就是说在本国内不具有原生的语言社区环境。比如在中国，汉族人学习少数民族语言抑或少数民族群众学习汉语，后者都可称为前者的第二语言，而两者在国内学习的其他语言，一般而论皆属外语。

因而，外语一般指在本国之外的社群使用的语言，是"外国语"，而不是

---

① 李宇明. 论母语 [J]. 世界汉语教学，2003（1）：48-58.
② Littlewood W. Foreign and Second Language Learning [M]. 北京：外语教学与研究出版社，2000：89.
③ 束定芳，庄智象. 外语、第二语言、母语及其它 [J]. 外语教学，1994（2）：15-19.

二、基本概念与理论基础

"外族语"。外语具有基于当代民族国家概念的政治属性,是历史上原生于本国家行政区域之外,且现实中在本国行政区域之内没有使用社群的语言,这也是外语教育成为国家政策规范对象的根源。

英语在中国作为外语的一种,是属于哪个"外国"的语言呢?从英语的文化起源及其依托的国家的文化影响力来看,英国和美国先后在19世纪和20世纪成为英语的最主要输出主体,而且由于英国和美国文化渊源上的高度一致,以致通常被合称为英美文化,在从文化(触变)视角研究中国高校英语教育时,英语这一事物所承载的国别与文化将被限定于英国和美国。

(二)教育

教育是人类传承文明的本能和基本手段,因而也是人类最古老的社会活动之一。相传,舜让契担任"司徒",对人民进行父子、君臣、夫妇、长幼、朋友之五伦的教育;让夔主管音乐,以教育帝的嫡长子。据我国古代典籍记载,西周是奴隶社会发展的鼎盛时期,统治者为规范社会秩序,"制礼作乐",创辟雍、小学以教于国,设庠、序以教于乡,"家有塾,党有庠,术有序,国有学"[①],以礼、乐为主体的系统的官学教育维持了西周数百年发展延续。至春秋末年,周室衰微,"礼崩乐坏",社会文化败落,官学教育的没落便成为历史的必然。

大约公元前520年前后,孔子创办私学,"始教于阙里",开中国教育史上一代先河,打破了西周"官师合一、学在官府"的教育局面。孔子之前,只有贵族子弟有机会接受教育,而孔子的私学使平民子弟直接受益,其有教无类的教育平等思想影响深远,惠及后世。自孔子创办私学,教师以传道授业解惑为专务成为从事教育教学的专门人员。《史记》与《论语》对孔子事迹均有记载,孔子是杰出的思想家、教育家,在其举办私学的实践中形成了光辉的教育思想和观念,对中国教育发展的贡献是开创性的。

孔子创立私学开创了春秋战国时期诸子兴办私学的源头,在他的教育思想倡导下,后世的私学得到极大的发展。春秋时期,西周的官学体制和传统早已江河日下、日渐式微,孔子开创的私学新传统,对传承华夏上古文化发

---

① 孔颖达. 礼记正义 [M]. 北京:中华书局,1983:1521.

挥了决定性的作用。

至西汉设立太学恢复官学期间的几百余年间，私学教育的兴盛促进了先秦诸子百家学术思想的传播与发展，在传承文化、启蒙思想和发展学术方面发挥了重要作用。更为影响深远的是，私学教育开创的相对自由的学风，造就了灿若群星的先秦诸子，形成了繁荣的先秦学术与文化，谱写了我国学术思想发展的灿烂篇章。

西汉"罢黜百家，独尊儒术"的文教政策，使儒家的社会伦理思想成为国家正统。从此以后汉朝仅以儒学典籍为官学教学内容，对其的掌握程度成为朝廷选官提拔的依据。汉代以后的官学教育，体制无大改变，维持中央集权、官学合一的特征。民间则产生了一种我国历史上独具特色的教育机构"书院"。"书院之名始于唐代"①，其意是指一圈矮墙围起来的藏书之所。书院后来演化为私人开办，以藏书、讲学、授徒、争鸣为主要学术功能的民间教育机构。书院于官学是相对独立的，水平一般比普通蒙学要高。受到佛教禅林制度影响应运而生的书院，随着理学的兴起而发展，把传统的私人聚徒讲学发扬光大至新水平，形成了中国历史上一种特殊的教育机构，其既不是官办学校，又与普通私学有所差异。书院在中国宋、明朝代兴起不是偶然的，是佛教本土化后儒学吸收其文化要素重新焕发活力的标志；书院中学术思想纷呈，风气自由开放，造就了诸子百家后中国思想文化繁荣的又一高峰。

自从罗马帝国侵入英格兰并带来基督教后，有组织的教育活动才开始在英国出现。公元6世纪后，教育活动开始为基督教会所垄断。在英国，由于基督教在宗教事务中的绝对主导作用，所以基督教教育几乎是英国教育的全部，且排外性很强。1534年《至尊法案》通过后，由于政教合一的趋势，学校教育在英国被教会和国家控制得更为严密。基督教神学，作为人类文化宝贵财富，在公学的创建者和承继者那里，正本清源，真正得到继承和弘扬，积极地发挥着正面效用。② 英国一直有基督教教育为人们提供道德准则的传统，这种传统在第二次世界大战以后仍在延续。

英国素以尊重自治和自由发展的民族传统为特性，所以有社会及家庭而不是政府办学的传统。英国宗教改革后，社会趋向世俗化，基督教对教育的控制弱化，但政府却未把管理学校列入职能，实际情况是，教会把办学事业

---

① 刘海峰. 论书院与科举的关系 [J]. 厦门大学学报：哲学社会科学版，1995（3）：104.
② 吴明海. 试释英国公学的课程设置 [J]. 高等师范教育研究，1999（4）：77.

二、基本概念与理论基础

交给了贵族。在英国,所谓的正规教育传统上是指公学、古典大学、文法学校等,这些学校特别是公学,皆由社会团体和民间人士捐资兴建,具有贵族化性质,平民学子极少有能满足其学费和招考等方面的限制条件。

所以,英国教会在近现代对教育的控制是长期而直接的,因而历史上英国教育的保守性、宗教性、封建性很强烈。即使进入了17世纪、18世纪,教育管理仍没有纳入政府职能。

在教育内容上,自中世纪以来,英国主流贵族社会倡导绅士教育,坚决抵制实用知识,任何把知识当作手段的功利性目的和运用都是不能容忍的,那些为从事工商业所需的自然科学和实用学科始终被排除在外。[1]受宗教教育和贵族教育的影响,工业革命前,英国教育的内容不是学习生产知识,而是重在塑造人的道德和心智。

英国在1760年代发生工业革命,促进了其资本主义经济的发展,也推动了其社会文化和政治经济的巨大发展和深刻变化。工业革命不但促进了科技发展,也带动了经济发展,并对劳动力、技术人员和管理人员产生了新要求,这使得英国进入了教育革命的重要阶段。社会经济的发展需要学校教育培养出具备科技和文化知识的资本主义精英、满足机器生产需要的合格的工人。资本主义的政府加强对学校教育的管理和掌控成为历史的必然。自19世纪30年代始,英国基督教教育因受到政府的介入和干预而趋向实用化、世俗化。基督教统治英国教育的状况彻底改变,学校里即使有基督教教学,也不带有教派倾向了,生产知识渐渐成为教学内容的重点。

鸦片战争前约一百年间,西方各国自英国始相继发生工业革命,资本主义快速发展,但中国仍处于中央集权的封建盛世中,不仅闭关锁国,对内也固蔽文化学术。清朝的教育仍然是传统的经书文史教育,以农业的自然经济为基础。西方工业殖民主义的入侵使洋务运动兴起,带动了中国近代工业经济的产生与发展,新式学校和近代学制应运而生。所以说,中国近代教育的产生最为直接的动力来自于工业经济的产生与发展,同时又促进了经济的发展和社会的变革。

1904年,中国第一个近代学制癸卯学制诞生;之后20年内又有两个学制产生,即壬子·癸丑和壬戌学制,快速推动了中国教育制度的现代化。在很

---

[1] 叶赋桂,罗燕. 英国衰落的教育探源——兼评近年来中国相关教育改革[J]. 清华大学教育研究,2001,22(1):141.

短的时间内，中国教育由文史经典的传授变成了科学技术与文化的训练，实现了从小农经济传统教育向工业经济学校教育的转型，跟上了先进国家教育发展的潮流。

纵观中英教育发展，似乎国家对教育的掌控在中国古已有之，而在英国只是在工业革命以后国家才干预、管理教育。这种看法其实是表面的。无论中英，在工业化社会到来之前，教育的主要内容都是道德和礼仪，而非科学和生产技术，只不过在英国由教会实施，中国则由官学主持。但是应该指出的是，儒学诞生的初衷是继绝学、复周礼，主张礼仪道德教育以维持社会秩序，由于独尊儒术，儒学被确立为国家意识形态，因此，在功能上，儒学即作为"国教"的儒教，中国古代的政权形态亦具有"政教合一"的特征。官学主持儒学教育，与英国教会掌管国家的宗教教育，具有相似的教育性质。

尽管自古中国有私学的辉煌，英国有自由主义政治传统下的民间（家庭和社会）教育，源远流长的有组织的教育在东、西方仍是主流，只不过教育较为排斥生产性的科学和技术教育。只是在工业革命的推动下，教育从性质和内容上发生了适应工业经济发展的变革，国家的直接管理使教育现代化，教育成为现代国家重要的行政领域。需要指出的是，这时的国家已摆脱政教合一的封建国家形态而现代化。在教育思想方面，由于教育与宗教的渊源，即便是现代国家的教育思想，也深受本国文化传统的影响而具有历史延续性，毕竟无论在理论还是在现实意义上，宗教作为传统文化的核心，两者亦均与民族和国家存在"一体性"的内在联系。因此，教育不但与国家的文化传统密切相关，而且受国家的政治现实直接影响，越来越多地体现着政治意志，表现为政策对教育的规范。时至今日，教育俨然成为现代国家经济科技发展和提升国际竞争力的重要基石。

（三）文化

汉语"文化"由文与化两个字组成，这两个字比较早地在一起被使用是在《易经》中，"观乎天文，以察时变；观乎人文，以化成天下。"张岱年认为汉语里的文化即来源于此。"这段话里的'文'，即从纹理之义演化而来。日月往来交错文饰于天，即'天文'，亦即天道自然规律。同样，'人文'之人伦社会规律，即社会生活中人与人之间纵横交织的关系，如君臣、父子、

二、基本概念与理论基础

夫妇、朋友，构成复杂网络，具有纹理表象。治国者须观察天文，以明了时序之变化，又须观察人文，使天下之人均能遵从文明礼仪，行为止其所当止。在这里，'人文'与'化成天下'紧密联系，'以文教化'的思想已十分明确。"① 此番解释，相当精辟，足可资借鉴。

历史上，首次文与化两字并用组成"文化"一词最早出现在西汉刘向《说苑·指武》中："凡武之兴，谓不服也，文化不改，然后加诛"；后又有"文化内揖，武功外悠"（晋《补亡诗》）。可以看出，古代时一般文化一词用在与武力征服相对应的那一方面，也就是文治教化的意义上。这种意义上的文化概念儒学色彩甚浓，成为汉语里文化一词的基本词义。

英语语境中的 culture 一词的最初形式 cultura，是根据拉丁语中的 cultus 创建的。在西方，原始的文化概念最初是用在农业上，词义蕴含耕、种意象。所以，与中国不同，在西方，文化概念不是来自人文，而是来自自然界，后随着社会进步，词义逐步转向修养、教养、培养等意，主要使用于人文领域。

在西方，文化一词的使用逐渐扩展至教育方面大约是在古罗马时期。公元前1世纪，思想家马库斯·图留斯·西塞罗（Marcus Tullius Cicero）在古罗马提出，人的心灵的教养和哲学就是文化，把人的心灵的育成先与文化关联，又渐渐引申到智慧、知识以及对事物领悟理解能力的习得。

在西方，文化一词的词义演化发展的一个重要时期是18世纪的启蒙运动，启蒙思想家和理论家将文化概念更大程度上与人的教养、知识获得、理性认知力等意义等同。约翰·哥特弗雷德·赫尔德（Johann Gottfried Herder）把 cultura 用在意指"对人的心智能力的发展和培养"②。赫尔德对文化的解释被后来的很多学者认可，逐步丰富转变为"某一社会人类活动的物质的、技术的、智慧的和艺术的诸方面"③的总和。

1850年代以后，西方社会科学随着社会经济的巨大进步和变革而发展起来，文化的词义的开放使其内涵不断拓展，其概念随着西方社会科学的兴起在诸如社会学、人类学等领域内成为研究热点。例如，爱德华·伯内特·泰勒（Edward Burnett Tylor），西方人类学的开山者，其对文化的描述为很多学

---

① 张岱年，方克立. 中国文化概论 [M]. 北京：北京师范大学出版社，1994：2.
② Kroeber A L, Kluckhohn C. Culture: a Critical Review of Concepts and Definitions [J]. American Journal of Sociology, 1954, 47 (1)：32.
③ Ritter H. Dictionary of Concepts in History [M]. New York: Greenwood Press, 1986：95.

者接受：文化或者文明，从其广泛的民族志意义上而言，它是一个错综复杂的总体，包括知识、信仰、艺术、道德、法律、习俗和人作为社会成员所获得的任何其他能力和习惯。①

在马克思主义的各类经典著作中，文化这个词汇也经常出现，却没有形成为专门的术语，词义较为宽泛。马克思主义描述人类社会的结构，一般所用的术语为：作为生产关系总和的经济基础及与之相对应的上层建筑，而意识形态和政治构成了上层建筑。这个框架显然不同于将文化与政治、经济并列的方式；其中，文化与意识形态之间在内涵和外延上均有很大的不同。

在《新民主主义论》中，毛泽东运用历史唯物主义分析中国社会结构，提出了以文化与政治、经济相组合构成解释体系来进行理论论证的思想，对三者之间的关系以及社会中文化所具有的作用和地位进行了论证。其中，毛泽东对文化概念的定义是：一定的文化（当作观念形态的文化）是一定社会的政治和经济的反映，又影响和作用于一定社会的政治和经济；而经济是基础，政治则是经济的集中的表现。这是我们对于文化和政治、经济的关系及政治和经济的关系的基本观点。②毛泽东思想中"当作观念形态的文化"与马克思主义哲学的"意识形式"具有基本相同的内涵。毛泽东的文化定义，重在揭示经济、政治与文化的关系，为党的理论和领导人所广泛引用。所以，在中国，文化一般是指以观念形态存在的精神文化。

无独有偶，在西方，文化的概念也已经由最早的大都在广义上使用，转变为20世纪以后大多在狭义上使用，并且是与政治和经济的概念一起使用，形成与毛泽东定义相似的三分法。著名学者如阿诺德·约瑟夫·汤因比（Arnold Joseph Toynbee）就认为，人类的文明由文化、政治、经济三个部分构成，其核心是作为稳定的精神因素的文化，而文化又以宗教为核心。还有塞缪尔·亨廷顿（Samuel P. Huntington），也大体持相似观点，认为文明最具有根本意义的构成部分是文化。

但是，西方学者的文化三分法只是与毛泽东在形式上相似，而在本质上是完全不同的。毛泽东是历史唯物主义的三分法，西方学者是文化决定论的三分法，本质上是历史唯心主义的。但是，殊途同归的认识是，文化具有相对独立性、稳定性、延续性和继承性，客观上是构成人类社会的重要组分，

---

① Tylor, Edward Burnett. The Origins of Culture [M]. New York: Harper and Brothers, 1958: 162.
② 毛泽东. 毛泽东选集：第2卷 [M]. 北京：人民出版社，1991：663-664.

二、基本概念与理论基础

因而能反作用于经济和政治。

就文化本身的结构，国内学者有持三层次论者，即物质层次、制度层次和价值观念层次。① 物质层次指人类社会的生产资料、工具、产品等物质存在及其自然环境，而人类社会中规范意义上的对社会关系的调控体系形成了文化的制度层次。价值观念层次是人类社会精神意义上的文明成果，如伦理道德、人文价值、宗教信仰、思维和生活方式等。价值观念层次是文化中最为稳定的部分，往往滞后于物质层次继而制度层次的发展演化，同时又对这种发展演化发挥制约作用。

国内学者这种相当典型且普遍的对文化的认识几乎是对人类社会结构或文明进行"经济""政治""文化"三分法的另一种形式的表述，这也印证了文化的概念在相当广泛的意义上近于文明，二者几乎是相通的。

受西方文化理论的影响，20世纪80年代以来，中国学界开始较为深入地探讨文化的本体论问题，对文化概念的界定仁智各见，但主流的观点认为：狭义的精神文化仍是较为认可的文化概念的基本规定。而广义的文化则很接近于文明的概念，例如有学者认为，"文化可以分为广义的文化和狭义的文化……人和环境互动而产生的精神、物质成果的总和，它包括生活方式、价值观、知识、技术成果，以及一切经过人的改造和理解而别具人文特色的物质对象。"② 本书中"文化"即指广义文化，意近于文明。

由于新技术革命导致人类全球性交往和融合日趋深入，物资（经济）和制度（政治）层面的人类社会结构日益表现出"相似的面目"，而精神（文化）层面的变化因为远远滞后而成为不同人类社会结构（文明）之间相互区分的标签（这种标签具有政治性），在这个意义上，以狭义的精神"文化"指征"文明"或广义文化有时成为一种简洁的表述。

另一种对文化的理解则具有深刻的历史质感。许倬云指出："自从人类发展了农业与牧业，生活有了保障之后，人群相当程度地定居于一地，也有余力启发心智活动。这两个条件使各地人群的生活方式，逐渐具备一定特色，这就是所谓'文化'。"③生活资源稳定，人口即有增殖，增加的人口不能再留在渐渐拥挤的原来聚落，势必移徙建立新的聚落。他们在新建的家园，一方

---

① 李醒民.论文化的固有特征和研究进路[J].社会科学论坛，2005(7)：9.
② 辜正坤.中西文化比较导论[M].北京：北京大学出版社，2007：53.
③ 许倬云.万古江河：中国历史文化的转折与开展[M].上海：上海文艺出版社，2006：18.

面带去故乡的文化，为此，一个文化涵盖的疆域，会不断扩大；另一方面，新地区的环境及资源，必与故乡有些差异，为了适应新居的生态条件，原有文化会有所改变。一个地区文化的聚落群增殖到一定程度，其分布的空间，又会与另一地区文化的分布空间相接，甚至犬牙交错，彼此穿插叠合。不同文化群之间，遂因竞争而有冲突，也因接触而有交流。这一过程，在各地不断重复进行。文化群之间会经过融合，形成涵盖地区广阔的文化圈，而其中又仍有共相中之殊相。

在当代世界范围，文化的存在和彰示是以政治实体——"国家"为基础的。这不但因为文化本身即政治实体维持自身存在的根据，而且因为文化在政治实体的组织下通过国民教育而持续，在政治实体的推动下通过交流显示出区别于异文化的独特存在。文化具有基于国别的政治性。

（四）民族与民族国家

族这个字在古代指氏族或宗族。我国古代与民族相关的词汇还曾有族类、国族、种族等。公元6世纪《南齐书》列传中的《高逸传·顾欢传》有语："今诸华士女，民族弗革"，其"民族"即指涉人群共同体，且以"风"（风俗）和"法"（礼法）上的华夷之别为据。我国历史上，华夷之辨根植于文化之异，华夷之防乃是根本的政治问题。民族自古以来具有文化性和政治性。

西方的民族概念也很繁杂，相关的英、德、法文的术语很多，如 Ethnic group, Race, Yolk, Nationality, Nation, People 等，围绕着这些术语，学者们构建了不同的理论，长期地论争不已，百家纷纭。比较公认的现代民族概念"nation"，被一般认为是由历史上的"ethnic group"碰撞融合，长期演变发展，在地理上形成了相对稳定的领土，又在近代工业化过程中使其成员形成了公民意识和共同价值而出现的。国家（Nation）的形成，即近代民族国家的形成，往往是单一民族国家，或一种 nation 居于优势地位的多民族国家。而那些在此过程中没有独立建国的 ethnic group（族群，民族），虽然有传统居住土地、独特历史和语言文化，也只能被称为 nationality（民族），生活于一个多民族国家中。

在西方社会工业化以前，由于社会的组织原则是成员的等级性（这种等级性可能来源于血统、宗教、地域等因素），高等级的统治阶级与低等级的民

二、基本概念与理论基础

众在文化上具有鲜明的差异,而这时的文化还往往与共同的血统、宗教、地域等较为自然和原始的因素紧密相连。统治阶级正是通过宣示、强调和强化这种与低等级社会成员的文化差异性来获得其政治统治合法性的。西方社会工业化进程中,人作为劳动力成为工业生产的要素之一,成为机器的附属品,所以,社会要求人群突破地域的限制自由流动以选择工作岗位,具备机器所要求的协作操作、确划一的品质,形成通用语言、这些要素共同作用提高识字率以使思维、表达精确,形成守时守约、崇尚技术的风气等特质,逐渐形成了工业化、市场化条件下民众新的生活方式。这种新的、共同的生活方式随着工业资本的扩张扩展到了几乎所有的社会成员,一种新的文化就产生了。这种新的文化,成长于工业化前的文化传统的土壤,由工业化进程中形成的近代教育所强化、推动和普及,使人们形成了新的文化群落,这种文化显然是现代国家的民族所应具有的共同的意识和身份认同,是新的政治合法性的价值来源。民族从来都与相应的文化紧密相连,民族的文化性是一种原生基本属性。

民族的另一种原生自然属性是政治属性。无论中国和西方,即便是原始的人类聚族而居,其本身也形成了相应形态的政治共同体,从事有组织的联合行动如祭祀、生产和战争等。从远古走来的族群凝聚了共同的信仰、风俗、规制、语言等文化,在一定的地理区域内形成了政治共同体,对内维持秩序,对外维持生存,这实际上就是人类历史上前工业化时代长期存在的国家的基本形态,体现着民族的政治属性。在西方工业化进程中,伴随着文艺复兴和启蒙运动,在反对专制、追求平等的政治诉求中,西方各族通过民族主义运动摆脱了天主教的钳制,形成了近代民族和民族国家。现代民族的形成和存在源于共同的政治价值,其构成的民族国家更是现代国际社会国家主权的主要形态。所以,nation 从其形成和现实来看,本质上是政治民族,更加鲜明地体现出民族的政治属性。

日本明治维新后开始"脱亚入欧",大力引进西方近代科技和文化,一些西方社会科学的术语有了日文译词。由于日文和汉文的渊源,许多西方社会科学的日文术语直接输入中国,"民族"即其中之一。清末民初传入中国的民族概念,正是与近代西方民族主义兴起后所形成的与民族国家相应的政治民族概念,这与传统中华文化以血缘或文化为依据的民族观念相去甚远。新中国成立后,接受斯大林时期苏联对民族概念的定义,我国的民族概念也属政治民族范畴。

2005年中央民族工作会议指出：民族是在一定的历史发展阶段形成的稳定的人们共同体。一般来说，民族在历史渊源、生产方式、语言、文化、风俗习惯以及心理认同等方面具有共同的特征。有的民族在形成和发展过程中，宗教起着重要作用。①此定义已淡化了源自西方的政治民族概念的色彩，而又向中国传统的民族概念有一定的回归，更鲜明地直接指出了语言、文化甚至宗教在民族形成上的内在作用。

由于民族的政治属性及其向政治民族的进化，当代国家以民族国家为主要形式；由于民族的文化属性，国家呈现出独特文化特征。民族的语言、文化，因为国家的行政界限，成为国家教育政策的规范对象。

前述对外语、教育、文化、民族与民族国家等相关概念所做的历史梳理，揭示了语言、文化、现代国家经由民族为媒介主体（体现人主体的概念）呈现大致三位一体的状态。外语为历史上原生于本国家行政区域之外，且现实中在本国行政区域之内没有使用社群的语言，外语教育因而具有一定基于现代国家概念的政治性，与现代民族国家的政治与文化存在千丝万缕的联系。

外语教育因为语言所具有的天然文化内涵，不但是语言工具的教授，更是异文化的传播与交流，而后者正是人类文化多元竞争、交流演化的一部分。从这个角度看，外语教育因此与民族国家的文化具有相通的逻辑和宿命。外语教育的产生和发展源于人类异文化间接触的事实与需要，并因此形成了当代的跨文化交际研究领域。如前所述，目前学界在跨文化交际视角对中国外语教育的研究，核心在于围绕微观的语言学习者（涉异文化交际主体的人）与"文化"这一实体所发生的关系，即濡化（acculturation）历程，也就是相对目的语文化以充满争议的文化身份、文化认同为基础的习得情况以及基于此的心理学架构等问题。所以跨文化交际理论关注的是涉异文化交际者的状态和变化。

但是，由于异文化间的接触而导致的文化变化（文化触变）对民族国家的外语教育是否产生影响，以及如何产生影响、产生何种影响？这个课题彻底超出了目前外语教育中跨文化交际理论的研究范围，亟须开辟对外语教育进行文化研究的新视角。当代国家间激烈的文化竞争与演化对民族国家的文

---

① 金炳镐.民族理论通论［M］.北京：中央民族大学出版社，2007：7.

化命运具有深重影响的事实,决定了从"文化触变"视角研究外语教育的必要性,而由于外语(语言)、教育、文化、民族与民族国家等概念在历史渊源上具有演变发展的内生逻辑和基于民族特定文化面目的相通性,以文化触变视角研究外语教育亦具有可行性。

三、中华文化与英美文化的异质性

三、中华文化与英美文化的异质性

英语承载着近现代英美文化远涉重洋于晚清登陆中国,中华文化对英美文化的触变贯穿于中国近现代史,也直接推动了中国高校英语教育的产生与发展,深刻影响了中华民族的文化心理。梳理中华文化与英美文化的起源生发,比较其原生特质,对研究近代以来这两种异文化的触变以及中国高校英语教育的变迁是十分必要的。

(一)中华文化

中华文明是在欧亚大陆东部产生的一种原生文明。从目前的考古学、古人类学、古文字学、民族学等文献资料来看,至少在 100 万年前人类已经在中国广大的区域内活动。中华文明既起源于以农耕为特征的黄河与长江流域,也源于以游牧为特征的若干其他区域。原始社会的漫长岁月中,中原大地上人类社会进化变迁,组织程度逐渐复杂,在夏商周进入奴隶社会。

中国历史上的夏、商、周三代,代表中华文化的核心。中国文化的中原意识,也经这一核心观念衍生。① 殷商时期,象形文字已经成熟,而周边并无成熟的其他文字系统,所以其时中华文化的主流就非殷商莫属了。文化主流既已形成,即不难逐步收纳凝聚各种地方文化,发展为日后中华文化的庞大体系。

中华文化的发展变迁充满了与多种其他文化的接触变容,文化的发展由周围向核心汇聚,又由核心向周围扩散,以互相碰撞、互相融合为基本态势。中华文化源起时就是包容周边各种文化融合而成,文化触变的发生贯穿于中华文化发展的各个阶段,在这个宏大的文化体系中,容纳了巨量的来自不同时代和不同文明的文化要素,形成了延绵至今的伟大人类文明体。

周人提出的"天命"观念,在当时是中国历史上前所未见的突破:政治须遵循道德标准,天作为超越人世的力量,负有监察人世间政治清浊善恶的责任。所以,统治者的政治合法性的来源是其行为必须符合道德规范,而天对此有价值评判的权力。天命的观念已冲出了宗族神灵的桎梏,作为超越力量而具有了普世意义。天命观富有政治理想主义,点燃了人世间现实政治的道德光辉。其他类型的人类文明大都囿于神的崇拜,经历了漫长的演进才能

---

① 许倬云.万古江河:中国历史文化的转折与开展 [M].上海:上海文艺出版社,2006:42.

达这个认识境界。

许倬云对比古代中东文明与中华文明,探讨了中华文化思维方式的渊源。从中东两大文明(两河文明与埃及文明)所见的思想方式言,两河(底格里斯河与幼发拉底河)文明的史料,常见黑暗与光明、死亡与生命、放牧与农耕等等,体现的是两元对比与对立,斗争与冲突不可调和。这种观念后来发展成为琐罗亚斯德(Zoroaster)的两元信仰,中东地区的宗教接受了这种观念,并有可能导致了"善"与"恶","死亡"与"复活"等基督教观念的产生。就宇宙观来说,出现于埃及的古代文明,本质上是一种一尊多元的体系。尼罗河灌溉区内,自成一个自足的格局。在这一片天地,凡事物都整合为一个系统。法老与太阳神,二位一体,是一切事物的主宰。神祇有地方性,但又隶属于同一神统,各有职司。日夜、生死轮替与延续,并不是对立与冲突。埃及自我充足的宇宙观于封闭在尼罗河流域时,可以予人自满自信。但在新王国时代,埃及人向外扩张,接触了异地的文化,这一套观念即难以自圆其说,也使埃及人失去了信心。埃及的阿克那顿法老(Akhenaton,公元前1380—前1362在位)曾推动过一次宗教改革,提出唯一真神及一切事物都受真神赐予生命。这种唯一真神的思想,以及两河琐罗亚斯德的善恶斗争、民间信仰的生命复活,都为犹太教与基督教的大突破预留了伏笔。在中东两大文化的边缘,希腊与希伯来,对于善恶、灵肉、生死等这些超越性问题的认识,发生了一连串的突破性进展,产生了中东两大文化间的新的文化高地,引发两大文化体系的汇流,基督教的哲学底色逐渐形成,即为唯一真神,主张两元对立。相对于古代中东的两套观念,中国地区的古代文化,却逐渐形成两元融合的基本观念。阴阳、男女、上下、动静……都是对立的,却又是彼此互补的。大约在周初成形的《周易》,以相对两元、彼此消长、彼此调和,作为事物的本质、现象发生的动能。这一套观念,迥异于中东两大文明的宇宙观。也许因为周人秉持这种想法,周人于取代商人主宰北方时,能以分封制度吸纳商人族群,随同分封的王子,在各处立国,并且周人与当地的"野人"(即土著民族),可以共存。于是,周人的政治秩序及文化秩序,其实都是多元的。这一个定于一尊,但又是多元的格局,较之尼罗河流域,虽然类似,但具有更大的包容性,其以消长与变化解决对立因素之间的矛盾。涵盖广大古代族群的中国地区能有对终极关怀问题的超越性大突破,和商、周之际的天命与道德观念、《周易》的动态两元观念以及孔子及先秦诸子的思

三、中华文化与英美文化的异质性

想紧密相关。在同一个文字系统内,中国的哲人,互相辩诘,遂有延续不断的思辨;人间的关怀,两元的动态及互补,遂成为中国文化系统内主要的思想模式。①

秦汉以后逐渐形成了以汉族为主体、联结其他少数民族、多元统一的中华民族,各民族、各地区的文化也随着中华民族的形成经过接触、冲突、变容而发展成了多元一体的中华文化。

中华文化不是出现最早的世界原生文化,却是唯一延绵至今、未曾中断的原生文化。中国地域辽阔,民族众多,中华文化保持其整体性延续不断的主要原因,是靠文化思想和文字为纽带,维系了其多元一体的文化格局。具体说来,表现为以下几个因素。一是中华文化"敬天法祖""慎终追远"的祖先崇拜意识,使中华民族形成了基于对黄、炎二帝共同始祖的认同,形成了维系民族存在的影响深远的血缘关系纽带,"根亲"情结历久弥新。二是中华文化是"早熟"的农业文明型社会的文化形态,在全球范围内人类的幼年期,中华文化已发展成为原生、统一、完整、规模庞大的文化实体,即便在历史节点上受到游牧民族军事优势的冲击,也难以被分割和摧毁,而是把曾经构成威胁的其他文化最终吸收和同化。三是当孔儒学说成为中华文化的主流意识形态后,其"天命可变"的思想为中央集权型国家政统的更迭做出了"合乎民意"的解释,从而使孔儒学说能基于"天心民意"维持其理论上的自洽,不会因改朝换代而丧失其文化信用,大大增加了其在历史新陈代谢中的文化生命力,中华文化得以延续其传统的"正统"。四是汉语作为象形文字,特别是经过秦的统一、规范后,不会像拼音文字那样,即使同一语言也会随着历史发展、地域方言口音的演变而导致书写的异形,从而演变成另一种语言文字。以汉语言文字为主体,中华文化所特有的语言文字超强的历史稳定性,成为中华文化延绵不断的重要原因②。

在思想文化领域,儒学无疑对中华文明的形成和发展产生了直接而深远的影响,成为中华传统文化的主流。夏商周文化是儒学的思想渊源,但也有重大的变化。商的至上神是"帝",主宰自然,统治人间。商代社会,不但经常有宏大的祭祀,崇拜先祖与神鬼,人们还迷信卜巫。以神为本是商代文化的基本性质。周传承了商文化,但又有重要的创新与突破。如"以德配天"

---

① 许倬云. 万古江河:中国历史文化的转折与开展 [M]. 上海:上海文艺出版社,2006:72-74.
② 梁漱溟. 中国文化要义 [M]. 上海:上海人民出版社,2011:46,242-253.

的提出把信仰的对象由帝转为天，在"天命靡常，唯德是辅"基础上形成了天命观，稀释了人格神的崇拜，从而为"仁德"这个中华文化极其重要的思想从"天命"中产生、析出提供了前提，中华文化开始向以人文为中心演化，由此，宗亲、分封等血缘概念基础上的制度发展出来了，以血缘亲疏界定人们等级的行为体系——"礼"产生了，相应的配套体系——"乐"也出现了。人德、宗法、礼乐等周文化的创新，标志着一种以人间伦理为中心的道德文化的产生，夏商周三代文化从宗教性质向人文性质的转化，使得现世的世俗生活成为关怀的对象。《论语·八佾》子曰："周监于二代，郁郁乎文哉，吾从周。"孔子最终在对周代人文文化的继承中形成了儒家学说。

在孔子创立儒学之前，儒文化元素就已存在了，只不过没有形成文化学术形态，而是融合在夏商周特别是周代的政治体制和思想意识中。孔子及以后的儒学学者都秉持人文精神，以人的现世生活为关注对象，对鬼神"敬而远之"。"人的存在及文化创造是儒家的基本关注之点，儒家价值观即展开于与之相涉的一系列关系。"[①]

汉武帝独尊儒术之后，孔儒学说成为官方意识形态，由此形成了中国历代封建王朝维持政治秩序、社会秩序的理论基石。儒学由一种人文学术体系扩展至政治领域，并经由政权的力量（如礼制、取士、教育等）使之逐渐成为中华民族精神和思想的骨架。孔儒文化"继绝学、开万世"的客观存在对中华文化的深刻影响已为历史文献所记录，并成就了民族文化精神的主要方面。

宋明理学是儒学发展的一个高峰，虽然其形成、发展深受佛教的影响，但神仍未成为其关注的主题，宋明理学继续着眼于人本身的修养身性和道德入圣，实质上是探究和阐发人性而不是神性，延续了儒学的人文性质。从"人"出发理解人自身的本性，注重实现人生的意义和道德荣光，不追求所谓的来生、天堂或彼岸，是现世的人生哲学。儒学认为人性的伦理本根是善，并且人际关系、物际关系以及人物关系，从根本上看都具有相同的性质，所谓民胞物与即是，只是程度有所区别，它们都具备到达自我完美直至极致的潜力，因而都能用道德标准来衡量。儒学认为，现世的人间秩序是最有道德潜力的世界，人的价值在于通过内圣外王去实现它，主张"敬鬼神而远之，

---

① 杨国荣. 善的历程——儒家价值体系研究 [M]. 上海：华东师范大学出版社，2009：3.

三、中华文化与英美文化的异质性

可谓知矣"①，不关注鬼神等超验存在。"对彼岸世界的存在，儒家往往持疏离的态度……以冷静、清醒的理性态度面对现实，与宗教的狂热或盲信保持距离，构成了儒家'在'世方式的特点之一。"②

本质上，宗教是一种"颠倒的世界观"，把造成人类生活中苦难与幸福的自然与社会的不可知、不可控的现实力量想象成超越现实的主宰力量——"神"，笃信"神"能支配人的现世与来生，发展出的以对神的崇拜为中心的特定的教义、教规、戒律、信条、习俗、仪式和组织。显然，儒学与宗教相去甚远。但在精神领域，儒学客观上对中华民族和中华文化发挥了相当大的宗教式的教化功能和心理影响，以至于儒学被很多学者列为中国儒、释、道传统三教之首。

儒学从最初的形成到宋明理学进一步发展，始终追求的是人德如何与天理相应、相配，臻于天人合一之理想境界。在人的修养方法上，儒家认为人"性本善"，只要通过"内圣"而使人固有的天性达到道德的完美，"人道"就会因人德的完善而趋向"天道"。宗教式的主观内省成为儒家重要的修行方法。宋明理学更是直指人心，强调明心见性，并深受中国本土佛教禅宗的修行方法"顿悟"的影响，主张"去欲""主静""居敬"，禅定静修，状如面壁。

儒学在中华民族漫长的文明史上，在一些宗教性领域如生的价值与死的归宿，精神世界的压抑与解脱等方面发挥了宗教性的功能。张岱年曾说：孔子不语怪力乱神，言生不言死，在这一意义上，孔子学说与其他宗教不同。然而，孔子提出人生必须遵循为人之道，又使人民有了坚定的生活信仰。在这一意义上，孔子学说具有宗教的功用。可以说孔学是一种以人道为主要内容、以人为终极关怀的宗教。③另外，儒学经典如四书五经等，其人文教化和道德劝诫，可与宗教的布道传教功能相比，使忠孝仁恕等价值扎根于民族精神，成为支撑、支配人民生活的核心信念。

即便从政治文化的角度看，儒学的历史地位也不在于其创始人被奉为"百世帝师"，其学说被尊为"纲常名教"，而是使政治的道德理想取得了高于现实政权的地位，这就是道高于君的价值信念。历代儒家学者立足于常人

---

① 见《论语·雍也》。
② 杨国荣.善的历程——儒家价值体系研究 [M].上海：华东师范大学出版社，2009：450.
③ 张岱年.儒学与儒教 [J].文史哲，1998（3）：32.

视角，对政治的理想与现实进行审思，在从人自身出发通过道德价值的追求实现善政的路径上不懈探求。封建社会的君臣关系亦应符合"天道"，"君使臣以礼，臣侍君以忠"，"民为贵""君为轻"，如君道有违于此，即便是对最高的世俗权力——皇权，"天道"亦因其失去"合法性"而通过"民心"灭而易之。孔儒提倡"内圣外王"，入世担当，有政治抱负，也成为封建社会的官方意识形态，但其首先是一种人文学说，是一种哲学思想，是中华民族重要的文化宝库；在这一点上，儒学与历代政权的存在是无从属关系的。恰恰因为儒学在政权合法性上秉持天道人心对君权的裁判权，才使之获得了具有超越性的文化属性。这种宝贵的原生政治文化思想，使中华民族对"天道"的不断探索与认识成为推动治国安邦之道不断丰富、发展的不竭源泉。儒学超越政权的文化思想，及其对中华民族伦理道德形成的宗教性影响，在儒学成为封建专制御用意识形态后，仍然使之保持着独立的文化精神。民国以后，虽政体性质几经变换，儒学文化精神仍深存于中国社会之中，其伦理道德与中华民族血脉相连。

整体上看，中华文化的特质与儒学是一致的。周朝创立了以血缘关系为纽带的宗法等级制度，使伦理关系政治化。不满礼崩乐坏、一心向往周礼而产生并发展起来的孔儒学说因而总是把人置于伦理政治关系中考察。在一个以血缘关系为重的人伦社会，对道德价值的推崇是其天然的黏合剂。于是，仁成为儒学的核心概念，标志着人之所以为人而不同于禽兽的本质属性，仁爱恻隐之心是人类发掘、提升道德价值的源泉。儒家对人的理想是使之成为社会中的"仁人"、"君子"与"圣人"，即道德不断完善的人。儒家提出大学八条目，把内圣外王操作化为格致正诚、修齐治平，标示着从道德实践到政治实践的理想人生道路。

这种强调道德作用的入世哲学的特质对中华文化产生了重大影响：一是强调个人的道德性，自省向善并笃行之，每个人都能感应"天道"、达到"天人合一"而获得自由；二是在个人与社会的关系上，社会和谐比个人自由重要，对家国的责任比个人权利重要，由此形成了中华文化的集体主义的鲜明特质；三是重人伦、轻自然，重对人类社会的人文教化以达到个人与社会的和谐，轻对自然界的认识与改造。

孔儒文化对中华民族的融合、形成路径产生了决定性影响。《论语·子罕》中载有孔子要迁居九夷的故事，认为落后的夷地的人民由君子提高文化水平后，也能成为中国。可见，孔子认为，夷夏之别主要在于教化与否，也就是人民文化水平问题。《论语·季氏》中提到，"远人不服，则修文德以来之"，指出民族融合的途径不是武力，而是文治，这种思想对中华民族的形成和发展产生了重大历史影响。

在明清两朝的数百年间，在学术理论和政治领域，理学某种程度上却走向了对孔孟儒学的反动。"存天理，灭人欲"，"三纲五常"是"地维之所赖以立，天柱之所赖以尊"，使中华文化的精神气质走向了僵化和压抑，与源初的人文旨趣与包容特性相去日远。封建专制强化，闭关海禁，对外贸易官办，八股式科举出现，吏治特务化，奢靡腐败之风盛行，邪教猖獗等等现象的出现标志着中国封建社会的政治也走向了禁锢和没落。

尤其是清立国初期兴起的文字狱，延续至乾隆朝形成高潮，对知识界文化思潮和政治思想的压制是空前的，残害、窒息了民族思想与文化的生机活力，"避席畏闻文字狱，著书都为稻粱谋。"而在这同一时代，亚欧大陆的西端却在思想文化和社会制度方面发生了革命性的进展。

另外，清王朝自恃"天朝上国"，"唯我独尊"，闭关自守，对西方科学技术的迅猛发展掩耳不闻，妄自尊大，鄙之为"狂诞荒谬""奇技淫巧"。在这种压制、自大的社会政治背景下，知识分子只能沉湎于故纸堆中，或以八股博个出身；一些特立独行的知识分子在科技方面的发明和著作被大众无视和淹没，在国外却被重视和运用，如《天工开物》之流传到日本和欧洲的状况。

近代的西学东渐始自1581年意大利人利玛窦来华传教，他把当时欧洲的科技和器物带到了中国，这个渠道直到1723年被雍正皇帝的驱逐传教士政策所打断，持续了约150年。到了19世纪，随着英殖民主义对中华帝国的东侵叩关，近代工业文明携个人主义文化开始猛烈冲击农耕文明的中华传统文化。数千年"未有之变局"发生了，中国封建社会在明清两朝逐渐步入后期，加上西方文明的冲击，中华文化开始走向衰落。

（二）英美文化

欧洲文明起源于尼罗河、地中海地区的古代文明。古希腊是在传承了古中东地区的埃及文化和巴比伦文化后演化、发展起来的，并最终使古希腊成为古代欧洲的文化、科学发祥地。基督教信仰"唯一真神，两元对立"的特质根源于希伯来、古希腊对古代中东文化系统的突破与合流。公元前1世纪，罗马帝国继承了古希腊文明；公元392年，罗马帝国宣布基督教为国教。公元1世纪罗马帝国扩张到不列颠，基督教也随之传播，逐渐在不列颠占据统治地位。

"基督教"一词，在现代汉语中词义有广狭的区分。广义基督教指其所发展出来的所有流派的统称，狭义上是指新教，即16世纪在宗教改革中脱离罗马天主教皇统治而兴起的新教派。本书因对英美文化有直接影响的"新教"已成为公认的内涵确切的词汇，所以对"基督教"一词取其广义。

基督教起源于犹太民族的民族宗教——犹太教。两河流域的美索不达米亚平原是古犹太先民的原住地，后来，他们于公元前1900年左右辗转到迦南地，后又迁徙埃及以逃避灾荒，却沦落为奴。公元前1250年，犹太人在民族英雄摩西的率领下逃出埃及重返迦南地。途中曾在西奈半岛漂泊四十年；在西奈山上，作为对亚伯拉罕时代希伯来人和上帝立约的认定，耶和华赐法律于摩西。摩西在此基础上正式创立了犹太教。此后，经过与迦南人不断争战，以色列建国，但先后为亚述人、巴比伦人、波斯人、马其顿人所征服，公元70年，罗马军队更是放火把耶路撒冷的犹太教圣殿夷为平地，犹太人被驱逐。

在犹太民族一千余年的流亡生活中，依靠自己的宗教文化（对唯一神耶和华的信仰）避免了被同化的命运。旧约结束另立新约时，其内容已经融入成为古希腊的文明要素。马其顿对古希腊的征服不仅摧毁了其引以为傲的城邦生活，也摧毁了其精神世界的城邦，使古希腊人在终极关怀上向神与宗教发展，在民族关系上转向平等及开放。古希腊人的这些文化要素与犹太文化融合，形成了新约的文化精神，使犹太教脱胎换骨，脱离了种族宗教的窠臼，而具有了"普世的光辉"。在关于耶稣传教和复活的记载中，基督教终于诞生了。

基督教诞生后，罗马帝国视之为异教，并对其进行查禁和血腥镇压，直至313年才给予其合法地位。由于基督教教义契合统治需要，至392年成为罗马国教，基督教终于在西方开始了大规模传播。

之后基督教以拉丁语开始向北向东在欧洲大陆扩散，而拉丁语所记载的罗马法也随之传播。英国视罗马基督教为异教信仰，之后有所反复，但最终在公元6世纪后期皈依。

三、中华文化与英美文化的异质性

基督教的形成和发展先后吸收了希伯来文化、古希腊文化与古罗马文化,确立了一神的宗教信仰。神以自己的形象造出了人,所以人生而有神性,"人人均为上帝的造物,人只受上帝的奴役!"神性赋予了人作为受造物固有的尊荣、权利、幸福与慈爱。基督教对人的心灵、教养、团体生活都能发挥社会教化作用。

罗马帝国崩溃后,西欧封建制度兴起。进入中世纪后,欧洲开始政教合一的时期,天主教当局成为最高的权威,并开始专制擅权,腐败堕落。天主教教义在当时具有至高无上的地位,任何的新思想皆受到打压,被视为异端,激进者会被宗教法庭审判,施以酷刑。社会生活中,教众被要求压抑欲望,轻视世俗的今生,寄托于来世天堂。在超度问题上,天主教秉持命定说,没有被选中的教徒就永远失去了机会,所以,不平等是天生的,要消极麻木,不得有非分之想。

新航路在15世纪开始开辟,引发了人类的地理大发现,西班牙人侵入美洲掠夺了大量的金银运回西班牙,又通过国际贸易流向意大利和奥斯曼帝国,导致沿途物价猛涨,并向欧洲各地扩散,劳动者开始大量破产,农业经济衰落,严重打击了封建主的经济实力,促进了资本主义的产生。最终,商品经济率先在地中海北岸萌生,从意大利向欧洲其他地区扩展。

在14世纪末,奥斯曼入侵东罗马,很多学者带着大量的古希腊及罗马的文史哲著作和艺术作品,向西逃到意大利等国家避难。他们不仅传回了古希腊罗马的典籍,还有人在逃难地开办学校,就此进行讲授。古希腊罗马的人文精神如一道曙光,划破了天主教统治下西欧社会黑暗的漫漫长夜。这道曙光与新生的商品经济相互促进,催生着人们新的精神风貌。一些先进分子率先行动起来,打破天主教的思想桎梏,矛头直指专制黑暗的教会当局,力倡古希腊罗马的人文精神,文艺复兴运动开始形成。

文艺复兴运动的引领者是人文主义思想家,但与经院里的哲学家和神学家们不同,这些学者关注世俗,主张彰显人性本质,挖掘个人潜能,关注人的自身;他们张扬人的自由与价值,抨击宗教禁欲。文艺复兴颠覆了中世纪天主教的压制,主张人的个性及人基于自然的追求享受与幸福的权利,这是个人价值凸显、个人利益优先、个人主义蓬勃成长的时代。

文艺复兴精神对当时宗教界内部的开明人士启发很大。1517年,马丁·路德(Martin Luther)抛出《95条论纲》,开启了宗教改革,号召反抗专制腐朽的天主教廷。约翰·加尔文（John Calvin）的《基督教要义》于1536年出版，加尔文主义诞生。新的教派应运而生，这就是基督新教。

新教教义最深刻的革命在于打破了腐败愚昧的天主教统治阶层在解释圣经和救赎原罪方面的专权，通过预定论和因信称义的提出，推翻了教众与上帝之间长期存在的专权中介，使教众人人皆可与上帝直接对话，成为祭司，并以《圣经》本身作为至高的唯一权威。对上帝的信仰成为个人权利，而不是教会权贵的裁判或恩赐，获得救赎和幸福的追求从天堂转移到了现世的个人。新教伦理完成了世俗化，与社会上已成为主流的个人本位价值观相契合，很快就为教众所接受。

新教伦理还更新了天主教的命定说。那些没有被上帝选中的信众只要辛勤工作，渴望成功，储蓄财富，虔信上帝，就有机会被补选。这种对救赎的全新解释，引导教众将对宗教的虚幻追求转化为对工作与财富的实际追求。宗教的世俗化，为教众追求物质幸福打开了思想闸门。为了取得选民的资格，只要辛勤工作，努力创造，追求成功，即可有机会。而这种精神和行为与个人主义的追求是高度一致的。所以，创立新教的思想家实际上是把个人主义以神的名义转化为天职，确立了全新的职业观，为新生的资本主义注入了丰厚的宗教伦理内涵。

新教以宗教的名义使文艺复兴运动产生的人的价值合法化，用宗教的权威使之在社会上被普遍接受并强化，转化为资本主义经济中的个人主义伦理。新教是西欧社会、经济中个人主义价值观得以确立的深厚基础。这个基础又使个人主义价值在社会实践中受到宗教的道德制约，与他人、责任、合理生利等价值相互平衡。

16世纪，受马丁·路德和加尔文宗教改革的影响，天主教宗教改革运动也在英国发动起来，教会经过改革成为英国圣公会，也称国教，本质上是新教一脉，但却存留下许多罗马教会旧习。因为不彻底的宗教改革，一批教众脱离圣公会，发起对残留的罗马教会旧规的清洗，向往清洁、寡欲和勤俭，要求强化道德约束，消减宗教仪式，被称为清教。但清教为强化信仰，连人们正常生活中的欢愉都要求禁止。这种有些偏激的主张导致圣公会当局对清教教众进行镇压。但是，流放、监狱和死亡没有使清教放弃信仰并屈服于国教当局，而是使之愈挫愈坚。在新教推动下，人类的共和革命首先在荷兰成功，第一个共和国于1581年成立。1649年清教运动在英国处决查理一世，建

三、中华文化与英美文化的异质性

立共和体制。光荣革命后，1688年新教国王继位，君主立宪确立，意味着大地主、大资产阶级统治的建立，人权思想在社会上得到认可和确立。当时，人们认为人权的性质在于：由绝对正义原则演绎出的自然存在的人的自由，不受任何权力意志的剥夺或约束，这种自由的权利为天所赋。

更为重要的是宗教改革还带来了另一个意想不到的成果：由于清教在1580年代的中期开始在英国受到镇压，被迫害的清教教众很多都流亡海外，他们中间有相当数量的人员横渡大西洋，来到了荒凉的北美大陆，于1776年缔造了美利坚合众国。

随着西欧各国资本主义经济的发展，自由竞争对封建制度的否定日趋激烈，导致了18世纪初的欧洲启蒙运动，主张消除蒙昧，发展世俗教育，提高人们文化水平。启蒙运动自英国发起，后发展至法、德、俄，也波及比、荷等国，范围涉及几乎所有学科，包括文史哲、教育、伦理、科学、经济、政治等领域。代表人物有洛克、孟德斯鸠、伏尔泰、卢梭等。这些学者继承了文艺复兴的人文主义精神，从思想上、理论上彻底否定了欧洲封建专制，以理性为主线发展出新的哲学、政治、法律、经济和社会理论及社会行动纲领。就其精神实质看，它是宣扬资产阶级政治思想体系的运动，直接为法国大革命和美国独立战争奠定了思想基础。

启蒙运动将个人主义从文艺复兴时主要以文化精神形态的存在，深化到思想和政治领域，并最终法律化，使之成为民众的行为约束，以符合新兴资产阶级的要求。启蒙运动将个人主义与人权、自由、平等等民主价值观念直接融合在一起，并进一步深入到了政治、法律层面，奠定了近代西方文化价值的个人主义基石。西方资本主义国家政治文明关于人权、自由、平等、民主的价值观，在18世纪基于其个人主义的文化传统而确立。

逃离英国的清教徒抵达美洲大陆后，寻找到了一个躲避宗教迫害的避难所，虽然这里荒凉而原始，但他们仍然胸怀信仰和理想，要为英国以及所有基督教国家创立一个没有弊政的、区别于旧欧洲的光明社会。

移民北美大陆的早期清教徒经历了开拓边疆的艰难生活，对自立、自由有了更为深刻的认识，宗教信仰和拓殖进取成为美利坚个人主义价值观成长的沃土。

"美国个人主义由两部分组成，一是清教徒个人主义，二是边疆时代条件下的个人主义。"① 它们都是美式个人主义的源泉,其核心价值一脉相承。但毫无疑问,支撑清教徒历经磨难仍然辛勤工作的信念根本上是来自新教伦理,"我在为上帝效劳,而不是给帝王卖力,也不是为一己私利。教民应该再加把劲,把工作做得更好,为上帝增加荣光。"② 虽然美国为移民国家,不同国家、不同肤色的人们络绎不绝来到这里,但是新教一直在民众信仰上占据绝对优势,个人主义也成为美国社会的主流价值观、美国文化的核心,其对自立、野心、奋斗、成功的信仰促进了美国的快速发展。

在拓殖北美开发西部过程中,人们意识到这里位置优越、资源丰富,上帝把如此之特殊土地赐予美国人,是选定美国人以承担特殊之使命,美国是上帝的宠儿,天生优越。新教的天赋使命意识在"美国优越论"基础上,生发出了美国人特有的超越感,以山巅之城自喻,接受世界的仰视。尽管大多数美国人来自欧洲,但是他们认为欧洲是个多事之地,是一切罪恶的源泉,美国人作为上帝的宠儿,肩负着维护自由、传播共和的使命,在北美大陆践行着为全世界建立自由主义政治楷模的试验。美国的共和政体将像灯塔一样,照亮旧欧洲和全世界,将自由之光传向黑暗之中的各民族。

上帝选中了美国人作为人类进步的引导者,赋予其启蒙野蛮民族走向文明的使命,以及解救被专制政体奴役的民族走向民主的责任,从而让自由、文明、幸福遍布全世界。美国的扩张就是为了完成这样的使命。

整体上看,英、美文化同根同源在新(清)教,属于基督教文化的一支,具有鲜明的个人主义色彩。剑桥大学社会人类学系教授艾伦·麦克法兰认为,英国在私有财产权方面的个人主义于 13 世纪(也许更早)便已普遍存在了,这种个人主义的所有权认为,每个人都对他的身体和技能,从而据以获得的成果具有财产所有权,财产是以个人作为占有主体身份的。这种个人占有财产的身份蕴含着独立、平等、自由的价值基因,与经典作家所描绘的农民社会的财产家庭占有是根本不同的。也就是说,在工业革命前,英国就已具有个人主义(自由主义)的传统,其主要是与"天然的"财产权利相联系,但当历史进入 19 世纪时,英国个人主义文化的内涵已远远超越了麦克法兰的占有性个人主义。个人主义在美国则成为一种民族认同的象征,包含了美国梦

---

① 钱满素. 美国文明 [M]. 北京:中国社会科学出版社,2001:400.
② Johnstone Ronald L. Religion in Society—A Sociology of Religion [M]. Englewood: Prentice Hall, 1988: 144.

三、中华文化与英美文化的异质性

中所有的理想,并且由于美国的特殊历史机缘和地理禀赋,而发展出了近乎宗教意识的"天赋使命观"。

杨国荣通过与儒学相对比,指出了西方个体主义在哲学上的起源。群己关系一直是儒学所关注的问题。儒学中,由于仁的概念既立足于自身的道德存在价值,又能走出自我,与他者在互相体认中存在,所以,成人与成己不是对立和矛盾的,而是互为条件、相辅相成的。成己实际上是追求内圣,达到自己道德上的理想,成人是外王的一部分,体现出对他人、对群体的善意和义务,实质上是对社会的担当意识。《论语》中修己以安人的论述,表明了修己与安人是内在联系的统一过程,在这个过程中,安人是最终的目的,所以儒学的仁的价值取向总是最终地指向社会责任与担当,也就是义务先于权利、责任高于自由的群体原则。在西方,所谓的正义很早就进入了哲学家的视野,如柏拉图认为,"正义就是有自己的东西,干自己的事情"①。亚里士多德作为其学生继承了其思想,一直到罗尔斯,西方哲学始终极为注重正义的原则。就人的内在德性来说,柏拉图认为正义蕴含于知、情、意的定位合理性中,而在社会意义上,正义原则要求个人不为社会所干涉而做"自己"的事,个人之间互不干涉,独立行事。亚里士多德对此有所引申,认为正义就是个人能够得到他应该得到的。实质上是个人权利的充分实现,反过来也体现出对个人权利的肯定和公认。个体原则包含于正义原则,"个体原则如果推向极端,亦往往容易形成自我中心等思维定式,并由此引向个体之间的紧张"②。

西方哲学中悠久的正义原则所内含的个体思维方式为个体权利的确立提供了价值基础,这在西方文化的演进中发挥了重大导向作用。个体权利的确立产生了西方文化个体主义的传统,为近代个人主义登上历史舞台的思想文化渊源,也成就了以绝对权利为基础的资本主义的自由、人权、民主、宪政。实际上,个人主义在英美文化中最早发育,并将其影响力发展到极致,对人类文明的演进产生了重大影响。但从人类解放的视野看,个人主义的文化价值观具有其历史局限性。

从历史唯物主义来看,欧洲的天主教改革运动,实际上是资本主义推翻封建专制的社会革命的一部分。资本主义经济的萌芽和发育改变了人们的经

---

① 柏拉图. 理想国 [M]. 北京:商务印书馆,1986:155.
② 杨国荣. 善的历程——儒家价值体系研究 [M]. 上海:华东师范大学出版社,2009:422.

济生活和生产关系，甚至产生了新的社会阶层或阶级，但是旧有的政治关系、宗教知识和教会官僚体制已经不能适应这种改变了，平民、市民和农民们争取新生活和新思想，以及相应的新宗教知识的斗争就以反抗天主教教会腐败统治的宗教改革运动的面目出现了。为适应资本主义经济的发展，新教伦理虽然建立了教众面对上帝的个人主义与现世社会个人主义之间的联系纽带，催生了资本主义精神，但实际上这条纽带没有解放人们的精神世界，却变成了一把桎梏人们内心世界的更难打开的枷锁。"他（路德）破除了对权威的信仰，却恢复了信仰的权威。他把僧侣变成了俗人，却又把俗人变成了僧侣。他把人从外在宗教解放出来，但又把宗教变成了人的内在世界。他把人的肉体从锁链中解放出来，但又给人的心灵上了锁链。"①新教思想家通过天职观、因信称义等所建立的宗教个人主义与资本主义个人主义的纽带只是精神性的，使信众把资本主义条件下的尽职在灵魂上成了"上帝的意志"，创造了被挑选的机会，但是，人们在资本的剥削下被异化，又为天职所束缚得不到身心解放。在如何使人类得到自主、自由发展问题上，新教是不可能给出宗教出路的。

人类历史上的阶级社会中，必然存在个人与社会的对立，特别是在欧洲中世纪的末期尤为如此，所以，启蒙运动的发起者发扬了西方个体本位的传统，提倡个性与人权，以反抗社会对个人的压制。但个人主义作为对封建专制的反动被发展成一种"普世"价值观时，已经把欧洲中世纪政教合一的封建专制情形设定为人类社会模式的基本面，将产生根本的局限性。这种局限性的理论缺陷在于：把社会与个人的对立作为不言而喻的前提，本质上是把社会作为抽象的外在物与个人作为两个实体存在来思考问题，将人与社会的关系绝对化了。其实，个人本身即是社会的一部分，对立的假设本身就不是普世的，这只是二元对立的个人主义意识形态的偏见。

个人主义发展出来的博爱平等观念及自由民主宪政，其最终的逻辑原点和理论基础是资本主义私有制的绝对权利。因为个人主义反对的是与封建等级相关联的私有制所衍生的君权、优先权、垄断权、特权等，而不是私有制本身，对于自由竞争的资本主义私有制，其衍生的权利被个人主义视为了命根子。而真正的人本意义上，应"从人的这种共同特性中，从人就他们是人

---

① 马克思，恩格斯. 马克思恩格斯选集：第一卷［M］. 北京：人民出版社，1995：9.

三、中华文化与英美文化的异质性

而言的这种平等中引申出这样的要求：一切人，或至少是一个国家的一切公民，或一个社会的一切成员，都应当有平等的政治地位和社会地位"①。

从人类社会的历史来看，"权利决不能超出社会的经济结构以及由经济结构制约的社会的文化发展"②。而启蒙运动为了反抗封建专制，认为人生来就具有自然权利，是天赋人权，这是把生物意义上的人与社会意义上的人同质化了。人的出生只是自然界赋予他生命的存在，而人的生活的存在是在社会中展开的，其权利、地位、职业、社交等无不是特定社会的产物，资本主义人权是特定历史条件下社会的产物，而绝不是自然界"自然"生长的产物。

工业化是人类历史上最为深刻的生产力革命，由此人类社会发生了现代化转型，同时进行的还有人类文化的现代化，即农业社会的从远古走来的传统文化向工业社会的科学、民主、法治的文化演进。由于工业革命的发生，以个人主义为基点的英美文化在人类历史上率先实现了这种文化的现代化。近代工业革命起源于英国，这是一个坐落在欧洲的西北方向上一个岛屿上的国家，其历史和传统都是独特的，其文化也是地域性的。但英国的个人主义传统和启蒙运动以来发展出的个人主义文化却随着工业革命向全球的发展而扩散开来。这种个人本位的文化性质能否像其物质成就那样易于被世界所接受呢？英国资本主义在世界扩张，终于在19世纪初试图在世界的东方——中华帝国正面登陆，"按照自己的面貌用恐怖的方法"影响和改造古老的中华文明。

（三）方凿圆枘

1. 人文文化与宗教文化

中华文化与英美文化从本源来看，是两种互为异质的文明形态：儒学以现世的人为中心，发展出人文性质的中华文化，基督新教以神为中心发展出了神本的英美文化。新教把人获救的希望寄予上帝对人的纵向恩赐，儒学则把人入圣的路径设定为自强不息。儒学关注于人和人类社会本身，相信人本身具有达到道德超越境界的潜力，对上帝和鬼神则敬而远之，所以也就不存在基督（新）教信仰方式中近乎自我精神折磨的"我是否虔信"的内心追

---

① 马克思，恩格斯. 马克思恩格斯选集：第一卷 [M]. 北京：人民出版社，1995：44.
② 马克思，恩格斯. 马克思恩格斯选集：第一卷 [M]. 北京：人民出版社，1995：305.

问。新教社会中的一切苦难,都会被教徒们看作对是否虔信的灵魂"拷问",迥异于儒学的人文趣味。"天人关系的界定,可以视为儒家价值体系的逻辑起点。"① 所谓天,主要便与广义的自然(nature)相关;它既指作为对象的自然,也包括主体(人)自身的本然形态。儒家要求超越自然,并赋予自然以人文意蕴。作为价值观的天人之辩,首先关联着自然原则与人道原则。尽管儒家(特别是原始儒家),并不完全忽略自然原则,但注重人文价值、追求自然的人化,确实构成了儒家的内在特点。儒学之贵仁、重人伦等,则可视为人道原则的具体展开。对自然(作为对象的自然)与人文统一性(天人合一)的强调,体现的是一种物我无对、天人一体的精神境界。有的学者称儒学为"儒教",在于强调其对中华民族的道德、精神的影响几可比于宗教教化;其实,即便儒学有近于宗教的效果,其实质仍是一种人文教化,是从人类的恻隐之心、推己及人、和谐共生美德出发建设善治社会的精神追求,其传播于东亚是由于崇高的人文理想的魅力,而不是因为宗教征服。儒学盛行的中国,佛教徒、道教徒、犹太教徒、基督教徒和伊斯兰教徒,在其海纳百川的数千年人文积淀包容下,均可自由其精神信仰。

英美文化作为西方文化的主要成分具有浓厚的宗教色彩,是比较典型的宗教文化。欧洲中世纪政教合一,教权曾经高于政权,统摄社会思想、人伦道德、民众教育、文化传承,把宗教的基因和气质系统地灌输于西方文化传统之中。即便在现代英美社会,新教作为一种文化,在人们的心灵中仍然占据着十分重要的位置。新教不仅是英美文化极为重要的组成部分,更体现为其文明的精神核心和素质。英美社会的哲学思想、价值观念、文学艺术、教育理想、政治法律、经济制度、社会习俗、科学技术以及社会发展都与基督新教紧密相关。基督教神学植根于基督教信仰,之所以在世界文化中扎下根来,很大程度上是由于与希腊理性精神相结合的结果。由此,信仰与理性在神学中有机地结合在一起,成为一种专门探索上帝与人、上帝与世界之关系的学科。从历史来看,基督教则是一种极富扩张性、充满征服欲望的宗教,在躁动不安的常态中养成了民族扩张心理,是一种霸气十足的宗教,针对"异端""异教""野蛮人",在历史上产生过宗教法庭、酷刑、十字军东征、铁血拓殖等做法。而身负"天职感""使命感"的英美新教传教士,晚清以

---

① 杨国荣. 善的历程——儒家价值体系研究 [M]. 上海: 华东师范大学出版社, 2009: 3.

来,远涉万水千山,漂洋过海,踏入中国疆域,向中国人民灌输其教义,本质上是一场宗教征服运动。

2. 二元融合与二元对立

二元融合是中华文化的思维特征,是重视事物功能转化关系的思维。从二元的依存、转化、相对考虑问题就是一种整体性的思维,认为各种运动过程都是"融合"于一个整体;若更复杂、深细一些,可以有五行甚至八卦式的考虑。例如,五行关系,既照顾到了对立、依存,更注意到了转化关系。

阴阳观念是典型的二元融合思维,这是中华文化倡导中庸、对称、和谐、分寸、平衡、中和的根本原因。在这种统一取向的思维中,相异、对立的双方是互为存在的,一定条件下可以相互转化。

例如,魔与道、恶与善之间的区别、对立不是绝对,一成不变的,而是相对的,可变的。恶和善不是两种相异对立的本体,而是同一种本体在不同时空条件下和不同社会关系中所呈现出的两个侧面,依条件和关系的变化是可以转化的。但所有的存在和转化都受到"道"的制约,道通为一,无论过程如何,最终都是道的圆融。

再如,"祸兮福所倚,福兮祸所伏",福、祸的关系是相依的,没有"福"就无所谓"祸";没有"祸"也无所谓"福",二者是相对而言。但这种对立又不是绝对的,福、祸各自可向相反的方面转化或渗透。这也体现出中国式辩证法的特色,可称为"二元不对立"的关系。中国哲学的基本范畴,阴阳、虚实、分合等都具有这种特点。

英美文化继承了基督教文化的二元对立的思维。本质与现象、个性与共性、中心与边缘、感性与理性、现实与理想、有限与无限、经验与超验等范畴,一接触就能感觉到其间的对立,而且有褒贬之别。例如,善与恶就像两军对垒,界限分明,其发展趋势是不可调和的对抗,或灭亡或生存,或败灭或胜出,别无结局。

西方哲学家也对二元对立的思维方式做出了哲学注解。例如黑格尔认为,矛盾对立的两方面是相互斗争和损伤的,发展的结果只能是强者益强,弱者益弱,必有胜负,赢者通吃,或共同灭亡。这种不存在调和思维的矛盾论对西方的思想文化、政治军事、社会经济发展产生了深刻影响,是西方"零和博弈"理论的哲学根源。

另一位西方哲学大家尼采认为,世界是弱肉强食的,人们都力争成为强者，因为强大就是处于山巅之处的德性和公理，强大代表着人类社会里最为活力四射、绚丽绽放的那部分生命力。尼采对兴盛于欧亚大陆东部的同情弱者、守柔共处的道德价值不以为然，认为争强好胜才是天理。

人际关系方面，西方文化中存在着一个挥之不去的意象，那就是类似于"他人即地狱"的心理暗示，他人本质上与我陌路，飘忽不定，蕴藏敌意，状如黑箱。这是他我关系上的二元对立思维，深刻影响了西方文化对人的本质的认识。

西方的二元对立思维使人与世界，人与他人始终处于紧张状态，激发了永久进取的心理动力，有利于发展和创新。二元对立导致"天人对立"，刺激了人的理性的本体地位的生成以及理性主义的成长。二元融合则形成"天人合一"，不注重人的理性独立存在的意义和价值，追求与"天理"直接相符，达到人伦与自然通过融合而致和谐。

以二元融合与二元对立的哲学思维差异为底色，衍生出中华文化与英美文化思维方式上的各种分化，如具象与抽象，整体与分析，归纳与演绎，本体与客体，悟性与理性等。这些分化与汉英语言的差异也密切相关。

例如，在悟性与理性思维方式对汉英语言的影响方面，就汉语来说，汉字是象形文字，形象直观，整体主观，意向性强，是悟性思维的结晶；而英语以词为单位，由字母构成，客观抽象，结构精确，逻辑性强，是理性思维的产物。连淑能认为："汉语是合于悟性发展的语言，例如禅宗在汉语中找到了灵感，激发了悟性的发展；而英语的哲学背景是亚里士多德开创的严密的形式逻辑，以及16世纪至18世纪风行欧洲的理性主义。"① 王力认为"中国语法是软的，富于弹性，西洋语法是硬的，没有弹性"②，"弹性"体现了人的悟性，"硬性"体现了人的理性，所以，"中国语言是人治的，西洋语言是法治的"③，而"人治"指受人的悟性和表达需要的管治，"法治"则指受人的理性、语法和逻辑的管治。

3. 集体本位与个体本位

从儒家天人合一的理念出发，推演社会中的人际关系，就涉及群己关系

---

① 连淑能. 中西思维方式：悟性与理性——兼论汉英语言常用的表达方式 [J]. 外语与外语教学，2006 (7): 36.
② 王力. 中国语法理论 [M]. 济南：山东教育出版社，1984: 141.
③ 王力. 中国语法理论 [M]. 济南：山东教育出版社，1984: 53.

三、中华文化与英美文化的异质性

的价值取向。与从"天人之辩"确认人为主体和从"力命关系"① 确认为仁由己相应,儒家将自我提到了重要地位,并提出了"成己"②、"为己"③,价值取向很是明确,群体先于个体。儒学主张个体间协调互让,以及个体对群体的责任,意在通过群体认同消融人际紧张和群己紧张。这种以德为先,社会本位的伦理观,在历史上有效发挥了排除个人本位、缓解社会斗争的作用。另一方面,对社会本位、群体优先的推崇,打通了走向整体主义的潜在价值路径。这一点在儒家学者关于无我的表述中,已现端倪。

在儒学这种群体取向的影响下,中华民族形成了注重维护群体利益,保障群体团结,实现群体目标,"群而忘己""无我"的集体本位思维,成为中华文化的核心价值观之一。

古希腊时期社会分工完善,商业繁荣,以工商为业的社会阶层成长起来,使希腊人的交换意识、平等意识、权益意识逐渐发育,形成了西方文化中个体本位的价值基因。个体本位是西方文化审视群己关系的标尺,作为个体的人的权利以及对此的尊重是人们结合起来形成社会的基石。"亚里士多德认为一个人最高的善在于自我实现,伊壁鸠鲁学派则肯定了个人追求快乐、享受幸福的要求和权利。"④ 基督教诞生后又广泛流行"上帝的选民"的理念,宗教信仰形成的团体很大程度上取代了血缘的家族,上帝面前人人平等的观念自教众团体生活中孕育而出。至文艺复兴时期,人的权利、尊严和价值终于从天主教神权的压制下解脱出来,以个性解放和重构人的主体性为核心的人文主义成为西方文化的主潮。到18世纪,人生而自由、"天赋人权"的思想

---

① 天人之辩的进一步引申,便涉及力与命的关系,力泛指主体的创造力量,命则往往是被神秘化的外在于主体的必然趋向。主体由自在人化为自为,最主要的就是通过自身德性的提升而努力达到至善,对人的道德潜力,儒学是坚信不疑的,此即"为仁由己"(《论语·颜渊》),"我欲仁,斯仁至矣"(《论语·述而》),等等,便表明了这一点。它从一个侧面体现了追求主体自由的价值取向。

② "诚者非自成己而已也,所以成物也。成己,仁也;成物,知也。性之德也,合内外之道也。"(《中庸·第二十五章》),由成己而成物才是完善的"诚",是内仁外知合一的完美德性。

③ "古之学者为己,今之学者为人"(《论语·宪问》)。所谓为己指做学问是为了提升自己的道德,为人指做学问是为了展示于别人以博得名声。成己与为己,注重的是人作为主体的自我道德价值的完善,也是对自我作为个体而存在的价值的确认。对个体存在价值的确认,目的在于道德能够自由地由个体的行为在人际展开,而人际的根本就是群己关系。这个问题上,儒家的观点是,个体是群体的一员,对群体的责任担当是成己为己的最终目的,此即是"修己以安人"(《论语·宪问》)。修己即道德上的自我涵养,安人、安百姓则涉及社会整体的稳定和有序,道德关系上的自我完善(为己),最终乃是为了实现广义的社会价值(群体的安定)。

④ 李清源,魏晓红.中美文化与交际 [M].上海:复旦大学出版社,2012:113.

逐步确立,并在法律中固定下来。英美文化植根于个体本位的思维方式,成为一种典型的个人中心、权利取向、自我实现的文化模式。

中华文化与英美文化在哲学思维方式方面的差异,形成了汉英语言鲜明的差异。语言作为文化的载体和最具有活力的组成部分,其本身的特征就标志着文化的一些质的规定性。另一方面,在中华文化触变英美文化的历史进程中,汉英语言本身即是触变的一部分。分析汉英语言的差异对研究中国英语教育发展的文化路径是必要的。

以图画表意的文字是人类历史上多种文字发展的一个阶段。西方的表音文字,就是由幼年期的图画文字通过字母的产生演化成线形文字,其中包括英语。汉字也是起源于图画文字,但经由另外一条路线演化为线条化的象形文字,以对自然物象的简化模仿来通过直观形象表达意象和意义。在指事、会意等新造字方法对象形的补充下,汉字演进为音形义三位一体的方形文字,单字常常独自成词。

汉英语言分别产生于亚欧大陆的东西端,在不同的思想文化系统里演化发展,其中汉语源于一种原始语系,随着华夏民族的形成出现了华夏语,至周时已能撰写优美的诗歌,表述深刻的哲学思想,成为一种成熟稳定、表现力强的语言。汉以后,华夏族被称为汉族,所使用语言被称为汉语。在欧洲,西日耳曼语属印欧语系的日耳曼支,其中的一种可称之为古代英语,具有完整的词形变化,属综合性语言,至公元12世纪进入中古英语的阶段,词形变化逐渐减少,18世纪后发展成现代英语,不再具有词形变化,英语的属性也演变成了分析性的。

不同民族由于环境、宗教、历史、文化相异,其思维方式也有差别,而语言文字作为一个民族思维方式最深刻、最生动、最活跃的表现形式,必定具有很大差异。现从中华民族与英美民族的思维特性入手,就文字、词序、句法解释汉语和英语的不同。

首先,汉英思维差异与汉英文字差异。汉字的形成与华夏族的整体思维方式有关。这种整体思维方式重视直觉,推崇民胞物与,物我不分,观物取象,本质上是一种具象思维。汉字能用具体物象的形式表达复杂的意象,且造字方法灵活丰富,成为中华文化的基石和重要组成部分。

英美文化是西方文化的重要组成部分,二元对立是其主要的思维特点,在人与自然的对立性紧张中,西方文化发展出发达的理性的抽象思维和形式

三、中华文化与英美文化的异质性

逻辑。英语的单词由字母组成,与事物的形象无关,只是抽象的规则下字母组合的产物,以人为的抽象来规定其所代表的意义。

其次,汉英思维与汉英词序差异。中华民族的整体性思维表现在汉语词序上,比较鲜明的是在时间的表述上遵循年月日时的顺序,从大到小排列;在空间地点方面也是如此,表述方法以国省市县的顺序排列。另外,在修饰语方面,越是具体客观、内在重要的词汇,越会排在前面,体现出整体性思维的特点。

英美文化作为西方文化的一部分,其二元对立的思维方式形成英美民族重理性、逻辑、分析、细节的行为特征,表现在英语词序上,比较明显的是英语以时日月年为顺序表示时间,而在空间地点上,则是以县市州国的顺序表示,遵循由小到大的顺序,体现出思维的细节性、分析性。在修饰语的词序方面,也与汉语的顺序相反。

再次,汉英思维与汉英句法差异。具体表现为以下几点。

第一,句子长度。中华文化推崇天人合一,直觉直观,悟性思维发达,反映在汉语特征方面,就是汉语句子不需要靠显性的语法、变化的词法来组织,而是尽量删减所有可能的不是必需的形式性文字配置,以意义统御字词连缀成句,以上下文隐形逻辑体现句子关系,因此,显得干净、灵活、含蓄,以中短句为主,句子偏短。

西方理性思维擅长形式逻辑,表现在英语句子上就是注重形式齐整,靠显性的语法和词的变化的形态来组织单词成句,往往以主谓结构为骨干,附着、连接一些附属、修饰性从句或其他语法结构,冗长但逻辑清晰,致使句子偏长。

第二,句子语义偏重。中华民族的整体思维,认同九九归一,擅长归纳,也就是从个别、条件、事实、原因等等到一般、结果的逻辑模式。在这种归纳思维的支配下,汉语句子往往由前至后推进逻辑,结论、结果和重要内容被归一到最后,形成语义偏重在后的现象。最为明显的是复合句,汉语多为从句在前,主句在后。

英美民族擅长理性推理,往往借助概念、理论等研究、探索个别事物,表现出思维上的演绎模式倾向。在其影响下的英语句子,其语义往往重心前置,一般、结果、重要内容等首当其冲得到表述,个别、原因、次要内容被随后体现。在英语复合句中,一般是主句在前,从句在后。

第三,句子的主被动语态。西方二元对立的思维中,自然成为人类改造的对象,主客二分,人专注于客观的宇宙,探索规律和法则成为西方文化永恒的主题,外在于人的客体成为思维表达的中心。这种对客体的关注表现在英语的句式上,往往是在行文中把描述的对象放在被观察、研究、处理等动作的受体上,成为句子的主语,那么,被动语态在英语中的应用就比较普遍了。

天人合一的中华文化认为,人是世上最为可贵的,本身即有与天道合一的道德潜质,认识、提升了自身德性,也就掌握了自然宇宙的道,并且修齐治平,也以人(我)为主体层层外推,形成了中华民族以主体为中心表达事物的语言习惯,所以,汉语中往往以观察、研究、处理等动作的做出者为句子的主语,主动语态很是广泛。

由此,可以分析汉英语文在语篇方面的差异。如前所述,汉语不以显性的语法规则和词形变化来连词成句,而是以意御词成句。因而,在语篇上,汉语重意合,句子之间的联系呈现出空间性组合的特征,是天马行空式的,而不是线性逻辑的,上下文之间的联系与制约对语篇的形成是很重要的因素。英语语篇则呈现出另外一种状态。英语句子本身即靠显性的语法规则和词形变化使英语单词以形合成句,异于汉语的线性结构,是以形役意。其语篇特征也是线性的,句子之间横向联系紧密,而上下文之间的联系和制约比起汉语就很弱了。总体上,汉语语篇以整体格局为重、为美,不着眼于单个语言单元的完备,而是讲究相互呼应,浑然一体;英语则大致相反,以单个语言单元的完备为原则,形式严谨,以形传神,以线性格局成篇。汉英语语篇的风格差异,显示出中华文化与英美文化的性质差异。

人类语言可以定义为一种存在于人类社会的具有结构与功能的有机系统,这个系统运用于社会交际中时,会随着社会发展变化而变动和调整,也就是语言的创新和发展。在社会环境变迁中研究相应的语言系统的发展,是社会语言学的基本方法。

欧亚大陆东部的中华文化,是一种精神气质完全异于欧洲基督教文化的古老的原生人类文化,其精华于16世纪后被赴华传教士们陆续介绍到欧洲,成为当时启蒙思想家们所借鉴的文化资源。"中国优秀的文化在启蒙运动澎湃展开的时代,曾给予莱布尼兹的古典思辨哲学、伏尔泰的自然神教,以及魁

三、中华文化与英美文化的异质性

奈、杜尔哥的重农派学说以丰富的养料,催促了近代欧洲文明的诞生。"① 中国儒家"理性""无神""民贵君轻"等理念成为推动17世纪西方"精神革命"的重要价值资源。

近代以来,英语作为一种中国与英美交流、学习、抗争乃至合作的媒介,其所承载的内容,已远远超越了一种语言符号本身的含义。中国高校英语教育,其产生、发展有着广泛、深刻的政治、经济、文化的原因,国内外这方面的研究成果均较薄弱,要作出完整的分析和研究,绝非本书所能担当。语言以文化内涵为根基,外语教育实质上是一种异文化的传播与交流活动。

为此,只有从近代以来英美新教文化东渐中华的历史视野中,对中国高校英语教育发展的历程进行整理、归纳,以中华文化与英美文化的文化触变为主线,揭示中华文化变迁与中国高校英语教育发展之间的内在关联,梳理中国英语教育发展的文化路径,才能揭示"中国文化失语"的文化根源,使中国高校英语教育回归"自文化本位",肩负起中华文化国际传播的使命,促进中华文化复兴。

---

① 沈福伟. 中西文化交流史 [M]. 上海:上海人民出版社,2014:418.

四、晚清高校英语教育与西学东渐

四、晚清高校英语教育与西学东渐

中华民族有悠久的文明史,华夏圣哲灿若星河,文治典章独步天下,人文教化远播四方。自孟子时代,"华夏正音"以外的语言被贬为"䴕鸟之音",意思是并非人类的语言。朝野上下,皆以习"䴕鸟之音"者为"鴃舌之人,非先王之道"①,读书人学它就是"下乔木而迁于幽谷"的自甘堕落。②鸦片战争前的清王朝依然做着"居中国以御四夷"的天朝迷梦,奉行闭关锁国政策,视西方为化外蛮夷,并认为其语言与有几千年文明历史的汉语相比,是一种落后的不值一学的"夷"语,一切与其有关事务皆被称为"夷务"。

明清数百年间,农耕文明的传统中华文化活力已趋于衰竭,精神开始日渐僵化。至18世纪末,世界形势已发生深刻的变化,西欧岛国英国,人口不足千万,工业革命已显著影响了其社会面貌。近代工厂制度兴起,机器生产代替了手工劳动,生产力突飞猛进。工业革命推动了资本主义的发展,英国资产阶级政府积极推行对外侵略扩张政策,寻求原料产地和商品销售市场,而东方地大物博、人口稠密的中华帝国,自然成为其目标。

1792年,英国派马嘎尔尼勋爵率700余人使团以给乾隆皇帝祝寿名义,带着天文地理仪器、图册、毯毡、车辆、武器、船只模型等当时先进的工业文明成果到达中国。英使来华的目的着眼于通过外交途径打开中国市场的大门,提出诸如在舟山附近划一未经设防的小岛供英商居住、存货;英国商船可在宁波、天津等处登岸;固定税率不额外加征;在北京常设代表等要求。乾隆时期的中国自认"中央帝国",版图辽阔,文治斐然,号称"盛世"。中华同异邦只能是宗主国与藩属的关系,外交规则是朝贡体系。清廷认为英国是仰慕中华文明才遣使远涉重洋为皇上祝寿的,中华上国岂能与之平起平坐?中华物产丰富,清廷视英国所带礼物为"奇巧淫技",无通商之必要。英使提出诸如开放口岸建立中英"平等"关系等要求,自然被视为冒犯。但英国此时作为海上殖民大国正横行于世,岂能俯首称臣?所以马嘎尔尼不肯行三叩九拜之礼,而是以见英王之礼,以单膝下跪觐见乾隆皇帝,确然又得罪了天朝。

18世纪末英使团访清所发生的冲突一般被表述为"礼仪之争",认为是导致英使团访华失败的直接原因。也有论断认为这一事件的本质,"是自由贸易文化最发达的国家和对此最无动于衷的国家之间的相会",是不同质的文化

---

① 杨伯峻.孟子译注[M].北京:中华书局,2005:125.
② 钟叔河.走向世界——近代中国知识分子考察西方的历史[M].北京:中华书局,1985:89.

相遇引起的排斥和冲突。

这是英国工业文明与传统中华文明的第一次直接碰撞,分析该事件,可以看到处于近代以来中华文化与英美文化进入激烈触变之入口时各自的状态。

首先,英使团的礼物作为工业文明的产物代表着当时世界上先进的科学技术对人类社会生活方式带来的全新的影响和模式,但是,中华帝国对此毫无兴趣,甚至是蔑视厌恶。中华文化对英国为代表的近代工业文化的物质成就是排斥的。

其次,工业革命在英国的进展促进了市场经济的发展,经济法治化、自由贸易等近代经济理念和制度得以确立,并由英国资产阶级和殖民主义者向全世界拓展。此时中华文化仍建立在传统农业经济的基础之上,对平等、自由、开放等工业市场经济的规则与实践从根本上无法接受对英殖民者的商业文化鄙夷不屑。

最后,基督教的宗教改革运动对英国产生了深远影响,英国传统的个人主义思想在人性摆脱了神权的新时代得到了极大丰富和发展,促进了近代资本主义经济和政治要素的产生和发育。英国近代的经济、法律、政治、社会等制度的思想和哲学基因直接来源于宗教改革后的近代新教,新教文化对英国近代社会生活面貌和价值信仰体系的形成影响直接而巨大。对于18世纪末仍对基督教实行禁教政策的大清帝国来说,英国新教文化无异于异端邪说。

(一)中国早期新教教会英语教育(1807—1861)

1807年,英国伦敦布道会(London Missionary Society)传教士马礼逊(Robert Morrison)抱道东来,开启了近代中西文化交流,成为"他所处的那个时代最伟大的学者"①。在马礼逊那个时代,清廷仍持禁教政策,新教教士只能秘密来华,其中"大部分来自英国和美国,部分原因是由于新教徒高度集中在这两个国家。同样地,也由于工业革命给讲英语的世界带来了空前的财富和人们旺盛的活力。"② 传教士来华的主要目的在于传播基督教教义,企图实现中国的基督教化,把中国纳入基督教文化和价值观体系,进而从精神

---

① Ride Lindsay. Robert Morrison: the Scholar and the Man [M]. Hong Kong: Hong Kong University Press,1957:1.

② [美]费正清.剑桥中国晚清史:上卷[M].北京:中国社会科学出版社,1985:532.

四、晚清高校英语教育与西学东渐

途径征服中国。出于对宗教教义的虔诚和传教的使命感，"传教士要比商人更加热衷于倡导在中国实施变革。当然，他们的主要目的在于使中国人改信基督教。但是，他们中的许多人，尤其是那些新教徒，并没有把他们的使命仅仅看作是传播福音，而是传播西方文明——社会和政治理想、物质文化以及对基督教忠诚的信仰原则。"① 并且，在华传教的实践，使传教士认识到"教会学校可能是宣讲福音最有效的工具……所有从事培训孩子的人都会同意，将孩子引向基督比成年人更容易。……可以证明他们是稳定的一群，坚守他们（宣讲福音）的职业。他们可以为基督服务多年，用不着像那些已经年老的服务撒旦的人那样必须抛弃更多的邪恶。"② 1818年，马礼逊在马六甲创办英国模式的英华书院，成为海外第一所向中国学生介绍西方文化、学习英语的初级学校。教授正规英语发端于新教传教活动。

裨治文（Elijah C. Bridgman）是美国首位赴华传教士，1830年在广州成立新教贝满学校（Bridgman School），这应是中国本土最早的新教教会学校。学校最初有学生四五人，帮助裨治文译教义，编报纸（*The Chinese Repository*），经此学习英语。1839年，美国耶鲁大学毕业生布朗（Samuel Robbins Brown）于澳门正式开办马礼逊学校（Morrison School），参照美国通行的方式教学，成为中国本土第一所设置英语课程的新教学校，教学程度相当于"小学和初中"③。所有西学课程，"全部采用英文课本，并用英语教学"④，这是一所"以推介英语、西学及基督教信仰为教育目标"⑤ 的学校，以世界眼光和西学知识开阔学生的视野，开发学生的素质，但对中国传统经书教育也并不漠视。马礼逊学校的学生"所学的知识比中国封建学塾儒生确实要丰富、广阔得多。布朗在传播其信仰的同时，也是第一个向中国学生有系统地传播西学的西方人"，马礼逊学校是"向近代中国传播西学的第一所洋

---

① Biggerstaff, Knight: The Earliest Modern Government Schools in China [M]. New York: Cornell University Press, 1961: 3.
② Graham, Gael. Gender Culture and Christianity: American Protestant Mission Schools in China 1880—1930 [M]. New York: Peter Lang, 1995: 11.
③ 沈福伟. 西方文化与中国 [M]. 上海: 上海教育出版社, 2003: 120.
④ 顾长声. 从马礼逊到司徒雷登——来华新教传教士评传 [M]. 上海: 上海书店出版社, 2005: 88.
⑤ 李金强. 西学摇篮——清季香港双语精英的诞生. 黄爱平, 黄兴涛. 西学与清代文化 [M]. 上海: 中华书局, 2008: 692.

学堂"①，以传统私塾、书院等所无法比拟的作用，培养了中国较早的一批既懂西学又有中学素养的近代著名人物。"在该校接受教育之学生影响近代中国历史亦属清季之重要人物"。②马礼逊学校招收的第一批学生中，有一位叫容闳的，后赴美国留学，1854年毕业于耶鲁，成为"继魏源之后，切实受到西方教育，具有资产阶级民主思想，热衷于向西方寻找真理，在中国移植西方文化的第一人"③。1871年，清政府实施容闳提出的幼童留学美国计划，1872年至1875年，四批共120名幼童赴美留学。容闳对早期官方有组织地通过留美学习、引进美国文化起到了开创性的重大推动作用。1860年之前的教会学校中，马礼逊学校在英语教育方面影响最大、最具典型性，对后续建立的新教教会学校，以及同文三馆等的英语课程设置和教学影响深远。可以这么说，中国英语教育在近代的起步，是由英美传教士开启的。"抱道东来、教化中华"的英美传教士，深刻影响了中国英语教育的起步和发展，并将近代教育理念引入晚清社会。

1860年前新教学校的英语教育是传教士传教活动的一个重要且关键的部分。承载英语教育的早期的教会学校采用西方近代班级授课制度，实行分班级、分年级、分学科教学，并将英语教育与西方近代基础科学知识教育有机地结合起来。这种有别于我国的传统学堂教育的崭新的课程设置模式、授课方法，为我国传统教育制度的变革带来了可能性和动力。美国对华派遣传教士数量居新教各国之最。有数据显示，截止1848年，98名中有73名为美国人④；相应地，对中国英语教育和近代教育发育的影响也是最大的。

早期教会学校主要集中在五个开放通商的沿海城市和香港，到后来，学校慢慢向周边农村地区扩散。"初也不过于宣讲圣经之外，教以读、写知识，及算术、字母而已。"⑤早期教会学校的办学目的很简单，就是"训练一批中国助手以传播福音，……他们懂得老百姓的语言，比传教士更懂得如何吸引他们。"⑥但是，中国士大夫的子弟是不愿意进教会学校的，他们有条件通过

---

① 石霓. 观念与悲剧——晚清留美幼童命运剖析 [M]. 上海：上海人民出版社，2000：45.
② 李志刚. 基督教早期在华传教史 [M]. 中国台北：台北商务印书馆，1985：214.
③ 沈福伟. 西方文化与中国 [M]. 上海：上海教育出版社，2003：120.
④ 张注洪. 中美文化关系的历史轨迹 [M]. 天津：南开大学出版社，2001：4.
⑤ 露懿思. 基督教教育在中国之情形. 陈学恂. 中国近代教育史教学参考资料：下册 [C]. 北京：人民教育出版社，1987：60.
⑥ 卢茨. 中国教会大学史（1850—1950）[M]. 杭州：浙江教育出版社，1987：13.

传统教育提高社会地位甚至踏入仕途,愿意去教会学校碰碰运气的,是那些赤贫得别无出路的寒门子弟,还有一些基督信众的孩子。

第二次鸦片战争前,教会学校数量有些增加。截至1860年之前,有确切可考的,在广州、厦门等沿海通商六港,仅新教就办各类五十余所学校,招生千余人①。至1861年,冯桂芬在《校邠庐抗议·采西学议》中提到教会学校开设外语已不是个别现象,"惟彼亦不足于若辈,特设义学,招贫苦童稚,兼习中外文字。"② 囿于华夷之辨,早期的教会学校往往只能招收到少数下层人民的子弟,因此,1860年代前,英语教育仅及于社会下层。

另一方面,鸦片战争前后,英美新教文化与晚清中华文化的接触方式和态势发生了转变。鸦片战争前,在华传教士对中华文化表面上还较为恭敬,但清廷战败,武力和条约改变了传教士们的在华地位,他们"傲慢与偏见的嘴脸"日益显现,战后到中国的传教士,已经大都不屑学习、了解中华文化,故多不能读写中国文字了;他们在教会学校中任用当地教师,如果教会学校的开办者离华或所用当地教师辞职,学校便很难维持。另外,战后晚清社会民众对传教士和教会学校的态度也发生了明显的变化,这种变化是基于对英国为首的列强的民族仇恨。教会学校感受到了这种被排斥的社会仇恨,所以顺应民众情绪,基本上都不开英语课以自保。由此,这一时期的教会学校有所增多,但在英语教育开展上有所萎缩,主要教学语言为汉语。

从性质上看,早期教会学校主要是作为传教机构出现的,课程设置方面的突出特点是以宗教教育为其主要内容,其他文化课程只是兼授。除少数学校外,规模极小,是一种非正规的、不系统的教育,并且目的是使中国基督教化,同时渗透其语言、文化和价值观,具有文化帝国主义的倾向。所以,总体来说,尽管早期教会学校在传播宗教知识的同时,开设了英文、国文、算学以及天文等世俗文化课程,"并以班级授课制的方式进行教学,具有近代教育的特点,是我国近代新教育的萌芽,但相对于后来教会教育的发展而言,这时的教会教育对我国教育带来的影响并不大"③。同时,教会学校的出现毕竟是近代教育在晚清产生影响的开端,使晚清少数开明知识分子开阔了眼界,多少改变了一些观念,使他们逐步开始睁眼看待西方的教育和近代西方的科

---

① 熊月之. 西学东渐与晚清社会 [M]. 上海:上海人民出版社,1994:288.
② 冯桂芬. 校邠庐抗议 [M]. 郑州:中州古籍出版社,1998:210.
③ 金忠明,李若驰,王冠. 中国民办教育史 [M]. 北京:中国社会科学出版社,2003:112.

学知识，萌发了"师夷长技以制夷"的主张。早期的新教英语教育虽然刚刚起步，规模小，层次低，但也培养出一些懂英语和西方科学，对近代工业文明有所了解的中国本土新型知识分子。例如，梁发是晚清首位新教本土牧师，他在道光八年（1828年）开设具有传教功能的私塾，地点设在广东的家乡，教授英文、中文与西方科学地理等。他的儿子梁进德，也是一位新教教徒，曾在1839年成为林则徐的幕僚，是这位钦差身边英文水平最高的译员，为其翻译"夷狄"书报，搜集英国情报。其所译出资料，后来成为《海国图志》编撰者魏源的重要参考。林则徐所编《四洲志》，实为梁进德主笔。1832年，梁发用浅显通俗的中文把教义和圣经精华编成《劝世良言》一书，对基督教义进行了初步的中国化诠释。洪秀全的基督教知识和观念主要来自梁发所编辑的这本简易布道书。但正是受到这本书的启示，1836年洪秀全创立拜上帝会，传教以改造社会，以后又发动金田起义。这些宗教活动以及农民起义，其实就是新教文化触变晚清中华文化的进程所激起的社会运动，标志着新教文化的要素已经在晚清社会的中华文化体系中不但有了存在，而且发挥了功能。这些文化活动和社会运动，开启了传统中华文化在新教文化接触、影响下的最初变迁，也或显或潜地开辟着中国高校英语教育产生与发展的路径。

拜上帝教信奉独一真神上帝，这一信仰源自西方基督教思想，但实际上，"是借用皇上帝之名，而以中国传统文化，主要是儒家文化之实创建起来的"。① 晚清出现了拜上帝教，传教士们着实兴奋了一番。那些本身怀有政治野心的洋教士，期望以拜上帝的名义起事的太平军，能够使中国基督化。借用某些基督教教义而竖起宗教旗帜的洪秀全确实具有政治意图，试图以人人平等的教义思想推翻清廷，改造社会，只是体现的不是传教士的政治意图。以拜上帝起事的太平天国在意识形态上是否定和敌视儒学的，但在政治秩序、治国理政方面实质上仍是深受儒学影响；意图"基督化中国"的传教势力也视太平天国运动为异端，致终被高举卫儒旗号的湘军所灭。研究太平天国的学者们一般不大重视洪秀全的宗教体验，较少关注太平天国与基督教的文化触变，但恰恰是在农民起义的外壳下，太平天国所蕴含的基督教在中国社会的文化和政治实践，显示出以孔儒为核心的中华文化对基督教文化的强大的抗拒与消融力量。1873年陈梦南在广东成立独立于"洋教"的"中华福音

---

① 钟文典. 洪秀全与皇上帝. 孔夫子 [J]. 社会科学家, 1991 (5)：45.

会",首倡民族新教自立。

(二)晚清洋务英语教育与教会高校英语教育的产生(1862—1894)

两种几乎隔绝的文化相遇时迥然不同的面目和特质导致了18世纪末英使团的失败,也预示着英殖民主义为实现资本的利益将会采取战争手段。1840年,英国挑起鸦片战争,携近代工业文明的"坚船利炮"以武力叩关晚清,中华民族从此国势衰弱,文化颓危,数千年的以"夏"化"夷"转为"数千年未有之变局"。虽然魏源、林则徐等成为当时睁眼看世界的第一批有识之士,提出"师夷长技以制夷",后来成为向西方学习的思想源头,但此后相当长时期内清廷仍并未真正认识到或承认学习、引进西方近代文明的必要性。

1860年,京师陷于英法联军,进一步打掉了天朝上国在武备上的自信。"清廷比较讲求实际的官员们在震惊之余认识到一种新的国际形势已经开始,越来越感到'西风东渐'以及此风的势不可挡"。① 中华文化对英美文化发生"敌对性文化触变"的社会条件和政治条件逐渐出现,因清廷败于坚船利炮,武备成为文化焦点。一些清醒的清廷当权官僚欲师"泰西武备"之长以自强,开始筹办洋务,其最早设立的洋务学堂是培养从事翻译实务的对外交涉人才的京师同文馆。1862年6月,京师同文馆正式成立。因其目的不是要培养饱读经书、有志仕途的传统士人,而是为近代外交培养实用人才,可以说得上是中国近代高等教育的萌芽。英语教育在课程设置模式、教材选用以及教学方法上均效法马礼逊学堂,这是中国官办英语教育的开端。学习内容,"初止教授各国语言文字"②。开办当年设英文馆,从满、蒙、汉军八旗中招收10名学生,聘英国传教士包尔腾(John Shaw Burdon)为教习。1863年又设立上海广方言馆和广州同文馆。

《宋史》中曾首提同文馆称呼,用于指代周边的藩附之国向中原王朝进贡的使臣所居驿馆,取书同文之意。1879年杨勋《英字指南》序言曰,"窃维我朝幅员,广长超越前代,嘉道咸同以来,通商各国,皇上御极之二年,派大臣分驻泰西。声教所迄,异俗同风。夫天下车同轨,而欲行同伦必先书同

---

① 费正清. 剑桥中国晚清史:下卷 [M]. 北京:中国社会科学出版社,1985:87.
② 赵尔巽,等. 清史稿 [M]. 北京:中华书局,1976:3122.

文，是西国文字不可不亟讲求也。"①讲求西方文字，开展英语教育也要以天朝掌故为名头。正如平野健一郎文化触变论所言，当迫于本土文化的生存需要，必须要引进外来文化要素时，需寻找本文化掌故以比附，证明己方"古已有之"，以减弱外来文化要素融入本文化的阻力。中西文化的触变在晚清往往以一种"托古"的方式进行。熊月之即以为，这所用来培养通晓外文之士的学堂被冠以同文馆之名，仍延续了传统的夏夷观念，以华夏正统自居。京师同文馆之名既能满足保守派士大夫们的自大情绪，又能行外语教育之实，总算打开了清廷体制内变革的第一个缺口。又以西方诸国语文称之为方言，华夏正音之意甚明。李鸿章、冯桂芬摒弃原拟"外国语言文字学馆"之名不用，而取"上海同文馆"之名，可能既是为了与京师同文馆之名相一致，也是为了满足一般士大夫天朝独尊的虚骄心理②。1866年，洋务派奏请设"天文、算学馆"，主张用英语教授天文、算学等科学知识。洋务派对西学的认识进入了一个新的阶段，"的确标志着清朝中央当权的洋务派对于西方文化态度的一次实质性变化"③。奏设"天文、算学馆"的目的，一方面是洋务派在创办军事工业的实践中渐渐地认识到西方科学的重要性，另一方面是想通过招收"根红苗正的正途士子"入学，"让西学本身的合法性得到清帝以及像翰林院那样的正统部门的承认"④。同样地，洋务派以"天文""算学"为突破口在同文馆引入西方近代科技，其手法也是"托古"，即天朝"古已有之"，以使最顽固的保守派也好接受一些。但顽固派仍激烈抵制，经数月论战清廷方准奏。例如，1867年以倭仁为首的顽固保守派与洋务派围绕"天文、算学馆"的争论是近代中西文化发生接触、碰撞后引起的一次意义重大的讨论，是传统中华文化变容近代西方科技文化要素的一次机能调整。

同文馆增设天文算学馆的奏准，意味着古老中国对西方文明中器物文化和自然科学的官方首肯与接纳，从而在与科举制并行的情况下，开始了中国新教育、新学制的发展历程。这场辩论，也使洋务派超越"坚船利炮"的认识界限，主动在行动上探求西方"长技"之科学底蕴，掌握应用技术与理论

---

① 周振鹤. 随无涯之旅 [M]. 北京：三联书店，1996：207.
② 熊月之. 上海广方言馆史略. 上海市文史馆文史资料工作委员会. 上海地方史资料（四）[C]. 上海社会科学院出版社，1986：72-73.
③ 丁伟志，陈崧. 中西体用之间：晚清中西文化观述论 [M]. 北京：中国社会科学出版社，1995：71.
④ 费正清. 剑桥中国晚清史：上卷 [M]. 北京：中国社会科学出版社，1985：583.

四、晚清高校英语教育与西学东渐

科学之间的联系。科技等器物层次的西方文化要素经历抵抗,不但在中华文化体系中安顿下来,还引致了文化触变的"甘薯藤枝蔓"现象,促进了近代高等教育制度在晚清的发育进程。

同文馆的领导和管理机构名义上是总理各国事务衙门,但"同文馆的实际管理权一直由美英控制。"① 天文算学馆成立后,同文馆的课程继续扩充,西方近代自然科学通过官办教育输入中国。1876年,总教习丁韪良制定了"八年课程计划",除开设认字写字、讲解浅书、翻译公文、练习译书等英文课程外,增设了各国地图、各国史略、数理启蒙、航海测算、化学、天文测算、万国公法等。同文馆的性质发生较大转变,从一个培养高等外语人才为对外交涉服务的学堂变为一所传授西方近代科技知识的综合类学堂,使用的教材大多是英文原版教材。

京师同文馆八年制的课程中,外语基础课为两年,以后渐增自然科学和专业课程,但翻译课程贯穿始终,以使学生不仅具备扎实的外语基础,而且能直接用外语学习西学。在洋务派看来,"翻译一事,系制造之本"。因此,翻译成为八年制特别是高年级课程中的核心课程,包括由简单的句子翻译,到文章翻译,逐步过渡到书籍翻译②。

京师同文馆共译西书29部,主要涉及外国历史、国际法、自然科学知识以及语言学习等方面,是该馆洋教习和学生翻译实践的结晶。其中的《英文举隅》是中国近代最早编译的汉文版英语语法书,在术语创造、编写结构等方面对后来的英语文法教科书影响很大③。

同文馆开办之初,教习之职因国人无精通洋文者,清政府只能请求英驻京使馆予以推荐。英人John Burdon(包尔腾)因通中文被荐,又因其被总理衙门认为为人诚实,而且只是要求经济报酬、无求官之想法,遂聘其为英文教习,但约定其只能教授英语语言文字,而不得传教。总理衙门还安排汉文教习暗中监察其行为。包尔腾受聘进入同文馆任教习,首开西人任教职于清廷官办教育机构之先河,后办洋务学堂援之为例,纷纷效仿。至1895年,京师同文馆有洋教习54人,其他洋务学堂聘有73人。洋教习除外语教学外,还教授专业课程,或者翻译西书传播西方的自然科学、人文社会科学和应用

---

① 顾卫星. 晚清学校英语教学研究 [D]. 苏州大学,2001:104.
② 陈雪芬. 中国英语教育变迁研究 [M]. 杭州:浙江大学出版社,2011:34.
③ 邹振环. 晚清同文馆外语教学与外语教科书的编纂 [J]. 学术研究,2004 (12):118.

科学等。另外,聘洋教习之例还使西人能理所当然地直接参与铁路、造船、电报、邮政等洋务事业的建设。

同文馆对西书的译介以及开设的大量数学、物理、化学、天文等近代自然科学课程,拓宽了国人的视野,直接或间接地影响了一部分封建士大夫,推动了西方近代技术的引进与传播。"同文馆西学课程的设置和西学书籍的翻译,说明当时中国已初步具有近代科学教育思想的萌芽,这在中国教育发展史上是十分重要的一步。"① 以此发轫,近代科学教育在中国初步萌芽②。这不但丰富了中国近代教育内容,而且随着科学技术知识的不断传播,出现了科学渗入到科举中去的设想和实践,科技教育对科举产生了冲击。"同文馆对于清朝高级官吏的间接影响,以及通过他们对于整个政体的影响,并非是无足轻重的。其中最主要的成就是将科学的内容介绍到了科举考试之中。"③ 同文馆非以科举为目的,却促进了科举的变革。这就是文化触变中因文化要素功能相关联而导致连续触变的"甘薯藤枝蔓"现象。1887年,科举考试增设算学与科学两门,这是科学地位的历史性突破。中国近代高校及科学教育,均发端于英语教育。1902年,同文馆并入京师大学堂。

京师同文馆英语教育产生了重要的引导性影响。"同治学习英文的时候,他的教师便是同文馆的学生。后来光绪皇帝决心设立大学,当然也是因为有感于同文馆的成绩。"④ 1892年2月4日的《纽约时报》报道:"今年20岁的清国皇帝陛下……目前正由两个受过英美教育的北京国子监学生负责教授英语,而这件事是由光绪皇帝颁布诏书告知全国的。"⑤ 晚清官办英语教育起源于京师同文馆,这是清政府成立的首个具有高等教育性质的新式外语学堂。在课程设置、课堂教学和教学评价等方面,京师同文馆殊异于清廷官办教育机构,却合于当时西方的外语教育情况。其后清廷所办外语学堂大都借鉴和传承了京师同文馆的规制和特点,特别是注重语言教学的学以致用,结合翻译实践开展教学。京师同文馆对中国近代政治、外交、教育,乃至社会思想观念等方面产生了深远影响。如果京师同文馆可视为培养外交和翻译人才的

---

① 毛礼锐,沈灌群. 中国教育通史:第四卷 [M]. 济南:山东教育出版社,1988:107.
② 李华兴. 民国教育史 [M]. 上海:上海教育出版,1997:45.
③ Martin, W. A. P. A Cycle of Cathay or China, South and North with Personal Reminiscences [M]. New York: Fleming H. Revell Company, 1900:318.
④ 张美平. 晚清外语教学研究 [M]. 北京:中国社会科学出版社,2011:74.
⑤ 郑曦原,李方惠. 帝国的回忆:《纽约时报》晚清观察记 [M]. 北京:三联书店,2001:129.

四、晚清高校英语教育与西学东渐

一种高等教育机构,那么,在某种程度上说,是高校英语教育迈出了中国教育近代化的第一步。舒新城认为,"自此以后,数千年中国历史上传衍而来的教育制度,逐渐为西洋的教育制度所替代,而社会上的传统思想亦逐渐破坏无余";并断言:"同治元年(1862)之创设京师同文馆,是我国教育制度因外力逼迫而逐渐破坏之始,也是中国逐渐将固有的农业社会的教育制度变而采用西洋的工商业社会的教育制度之始。"①从高校英语教育开端的晚清教育制度近代化进程,对"科举"这样的皇权政治根基产生了颠覆性影响,随着文化触变的深入,传统中华文化旧有的道统和政统体系趋向解体。

继京师同文馆之后成立的上海广方言馆,开风气之先,外语教育和科学教育并重,且教学质量最优,学生每个周日均赴江海关道参加其中英文翻译考试,后与江南制造局合并,但仍保留英语教学,并翻译大量西书,是近代翻译重地。而广州同文馆实际仅授英语。后期最著名的外语学校则是张之洞创办的湖北自强学堂方言馆。

1893年湖北自强学堂从创办时就按照近代高教体制进行分科、分班教学,开全国风气之先,创造了良好先例。此后许多学堂"均仿自强学堂成法"②。湖北自强学堂是首个国人自办和自管的近代高等专门学堂。"张之洞的教育活动是晚清教育改革的缩影,他的思想、行为深刻地影响了清末的教育发展。"③据《清史稿》,"查京外学堂,办有成效者,以湖北自强学堂、上海南洋公学为最。"④

后续开设的科技和军事洋务学堂,大多重视英语教育,虽没有统一的教学要求和教学计划,但均注重与科技课程相结合,造就了一批近代杰出人才,如福州船政学堂毕业生严复。福州船政学堂于1867年1月创办于福建马江(又称马尾),原名"求是堂艺局",也称"福建船政学堂",是近代中国第一所高等实业学堂、第一所近代海军学校,是"所办洋务学堂中办学时间最长、毕业学生最多、质量最好、影响巨大的一所海军专科技术学校,为我国培养出第一代海军轮船的驾驶和制造人才。"⑤

---

① 舒新城. 近代中国教育思想史 [M]. 福州:福建教育出版社,2007:6.
② 张美平. 晚清外语教学研究 [M]. 北京:中国社会科学出版社,2011:115.
③ 钱曼倩. 中国近代学制比较研究 [M]. 广州:广东教育出版社,1996:80.
④ 赵尔巽,等. 清史稿 [M]. 北京:中华书局,1976:3128.
⑤ 董宝良,但昭彬,陈晴. 中国近现代高等教育史 [M]. 武汉:华中科技大学出版社,2007:22.

福州船政局的英文学校由洋教习用英语授课，也可以算是外语学校，其英语课程在各军校中最为出名，与学制等一并为其他各军校所取法，各军校中也多有其毕业生就职。"天津水师学堂在主要课程和学制方面类似于福州船政学堂的英文班。它开设两个科：一为1881年开设的驾驶科，一是1882年开设的轮机科。"① 其教务长严复即毕业于福州船政学堂。

严复（1853—1921）原名宗光，字又陵，后改名复，字几道，汉族，福建侯官人；父亲患霍乱去世后，"家贫不再从师"②。同治五年（1866）冬季，船政学堂出示公告，面向全国招考学生。这种既不讲究出身，也没有保送招考的方式，在中国近代教育史上还没有先例。一定程度上，这是当时人们重科举、轻"技艺"的社会历史背景下为求人才的不得已之举。当时虽然一些开明的知识分子对待西方语言与西学的态度有所转变，但还是有相当部分的传统知识分子对此持否定态度，认为几个贫穷人家子弟学外语无伤大雅，而正途出身的人是"孔子和鬼谷先生之子弟"，如果学习"殊方绝域之学"，会导致"斯文将丧"，便是公然"用夷变夏"③。

正是在这次不讲究门第出身的考试中，严复有机会进入船政学堂开始了5年的学业，研习西方自然科学和英语，学成评定优等。如果在保送或讲究出身的制度下，"家贫"的严复很有可能被湮没。1877年，包括严复在内来自英文学校的十二名学生（四年后又两人，八年后再十八人，三批共三十二人），被福州船政局派送英国留学。"派遣学生赴英国留学是福州船政局19世纪70年代中期以后最重大的英语教育发展和学西学运动……促进了清末社会意识形态的变革。"④留学时，严复在英国遍观其社会状况，研读思想家们的学术著述，较直观深入地了解到当时最发达的资本主义国家情况。近代进化论对其思想产生了重要作用。两年后严复学成回到母校任教，1880年赴天津水师学堂先后担任相当于教务长和校长的职务。严复曾在多所高校任校长，还曾任京师大学翻译机构和名辞馆负责人，其中在天津水师学堂任教的时间最

---

① Biggerstaff, Knight: The Earliest Modern Government Schools in China [M]. New York: Cornell University Press, 1961: 294.
② 王蘧常. 严几道年谱 [M]. 中国台北：商务印书馆，1977: 4.
③ 钟叔河. 欧洲十一国游记二种 [M]. 长沙：岳麓书社，1985: 93.
④ 顾卫星. 清末三次重要英语留学教育比较研究 [J]. 苏州大学学报（哲学社会科学版），2007（2）：109.

四、晚清高校英语教育与西学东渐

长,"于其中督课者前后二十年"①。1912年京师大学堂改名为北京大学,严复为首任校长。

除对中国近代高等教育的教学与管理等方面多有贡献外,严复更是晚清在西方文化中探求富强之道的著名先行者,是对清末民初的中国社会和知识界产生深刻影响的资本主义思想家和西方学术著作翻译家。严复翻译的书籍对近代中国思想界产生了重大影响。他所译的重要的书包括:《天演论》(Evolution and Ethics)、《原富》(Inquiry into the Nature and Cause of the Wealth of Nations)、《群学肄言》(Study of Sociology)、《法意》(Spirit of Law)、《社会通诠》(History of Politics)、《群己权界论》(On Liberty)、《穆勒名学》(System of Logic)和《名学浅说》(Elementary Lessons in Logic)。②

早年毕业于上海广方言馆,曾任圣约翰大学英文教授、国务总理并摄行总统职务的颜惠庆(1877—1950)这样评价他:"严复用国学语汇阐述、介绍现代西方的政治和经济学,文风语体截然不同于教会的译著,从而确立了西学在中国学术界的地位,引起了文人学士的重视。……毫无疑问,开风气之先者,仍当推严几道。正是他,有力促进了西学的传播,影响了一代学者,乃至朝廷政要。他贡献给学人的还有一些篇幅短小之作,如《英文汉诂》,用中文解释英文语法,也都堪称学术精品。"③ 严复通过译述向清末民初的知识界比较系统地传播了西方近代社会科学,涉及政治、经济、法律、教育、哲学等领域,发挥了资本主义启蒙的社会作用,还力倡变法图强,推动维新,是清末民初深具影响力的思想家。

值得思考的是,民国成立后,严复在思想上却向传统回归。辛亥革命使西方政治思想在中国社会成为"正确"的东西,传统儒学成为守旧落后的象征,这种本来符合严复社会理想的结果反而引起了他深深的担忧。这实际上是其文化思想成熟起来的表现,他开始反省西方文化自身的缺陷以及在中国的适应性问题,还有在西潮下中华民族国种本性丧失的问题。这其实是严复作为一个西方文化要素的搬运者,在文化触变激烈进展的阶段,又作为一个中华文化要素的秉承者,对中华文化体系的生存与稳定所发挥的作用。这就

---

① 池佑祜. 海军大事记. 中国史学会, 中国科学院近代史研究所史料室, 中央档案馆明清档案部组. 洋务运动(一)[C]. 上海: 上海人民出版社, 1961: 479.
② 贺麟. 严复的翻译. 罗新章. 翻译论集[C]. 北京: 商务印书馆, 1984: 148.
③ 颜惠庆. 颜惠庆自传——一位民国元老的历史回忆[M]. 北京: 商务印书馆, 2003: 48.

不难理解，为什么他曾主张北京大学要把文学和传统经学融合，达到研究旧学的目的，为的就是"用以保持吾国四、五千载圣圣相传之纲纪彝伦道德文章于不坠"①。1915年严复与杨度、孙毓筠、胡瑛、刘师培、李燮和成立筹安会拥护帝制，成为"筹安六君子"之一。严复晚年提倡尊孔读经，成为"孔教会"的主要发起人，反对五四新文化运动。

纵观严复的生平，其入学和留学本为的是清廷振兴武备、自强求存，清廷希望他能在军事领域搬运来新的文化要素，师夷长技以制夷，但严复却搬运来了系统的近代自由主义思想，并经过其翻译发挥，在晚清社会落地生发，有力促进了封建政体的崩溃，文化触变的发展超出了清廷的预想。此外，更为值得关注是严复在翻译西著时根据本民族的需要和价值进行了发挥，而其晚年思想向中华文化传统价值进行回归，这些现象生动诠释了文化触变进程中中华文化在吸纳自由主义要素与保持自身主体性之间艰难的平衡。严复的个例还典型地标示出文化触变中作为个体的人的作用。人不但是一个社会中文化变化的推动者和体现者，而且一个接受了外语教育的人，在异文化的人们之间游走的人，将直接参与和影响文化触变的发生和走向。

自京师同文馆创建，至甲午战争，共有30多所洋务学堂陆续成立，其中包括约15所军事技术学堂和14所科技实业学堂。这些学堂大致上可以分为实施外语教育的（京师同文馆、上海广方言馆和广州同文馆最为典型）、"武备"教育的以及科技教育的等三类。京师同文堂初创时有英文馆（学生10人），至1894年，所有洋务学堂有学生2 980人，其中学习外语者居第2位，为628人，约占21%②。洋务学堂的创办人主要是清廷封疆大吏、各省巡抚和总督等实权派，都比较重视外语教学。如直隶总督李鸿章奏请设立天津武备学堂折中提到，"泰西武备之学，皆从天算、舆地、格致而来，欲造其极诣，必先通其语言文字，乃能即事穷理，洞见本源"③。所以，洋务学堂大多重视外语教育，军事技术学堂更是如此，在招生、课程设置、课堂教学和考核评价等方面突出了外语的基础、能力等方面的要求。

洋务学堂初兴，不得不使用原版教科书，如京师同文馆即如此，其学生

---

① 严复.与熊纯如书.王栻.严复集：第三册[C].北京：中华书局，1986：605.
② 杜石然，林庆元，郭金彬.洋务运动与中国近代科技[M].沈阳：辽宁教育出版社，1991：204-205.
③ 舒新城.中国近代教育史资料：中册[M].北京：人民教育出版社，1985：132.

"西语则当始终勤习，无或间断。其习英文者，能藉之以及诸课，而始终无阻。"① 后一些洋务学堂由西方传教士主持、中国学者参与，相继翻译和编写了一些教材。

洋务学堂在传统教育体制边缘开启了变革，并形成了一个重要现象：用英语直接教授西学课程的晚清学校都逐渐成为西学中心。在中华文化触变英美文化的历史进程中，英语教育是最为活跃、最为有效的途径和突破口。洋务学堂注重西文和西艺，主要适应培养洋务人才的需要，打开了中华文化触变西方文化的第一个官方教育体系的缺口，但还没有引起中国教育制度的根本变革。一般而言，实学技术类学堂相比外语军事类学堂，开办晚，学生少，影响小，所以相应地英语教育也要逊色。根据平野健一郎的文化触变论，在一个文化系统中，"文化的焦点"（cultural focus）是最容易产生文化触变之处。所谓文化的焦点即是文化的某一部分出现问题，文化因而不能充分发挥它的功能，从而成为公众关注之话题所在。由于本文化系统不能满足需要，其他文化系统里若存在着能够解决问题的文化因素，就会产生把它受容进来的需求。如此，以人们的需要性作为根本，文化触变从人们的话题之处发端，并不断得到发展。伴随着"甘薯藤枝蔓现象"的扩大，文化焦点也发生连续性移动。"文化焦点论"把握住了文化变容为何会发生、于何处发生的根本问题②。诚如所言，军事和外交因对清廷的存亡是首当其冲地重要，也成为关注的焦点，西方这方面的文化要素为此首先进入了官办教育机构的学习内容，而所有这些文化触变都是以英语教育为媒介而得以进行的。洋务学堂通过英语教育为晚清政府培养了迫切需要的翻译、外交人员以及了解西方自然科学知识的洋务人才。

有评论说，"这些学堂原本计划提供西方语言、工艺知识、军事训练和军事组织等方面的教育，但是，它们之中没有一个发生过大的影响。"③ 然而，洋务学堂的外国语、自然科学和实用科学等"西学"课程，毕竟顺应了"西学东渐"的文化趋势，促进了教育近代化进程。官办学校中培植了近代中国首批了解或掌握西方武备、语言、外交、科技，外文基础好又有扎实工艺知识的人才。"这些学校的不少毕业生日后成为我国政治、经济、军事、文化教

---

① 李良佑，张日昇，刘犁. 中国英语教学史 [M]. 上海：上海外语教育出版，1988：20.
② 平野健一郎. 国际文化论 [M]. 北京：中国大百科全书出版社，2011：120-122.
③ 费正清. 剑桥中国晚清史：下卷 [M]. 北京：中国社会科学出版社，1985：324.

育事业中有影响的人物。"①

洋务学堂英语教育具有高校英语教育的性质,只是程度参差不齐,规模较小;开设英语课程的洋务学堂没有统一的教学要求和教学计划,英语课程也没有具体的分类,教学中比较注重语言技能课程以及语言与科技相结合的内容,进行语言、技术、电报、采矿、造船、海战和陆战等科目的教学,在英语教育中比较强调其实用性的一面,很少看到与英语文化、文学相关的课程,很少涉及社会科学。清廷的英语教育政策取向还是很明确的,就是通过英语教育引入西方近代军事、科技方面的文化要素,以敌对性文化触变抵抗英美新教文化的侵覆。中国封建社会教育制度的松动和变化是从制度外开始的,其中第一步就是从官办洋务英语教育开始的,并随着洋务教育的深入,逐渐触及制度的外围,独立生长出不同于旧制度的新体系。所以,洋务英语教育在晚清近代化转型中的作用是开创性的,表明清廷开始主动了解世界。

这样,在政府层面,首先是清廷内一批视野开阔、头脑清醒的官僚,为了维护清廷政权的生存,振兴武备,开始引入近代西洋军事工业,兴起洋务运动。以开办近代军事工业为初衷的洋务运动打开了西方文化在官办组织机构里触变中华文化的最初渠道和接触面,也开启了文化触变的"甘薯藤枝蔓"现象。值得注意的是,洋务学堂强调外聘外国传教士不得在学校内教授宗教课程,这是在为文化触变设置限度,也证明洋务派的初衷是"选择性文化触变"。然而,随着洋务运动的深入发展,洋务事业从军事工业向民用工业发展,近代工业化开始萌芽,近代教育与科技得到发展,西方人文、政治思想也随之传播,对晚清社会生活与价值观念的影响日益增强。这个过程中,英语教育发挥了极其重要的媒介和渠道作用。1862年京师同文馆的开办使英语教育进入清廷官方的视野,其最初目的是由于国门被武力打开后,为应付快速增加的对外交涉事务而被迫开办的;但实际上,清廷一些思想敏锐的官僚已经洞察了英(外)语教育的价值所在。

例如,李鸿章在筹办上海广方言馆之初曾有以下言论。

"彼西人所擅长者,推算之学,格物之理,制器尚象之法,无不专精务实,泐有成书……必能尽阅其未译之书,方可探赜索隐,由粗显而入精微。我中华智巧聪明,岂出西人之下!果有精熟西文者转相传习,一切轮船火器

---

① 陈雪芬. 中国英语教育变迁研究 [M]. 杭州:浙江大学出版社,2011:42.

四、晚清高校英语教育与西学东渐

等技巧，当可由渐通晓，于中国自强之道似有裨助"。①

李鸿章这段话的见解主要是三个方面。一是明确指出西人之长处在近代科技，而外语教育能培养"精熟西文者"，阅读、翻译、掌握科技书籍，并"转相传习"，通过教育事业传播科技知识；二是确信"我中华智巧聪明"不在西人之下，定能迎头赶上；三是把外语教育、掌握科技视为"自强之道"，指出其战略意义。在"同治二年"（1863年）初，李鸿章能有如此见解，并身体力行之，发起洋务运动，在当时历史条件下，甚为可贵。李鸿章所未预料到的是，随着英（外）语教育发展，西学知识的传播，晚清教育制度、思想文化、政治意识形态等都相继渐变，并相互促进，最终否定了封建政体本身。

最早的在华教会学校大都是小学层次。第二次鸦片战争的不平等条约，使殖民势力得以自由在内地经商、传教、置地建教堂和学校。教会学校大量增加，并出现了些许中学性质的教会学校，"约占学校总数的7%"②。大多数教会学校还没有严格的修学年限和毕业制度，学生如果粗通圣经，能够独立传道，便可毕业。西方文化集团依靠武力打开了对中华文化的强制性文化触变，基督教文化全面向中国传播。

1870年代之后，更多民生性质的工、矿业取代军工成为洋务运动的发展方向，带动中国近代工商业开始发展。具有资本主义性质的近代工业在中国沿江沿海城市相继开办，迫切需要大量的懂西文西语的各类人才。西方列强不但通过殖民贸易进行经济掠夺，而且还在沿海商港投资办厂，至甲午战争，共"创办了103家外资企业"③。而"1872年到1894年期间，清末中国人创办的制造业和采矿业有75家和33家，并另有19个官办兵工厂和造船厂。"④可见，晚清近代工业还是有较快发展的，客观上对西方技术、管理人才产生了越来越大的需求。另外，清廷新兴的铁路、邮政和海关等部门，以及外国商行、代办等，也对相应的专业人员产生大量的需求。至甲午战前，虽已有30余所洋务学堂，培养的管理、技术人才还是不足。"传教士的教育、文化

---

① 李鸿章. 同治二年二月初十日李鸿章奏. 李思源. 筹办夷务始末；同治朝；卷14. 转引自夏东元. 洋务运动史［C］. 上海：华东师范大学出版社，1992：152.
② 孙培青. 中国教育史［M］. 第三版. 上海：华东师范大学出版社，2009：306.
③ 王立新. 美国传教士与晚清中国现代化［M］. 天津：天津人民出版社，1997：382.
④ 费正清. 剑桥中国晚清史：下卷［M］. 北京：中国社会科学出版社，1985：44.

和传教事业的兴盛主要在 19 世纪 70 年代洋务运动进入高潮以后,这绝不是偶然的,洋务运动的开展显然对传教事业具有正面的推动作用"①。中国社会对近代经济发展所需人才的增长成为教会教育兴起的社会条件。西式工商业在晚清社会的发展,所产生的对西式人才的需求,在文化方面开拓了发展英语教育的环境和路径。英语被冠以的"夷语"的"夷"字逐渐被抹去,以"洋语"代替,价值日增。

早期在华传教士因以儒学为异教,故其传播福音多受严重抵触,使其态度被迫转变,"我们不能和中国经书相处,而我们不能不和它相处"。② 欲使其毕业生要在社会上有倡导力,须能展示传统学识,如能科场扬名则更佳。"19 世纪 70 年代后,教会学校一般都开设相当数量的儒学经典课程。"③ 但实际上,除部分英华式的教会学校母语与英语教育并重外,一般的学校则存在"重西学,轻中学"的现象。

洋务学堂则同样重视母语与英语教育,学校明确规定中学与西学课程学习时间。但是,洋务学堂在英语教育方面,无论是英语课程教材及师资,还是以英语传授近代科技,均受新教学校英语教育模式影响甚深。例如,与教会学校英语教育相似,洋务学堂英语教育也采用语法翻译法,采用原版教材,重视英语与其他学科相结合,只不过教会学校师资主要为外国传教士。但由于教会学校的主要目的是推行基督教文化,因此,其英语教育重视西方礼仪、文学,而自觉不自觉地推行西方的价值观、宗教思想。"总体而言,洋务学堂与教会学校英语教育的不同主要是因为其办学目的、价值取向不同所造成的。"④ 可以看到,洋务学堂与教会学校英语教育的文化价值取向是不相同的。洋务学堂英语教育吸收的是科技文化,而教会学校英语教育则鲜明地指向输入新教文化精神和价值。

1865 年到 1876 年期间开设英语课程的教会学校有:英国圣公会创办的英华书院、美国圣公会创办的文氏书院以及美国美以美会于 1870 年在北京建立的一所小学。有学者认为,此间英语课程在教会学校被设置,主要的动力来

---

① 王立新. 美国传教士与晚清中国现代化 [M]. 天津:天津人民出版社,1997:382.
② 朱有瓛,高时良. 中国近代学制史料:第四辑(上册) [M]. 上海:华东师范大学出版社,1993:512.
③ 张美平. 晚清外语教学研究 [M]. 北京:中国社会科学出版社,2011:246.
④ 陈雪芬. 中国英语教育变迁研究 [M]. 杭州:浙江大学出版社,2011:50.

四、晚清高校英语教育与西学东渐

自社会上所体现出来的英语与日俱增的商业价值,而不是用英语传播新教文化的动机①。

1870年代前,教会学校大多依附于教堂,为传教服务,独立性不强。所以,"1880年以前的美国教会学校的特点可以说是短命的、原始的。"② 1870年代后,早期教会学校作为传教附属机构,本土牧师培养者的功能已经越来越落后于殖民主义者和晚清社会对新式人才的需求。"中国与世隔绝的日子已屈指可数。不管她愿意与否,西方文明与进步的潮流正朝她涌来。这种不可抗拒的潮流必将遍及全中国。不仅如此,许多中国人都在探索,渴望学习使得西方如此强大的科学。"③晚清近代工商经济的发展也慢慢改变着社会面貌,为适应这种社会经济发展的需要,教会教育也要向世俗课目、更高办学程度发展。也就是说,教会学校仅仅培养传道者已经不够了,已经不能充分发挥社会影响了,而适应社会需要,培养西式的工匠、技师、工程师、教师等已成为体现教会权威与形象的主要方面了。

1877年第一次在华传教士代表大会举行,借以提高传教活动的组织化程度。美国传教士狄考文(C. W. Mateer)发表题为《基督教会与教育的关系》的演说:"我们在这里不是为了促进文明的发展;我在这里是为了同黑暗势力进行斗争,拯救世人于罪恶之中,为基督征服中国。"④狄考文以其在山东从事教育的经历,力倡把教育作为教会一项重要的事业。狄考文还是"中国高等教育的倡导者",提倡基督教会应搞"高等教育,而不是初等教育,应该教授圣经、中国经典和现代科学"⑤。《基督教会与教育的关系》"是最早代表在华基督教传教士对教会学校办学目的的正式发表的重要文件之一"⑥。"狄考文的演讲在大会上虽然并没有得到普遍赞同,但在以后的年代里,传教士们在这点上逐渐形成共识。"⑦

1877年的第一次基督教传教士大会成为中国教会学校发展的一个转折点。

---

① 顾卫星.晚清学校英语教学研究 [D].苏州大学,2001:13
② 张美平.晚清外语教学研究 [M].北京:中国社会科学出版社,2011:12.
③ 狄考文.基督教会与教育的关系.陈学恂.中国近代教育史教学参考资料.下册 [C].北京:人民教育出版社,1987:10.
④ 卢茨.中国教会大学史(1850—1950)[M].杭州:浙江教育出版社,1987:10.
⑤ 季压西,陈伟明.语言障碍与晚清近代化进程(三)——从"同文三馆"起步 [M].北京:学苑出版社,2007:376.
⑥ 陈学恂.中国近代教育大事记 [M].上海:上海教育出版社,1981:38.
⑦ 孙培青.中国教育史 [M].第三版.上海:华东师范大学出版社,2009:306.

之后，教会学校有一定数量的中学出现，并有少量大学出现。教会学校的课程设置也开始了由各自为政逐渐走向统一的过程。就传播西学而言，各校普遍开设西学课程，西学程度亦较以前有所加深。教会学校以其英语教育特色而在晚清逐渐大受追捧，上层社会人家的子弟因此入学。但不同类型的学校，对英语的重视程度也不一："英华式"的中学实行中学、西学分班教学，如福州英华书院、香港的英华书院、上海的中西女塾等学校；圣约翰书院（后来的圣约翰大学），以其英语教育而闻名；职业性倾向的学校，如中国西医学院的英语教育偏向于实用英语课程设置；较为保守的学校，如登州广文书院不太重视英语教育①。教会学校规模扩大，传教士们仿效西方教育制度，修养年限、毕业制度也就逐步走上规范化的轨道。②

教会高等教育于1870年代末和1880年代初出现，最初往往在寄宿中学校的名字中换上"学院"二字，即是高等学校或有向高等学校发展的规划，其中圣约翰书院、鹤龄英华书院、上海中西书院和登州文会馆等为著名者。

虽然1880年以前的美国教会学校相当原始且往往延续时间不长，但是，自从1881年美国教会在福州开办具有中等程度的英华书院开始，至1894年，教会中等学校增长较快。晚清中等及以上的教会教育中，大多由美国教会开办。另外，其中等教育具有向高等教育演进的势头。但也有学者认为，1881年在福州成立的鹤龄英华书院，是创办教会大学的最早尝试：书院规定修业8年又4个月，毕业相当于美国大学2年级程度。

教会设立教会大学的最初目的是造就中国本土的高级教牧人员，同时也是为了教牧人员和教众的孩子们能够继续深化学业，其根本的目的在于谋求中国的基督化，只不过是从社会上层入手。有文献记载："教会高等学校之设也，其初心主旨，有欲以为养成牧师教长之资者；有欲尊其为同宗诸校之冠者；有欲以高等教育灌输于教中儿女者。更有出于常通宗旨，欲以扩充基督教势力范围者；藉兹方法为华人通译教义者；以及教授备有新常识，染有宗教观念之男女少年，以谋助国人之进步之发达者。其目的虽异，其坚心竭力谋导学生信奉基督为大主宰则同。……为中国晚近高等教育先河之导，及以

---

① 陈雪芬. 中国英语教育变迁研究 [M]. 杭州：浙江大学出版社, 2011：45.
② 张美平. 晚清外语教学研究 [M]. 北京：中国社会科学出版社, 2011：241.

四、晚清高校英语教育与西学东渐

为政治、实业、教育、宗教各界中造就名贵领袖。"①

洋务运动给晚清社会带来了新气象，清廷对近代西方学术也渐持开放心态，教会学校逐渐受到一定的欢迎。1840 年前后，试图开办教会学校的传教士往往受到中国民众的驱逐，但当在广州传教的牧师（Andrew Patton Rapper）在 1884 年打算建立岭南大学时，广州民众却以传统的请愿书形式表达了欢迎姿态。由于怕这所大学被设到广州以外的城市，包括很多富商和传统士绅出身的人（包括约 25% 的官员，甚至具翰林名号者），共四百余人在请愿书署名，他们中只有少数是教徒。

创建教会大学较有成效的是狄考文（Calvin Wilson Mateer），其主持的山东登州文会馆在 1882 年建立 6 年制教育后，部分课程已达到大专水平。卜舫济（Francis L. Hawks Pott）在 1886 年执掌上海圣约翰书院，后来也增设了一个 3 年制大专班，第一届学生于 1895 年毕业。1881 年林乐知在上海创办的中西书院（后来形成了东吴大学）；1888 年哈巴安德博士（Rev. Andrew P. Happer）等人在广州创办的格致书院（Christian College in China）成了岭南大学的前身②。

其中，1879 年美国圣公会在上海成立的圣约翰书院，在教会英语教育史上产生了重要影响。圣约翰书院要"成为中国的光和真理的火炬"，要"把杰出的中国青年吸引到我们的基督教与基督教文明中来。"③ 为此，圣约翰认为，学校首要的使命就是要使学生充分掌握英语语言和文学，借以提升其知能。1881 年，圣约翰书院设立专门的英文部，开中国教会英语专业教育先河。圣约翰书院迅速发展成中国教授英语最重要的学校。圣约翰书院院长华人牧师颜永京之所以决定要重视英语教学，一个重要的原因就在于：如果毕业生不能进入教会工作，那么他们在上海社会上谋生就必须有一技之长，英语就是最受欢迎的技能。牧师卜舫济 1887 年写给美国圣公会总部的报告中，列举了加强英语教育的五条理由。1888 年，卜舫济升任院长，推行"英语运动"，强化英语教学。他认为，只有让学生掌握了英语，才能真正领会西方科学与文化的精髓，才能改造中国。圣约翰书院英语教育重视文化输入，成为新教

---

① 基督教高等教育之起源与情况. 李楚材. 帝国主义侵华教育史资料：教会教育 [C]. 北京：教育科学出版社，1987：137.

② 张美平. 民国外语教学研究 [M]. 杭州：浙江大学出版社，2012：170.

③ 丁钢，刘琪. 书院与中国文化 [M]. 上海：上海教育出版社，1992：915.

文化"设立在中国的西点军校"①。圣约翰后来的发展表明,"英语运动"以及长期秉持的注重英语教育的理念,不但深刻影响了学校的初创起步,而且对英语在中国教会高校普遍成为教学语言发挥了关键性作用,这也成为圣约翰在19世纪末期对中国高等教育的一项特殊贡献。圣约翰在教会学校中首试全英教学,其注重在教学中输入英语文化的做法成为其英语教学的鲜明特征。圣约翰大学于1907年授予4名毕业生文学学士学位,他们成为首批获得中国教会大学学位者。从清末到整个民国,在卜舫济领导下,圣约翰大学的英语教育傲视群雄,更多的中国社会名流和富家的子弟受到吸引而入学。其毕业生由于英语水平高而受到涉外政府部门和商业机构的青睐。

1886年汇文大学声称,"英语知识很快就会成为中国各阶层活动人物必须掌握的知识。我们的目的是要给学生以关键的和实用的英语知识,并通过学习现代文学作品使他与时代并肩前进,并使他能够成为千百万不谙西学的同胞中的一员领袖。"②

真正将发展教会高等教育的构想公开提出并引起传教士们的普遍关注的是1890年的上海传教士大会。在这次大会上林乐知(Y,J. Allen)呼吁各教派加强合作,并宣布希望开办中国本土基督教大学。例如,传教士李承恩(Rev. N,Plumb)力主发展教会高等教育,认为教会各教派在中国应该像在西方那样提供经费开办和经营高等学校。山东登州文会馆校长狄考文更是从受过高等教育的人在社会中所发挥的巨大引领作用的角度论证了教会开办高等教育的必要性;他认为,受过高等教育的人在中国比在其他非基督教国家更能成为对社会思想观念有控制力的阶层,也就是说,通过教会高等教育培养人才以促进基督教传播,在中国有更大的合理性。大会要求教会学校把生源重点由贫民阶层转向富贵阶层,收取学费以提升教会学校在中国的社会地位和财务自立程度,由此在中国的上流社会扩大基督教的影响。大会将"学校教科书委员会"改组为"中华基督教教育会",以统一教会学校发展教育尤其是高等教育的行动,培养中国社会精英人才掌握重要部门,使基督教文化战胜儒教文化。

经过1877年和1890年的基督教新教全国代表大会的努力,教会在办学

---

① 顾长声. 从马礼逊到司徒雷登——来华新教传教士评传[M]. 上海:上海书店出版社,2005:375.

② 刘广京. 中国早期的基督教大学. 陈学恂. 中国近代教育史教学参考资料. 下册[C]. 北京:人民教育出版社,1987:127.

以及是否开设英语课程等核心问题上达成了共识,教会学校由此获得了较快的发展。当时也恰逢中国社会的重大转型,日益增加的社会需求推动教会大学加强英语教育,并且这种现象已由沿海口岸发展到腹地沿江城市。因此,到了1900年前后,在办学规模、教学效果、课程内涵诸方面,教会高校都超过了同期的官办学堂,其英语教学水平更是一枝独秀。教会高校使用英文原版教材,以英语讲授专业课程(中文课除外),还努力以英语开展各种社团活动、联谊活动和比赛,使学生学习、生活环境英语化。例如,在广州岭南学院,学生的一切活动均需要使用英语,即使是实验室、运动场上等的师生活动也包括在内。

在1893年举行的"中华教育会"(Educational Association of China)第一届年会上,德国传教士花之安(Ernst Faber)走得更远,他在《中国基督教问题》中提出:"教会学校应当广开英语课程,使英语逐渐取代汉语,而成为东方的通用语"。① 该届年会指出,应尽可能地使教会学校内的氛围全盘英语化,使学生如在英美学习、生活一样。

(三) 教会高校英语教育的系统化与本土近代高校英语教育的发展(1895—1911)

清朝末年,洋务运动开启的官办工业、民族工商业发展迅速,外资、合资企业数量也有所增加;同时,清廷新设政府部门和西式学堂,都对掌握新学和英语的西式人才有较大需求。这种需求,吸引着青年学子对英语和新学的兴趣。这种新出现的社会现象促使教会学校都很重视英语教学,为的是在社会就业方面使学生更有竞争力,增强其社会影响力。这一时期的教会教育出现了一个新现象,即在一些通商城市的教会学校,由原来主要招收贫苦子弟、多具慈善性质并注重宗教内容,开始转向注意招收商人及中上层人家子弟,增加英语等实用性的教学内容,且实行缴费上学。这是由于商务活动的增加,以及一些教士鉴于以前的教育方式对中国社会影响甚微等原因而作的改变;这也是一个巨大的转变,预示着文化触变将以更快的速度在中华文化体系内扩展和深入。

---

① 顾长声.从马礼逊到司徒雷登——来华新教传教士评传[M].上海:上海书店出版社,2005:258.

基督教传教士继承了早期传教士翻译编辑西学资料这一传统，不仅积极从事编译，还开办译书机构，经营出版事业。而教会学校则积极地翻译西学课本，一些教材也被晚清新式学校选用，促进了西学的在华影响。在华传教士的编译出版事业，对中国近代教育的发展和社会的进步起到了促进作用。

1896年，"中华教育会"第二届年会召开，年会认为：中华文化已无潜力，人民思想了无生气，因此，科学是不能用汉语教学的。会议号召，要深刻意识到英语在振兴中国进程中的重大作用，以及相应的英语在对华传教事业中的地位，让英语成为传播福音的载体。大会主席，当时通州华北协和大学校长车飞德（D. Z. Shefield）狂妄地提出中国基督教的目的是要把"僵化的孔教文化改变为进步的基督教文化"①。新教传教士认识到了"英语在中国复兴中的地位"，只不过角度是以新教文化覆盖儒学文化，以开启中国的近代化，即所谓的"中国的复兴"。至这届年会，持续20年的英语教学之争以达成用英语进行教学的共识而暂告一段落。经过激烈争论，原先不开设英语课程的教会学校纷纷开设英语教学，而已经有英语课程的教会学校，则使之成为科学及数学等课目的教学语言。此时，正值中国社会发展的转折期，教会高校顺应越来越强的社会需求进一步强化英语教学，并形成潮流，由沿海的通商口岸沿江向内地发展。教会高校普遍地开展英语教学以扩大社会影响。教会高校就英语教育在政策上趋于一致，促进了中国高校英语教育的发展和新教文化在中国的传播。

维新变法运动中，清廷创办了京师大学堂。中国大地掀起创办新式学堂、学习西学的热潮，国人对西人传教和创办学堂的态度发生了进一步变化，在中国沿海及内地发达省份先后出现了山东齐鲁、浙江之江、江苏金陵、江苏东吴等一批教会大学。位于中国文化中心的北京地区也出现若干基督教高校，如北京汇文大学（Peking University）、通州华北协和大学（the North China Union College）等。

到19世纪末，各类基督教新教教会学校"增至2 000所左右，学生增至40 000人。"② 它们大多数都是由英美传教士开设的，其中英国学校占36%，美国占58%③。有教会学校这时期不断加大投入，增加招生，购置更多装备器

---

① 李传松，许宝发.中国近现代外语教育史［M］.上海：上海外语教育出版社，2006：61.
② 陈旭麓.近代中国八十年［M］.上海：上海人民出版社，1983：276.
③ 卿汝楫.美国侵华史：第二卷［M］.北京：三联书店出版.1956：305.

具,加开高等教育课目,增设大学程度的班级,形成教会高校的前身。如发展较好的圣约翰书院演变成为圣约翰大学。

美国内战结束后,经济社会发展更为迅速,至19世纪末,工业实力已超过英国,并且在外交上也开始主动作为,在主导西方对华关系方面渐渐代替了英国。1891年,海外传教的热潮兴起于美国各高校,当年报名的志愿者达到了6 000余人。"对外扩展的需要与救世主开化落后民族的思想相结合,使美国的海外传教运动,在20世纪初期达到一个新高潮。"① 至"1898年,美国传教士在中国拥有155个教会和849个分会。"② 美国在华传教事业逐步组织化,美国教会和美国政府在19世纪末中国国内变革大潮中,通过改善教会学校设施、推广新式学堂,对中国文化转型和人才培养施加更大影响。美国把"教育"作为教化中国的战略手段,大大推动了中国高校英语教育的发展。新教教会学校以美国开办的最多,教会高校英语教育成为推动西方文化和美国精神在华传播的重要途径。1908年,美国决定将部分所取庚款返还,用于资助中国学生赴美留学和援助中国文化建设,"退款兴学"政策使美国对中国的思想文化和政治制度的影响逐步扩大和深化。

从时间上说,相对于中国本土的新式高等教育,在华教会高等教育出现较早,西方传教士在华创办的教会大学是中国新式高等教育的先驱。教会高等教育是教会教育体系中层次较高的那部分,为教会及其母国所看重。20世纪后,教会加大投入,招募师资和职员,开始单独或各教会共同设立高校。辛丑之变后,传教势力根据不平等条约向内陆扩张,教会认为应该趁势进行规范教会高等教育的工作。但总体上看,教会大学处于初级发展阶段。

至19世纪末,在华号称教会高等教育的机构有十多个,但无一个能切实达到西方大学的水准,有些反而逐渐退化成为初级学院甚至中等教育机构。这时的大学基本上都是在中学基础上添加的大学班级,规模都比较小。有数据显示,1900年,在华教会大学共164个在校生,而10年后,这个数字是898个,校均仅64个。美国传教势力为了实现其使命,进一步动员来华传教力量。1902年,美国传教士潘慎文在第四届中华基督教年会上报告:"到目前为止,各级学校已发展至数百所。仅寄宿学校就超过100所,学生约5 000人。同时,还有按照西方模式开办的75所官立学校,学生也有5 000多人。这可立

---

① 燕大校友校史编写委员会. 燕京大学史稿1919—1952 [M]. 北京:人民中国出版社,1999:3.
② 陈景磐. 中国近代教育史 [M]. 北京:人民教育出版社,1983:65.

即看出，我们已获得了一个多么有力的据点来推动基督教的发展。"①

晚清教会学校采取近代班级授课制度，将英语教育与西方近代基础科学知识教育有机地结合起来，为我国传统教育制度的变革提供了实践经验和理论基础。中国最早的西式知识分子是从晚清教会学校产生的，他们熟悉英语、近代科技和西方文化，适应了晚清社会工业经济的起步与发展，使新式教育逐渐为官方和民众所接受，促进了旧教育体制的消亡。传统中华文化在遭受致命侵覆的同时，也邂逅了包容近代工业文明以涅槃重生的历史机遇。

1904 年癸卯学制的颁行掀起了规模空前的兴学热潮。学生开始进入新式学校，学习西学西语。各私塾、书院内的学子纷纷转入新式的学堂，使中国新式学堂数量不足的现象更加突出。作为新式教育范本的教会学校的地位和声望也不断上升，教会学校日益受社会的青睐。

这一变革使教会大学迎来了千载难逢的发展机遇。此时，虽然中国建立了若干大学②，但因建校时间短，设备不足，教师匮乏，难于满足众多学生深造的需要。还有些学生想远涉重洋、出国留学，希望在国内学习英文，对这些学生来说，入教会大学的确是非常好的选择。

后来在中国比较著名的 16 所教会大学（新教 13 所，天主教 3 所），其中 14 所的雏形在此期间已经形成。它们中的 80% 多是美国人开设的；本土大学屈指可数，而且在初创时就都由美国人把持。

值得一提的是，这一时期开始了教会女子高等教育。在华基督教育会 1905 年拟定在中国建立 4 所女子大学；当年，由裨治文夫人（Mrs Eliza Bridgman）于 1864 年创办的学塾演变而来的华北协和女子大学正式成立。

20 世纪初，在华教会高等教育开始快速发展，至 1906 年，仅英美新教就开设了约 400 所高校。

教会大学在晚清的出现具有重要影响，促进了清末教育思想的转变和学校体制的改革。在传递基督教福音的同时，教会大学还把近代科技和文化传授给一批批青年学生，学校的新学知识和价值观念也在中国社会产生了很深的影响，促进了国家的进步和发展，以及东西方的文化交流。这些新生的西式知识分子，实质上是文化要素的搬运者，也就是"作为西方文化的介绍者，

---

① 卫道治.中外教育交流史［M］.长沙：湖南教育出版社，1998：188.
② 此时中国有国立大学三所，即北京大学（1898 年成立），山西大学（1902 年成立）和北洋大学（1895 年成立）。

四、晚清高校英语教育与西学东渐

他们参与了中国文化、社会和政府的伟大改革"①。从性质上看,教会大学是近代工业文明发展的产物,培养的新式人才满足了近代社会经济发展的需求。教会大学的办学性质和成效促进了晚清民办和官立高校的开设和完善,也为之起到了示范作用。高等教育是传承和发展民族文化的重要园地,在华教会大学对中国近代高等教育起步的直接引导,对中华文化的变迁产生了深远的影响。

教会高校英语教育的终极目的是使"中国基督化",其"殖民色彩"通过办学模式、师承延续、课程体系等为中国早期的高校所继承。京师大学堂在1898年开设时,就"聘有12名中国人任教习,这些人大都毕业于教会学校"②。1904年"癸卯学制"颁行,英语为第一外语,高等学堂的历史、地理、算学课程等均需用英(外)文教学,大学堂所有的西学课程均采用原版教科书,并提出设置外国文学专业。中国高校英语教育在晚清的发展,新教教会模式发挥了主导作用,"殖民色彩"与目的语霸权随着中国近代学制的确立植入国民教育体系,直接影响了清廷的高校英语教育政策。

在19世纪末20世纪初,美国不断地加强控制其教会学校,教会学校在各方面的风格也越来越美国化,课目安排与美本土相仿,其毕业生也大多赴美留学。为了完全控制在华的教会学校,不少在华教会学校是在美国注册的,成为驻华的美国附属学校,学生可以直接进入外国大学研究院。教会所办的学校逐渐成为留学教育的预备学校。教会大学中,圣约翰大学、东吴大学、金陵大学在1900年后先后在美国注册。毕业于这些大学的学生可以进入美本土的有相应合作关系的大学或州立大学继续深造,不需要参加入学考试。此安排无形中能使驻华教会大学吸引到大量的中国报考者,还能促使在华大学的教学水准努力与美本土大学持平。这些在美国注册的教会大学将英语作为教学语言,并使用国外进口的英文原版教材,除了正常的英语教学外,还主张学生在业余时间广泛地阅读英文文学作品。这些文学作品隐含西方的生活方式、价值取向和意识形态。文学的陶冶对人的思想的塑造影响重大,而教会高校鼓励中国学生读英文文学是其推行文化殖民、实行文化渗透的重要途径。教会大学的所有教参用书均以英文编写,教师无论中外国籍,均以英文授

---

① 文乃史.东吴大学[M].珠海:珠海出版社,1999:2-3.
② 顾学稼,林霨,伍宗华.中国教会大学史论丛[M].成都:成都科技大学出版社,1994:106.

课。学校的一切行政管理、学术活动、事务交流等均用英文,所形成文书、档案等亦用英文书写。英美化的氛围和要求涵盖了学生的一切活动。教会大学的英语教学分成两个阶段,预科和正科。预科以学习英语基础知识为主,正科用英语学习西学。20世纪初期,各级各类教会高校普遍地设置了英语课程,尤其是在美注册的教会大学基本上采用全英语教学方式,积极引进西方先进的英语教学法,推动整个晚清社会的高校英语教育的发展。

中国社会风气逐渐开放,许多上流社会的人已经改变了原来鄙视英语学习的态度,他们开始主动地学习英语。在当时一个懂英文的中国青年有机会到海关、其他中国政府机构或通商口岸的商行找到一份体面又高薪的工作。因此,教会高校以其英语特色教学而日益受社会的青睐。在这个世纪之交的年代,传教士们的母国都在强调对语言的学习,甚至将其重要性与科学和数学相提并论,所以,他们在华开办的教会大学也同样地看重语言课目。教会大学重视英语顺应了西方语言教学的潮流。传教士积极研究如何提升英语教学的效果和质量,如何培养学生对英语的学习兴趣。他们开发自己的教科书,以克服教会高校教科书的质量缺陷,并设计传统英语课程。甚至有些传教士将自己的英语教学经验在中文教育中加以运用,以标准罗马拼音制进行中文教学。

教授西学和英语的教会大学在英语教育方面有得天独厚的良好条件,当时,许多青年学生争先恐后地要挤入教会大学,就是为了学习英语以得到这个进入商界的敲门砖。有入学意愿的中国学生超过了学校规模的极限。一直都非常重视国文教学且标榜为该校特征之一的山东基督教大学,在1906年甚至发生了要求引进英文教学的罢课事件。国人对以英语为代表的西学的态度由抵抗、鄙弃到接受、羡求一步步转变的过程,也是中华文化系统受容新文化要素的过程。经过文化触变而进入中华文化的英语和西学成为中国社会的商业活动所急需,这标志着这些外来的文化要素在中国扎下根来,融入了本土文化体系。

晚清洋务运动中出现的一系列军工、外语、制造、工程等洋务学堂是中国近代本土高等教育的萌芽。新教育的要素逐步在清廷教育制度内体现出来。1887年算学进入科举考试科目,自然科学首次被纳入考试内容。1888年首次实行中学与西学同考,旧式"高考"开始纳入新式内容。甲午战争清廷惨败,标志着洋务运动的破产,朝野皆以为出路在于教育,一时间新式学堂兴起,

四、晚清高校英语教育与西学东渐

教学的模式和科目类同教会学校。1895年甲午战争后，中国"丧师辱国，列强群起，攘夺权利，国势益岌岌"，①面临亡国灭种的危险。甲午战争动摇了中华帝国的精英对传统政治文化的自信。

康有为等维新思想家认为要救亡图存，只有学习外国，实行维新变法。改革派开始在政治文化领域进行痛苦反思，仿效日本"明治维新"。维新派批评洋务派的"西学"的缺点就是将"西学"等同于西文与西方自然科学，而忽视了社会科学。维新派的代表人之一严复批评了洋务派对西文、西学的片面认识，指出了西学的根本在于"于学术则黜伪而崇实，于刑政则屈私为公"，也就是指科学和民主。为了能更好地了解西方的科学技术、文化思想和生活方式，严复认为应十分重视外语教育，认为，"大抵20世纪之中国人，不如是者，不得谓之成学"②。资产阶级维新派深感要使国家富强，就必须兴办新式的学堂，教化民众。伴随着文化触变"甘薯藤枝蔓现象"的扩大，文化焦点也发生连续性移动，中华文化的生存危机增大了引入新的文化要素的急迫性和必要性，减小了文化抵抗，并找到了教育这一条最有效的触变途径。晚清教育制度和政策的快速触变大大促进了中华文化走向近现代化的深度和进度。

在资产阶级维新派教育理念的倡导下，清廷把英语列为学校的课程，其目标已不限于培养英语人才了，更重要的是在于推广维新派提倡的西学。英语课程进入晚清传统的教育系统，书院是一个重要的环节和里程碑。

中国传统书院制度萌芽于唐，完备于宋，到元朝，各路、州、府都已设立书院。明清年间，书院仍然盛行，至19世纪下半叶，随着中国封建社会的衰败，书院也日益显示其弊端。1896年，清政府同意整顿各省书院，书院所扩充西学课程中的译学，"各国语言文字附焉"③。自此英语在政策和制度层面得以进入中国古老、传统的书院课程。但实际上，受条件所限，当时很多传统书院开不出英语课，即使有也多是摆个形式，名不副实。

1895年，盛宣怀开办天津中西学堂，这是一所兼有大学和中学性质的两

---

① 赵尔巽，等.清史稿[M].北京：中华书局，1976：3127.
② 严复.论今日教育应以物理科学为当务之急.王栻.严复集：第二册（下）[C].北京：中华书局，1986：285-286.
③ 汤才伯.近代上海教育的兴起和发展[J].上海师范大学学报（哲学社会科学版），1983（3）：133.

级学堂,是中国新式中等、高等教育的滥觞。学堂中的二等学堂相当于实行新学制后的中学堂。头等学堂即相当于大学堂,开展英语语言文字教育,用英语教授自然科学课程。头等学堂分设土木工程、法律、电学、矿务、机器等5门,并规定英语是一门必修的主课。总教习丁家立(Charles Daniel Tenney)以哈佛、耶鲁为蓝本设计该校①。天津中西学堂后更名为天津大学堂,1903年改名为北洋大学堂(后又改称北洋大学,现为天津大学)。而圣约翰大学的课程就分成"备馆"和"正馆",备馆即预科,相当于中学程度,正馆即正科,相当于大学程度,学制也为四年,天津中西学堂(北洋大学)的规制与之相近。

1897年,盛宣怀于上海又创办了南洋公学。上院相当于大学,也称头等学堂,以英文教授西学。南洋公学在中国近代教育史上具有特殊的地位,它首先建立起了小学、中学、大学相互衔接的学校教育体系,在专门教育方面,融入了师范、外语、商务、政治等多种专业。它也是我国近代完整的寓普通教育、师范教育、专科教育于一体的多层面学校②。南洋公学于1905年改称商部高等实业学堂,到1921年南洋公学在多次易名之后,正式定名为交通大学,但不管名字和隶属关系多次改变,但始终特别重视外语教学③。南洋公学确立了我国三级教育体制的雏形,早期非常强调中文在课程中的地位。而教会学校上海中西书院的学制为八年,前两年为初级课程,后四年为中级阶段,最后两年为高级课程,亦具三级教育的规制,并亦强调中西并重,不可偏废,南洋公学与之甚为相似。

中国近代高等教育的萌芽受美国思想影响很深。北洋大学堂(天津中西学堂)、圣约翰大学、南洋公学与中西书院,在英语教学和课程设置体系上有明显的共同点,这并非是一种巧合。协助盛宣怀办理北洋大学堂和南洋公学的分别是美国公理会传教士丁家立和美以美会传教士福开森,丁家立和福开森本人都是从事教会教育的传教士,他们参照和模仿了当时的教会学校英语教学课程,协助设置了北洋大学和南洋公学的英语教学课程。盛宣怀"实以学校作之根柢,常与美国博士福开森、武进何梅生两君参考欧美学制",而美

---

① 李传松,许宝发.中国近现代外语教育史[M].上海:上海外语教育出版社,2006:26.
② 张美平.晚清外语教学研究[M].北京:中国社会科学出版社,2011:197.
③ 李传松,许宝发.中国近现代外语教育史[M].上海:上海外语教育出版社,2006:26.

四、晚清高校英语教育与西学东渐

国传教士、前南京汇文书院院长福开森更是任南洋公学监院（相当于教务长）①。"天津中西学堂、南洋公学先于新学制体系建立，是启动中国新学制的先声。"②

1898年设立的京师大学堂，是中国近代教育中由中央官办的第一所多系科的综合性大学，即现在北京大学的前身，附设中学堂、小学堂，还兼有全国教育行政管理职能。"中学"之名自此始③。1898年9月3日，清政府发布上谕，规定入京师大学堂肄业者，由小学中学以次而升，并鼓励地方和私人创办新式学堂；各地书院改为学校，"至于学校阶段，自应以省会之大书院为高等学，郡城之书院为中等学，州县之书院为小学"④，兼习中学和西学。实施新学制之前，学堂的外语教学一般不太理想，制约因素很多，学堂的外语教学步履维艰，效果极为有限⑤。

大学堂的章程是由梁启超参考日本和西方学制起草，办学方针为"中学为体，西学为用，中西并用，观其会通"，其主要目的为"意在讲求国政民事，各种专门之学，为国家储养任用之人才。"⑥京师大学堂的创办，乃我国新型正规大学之肇始，标志着中国近代高等教育制度的确立。京师大学堂的外语教学涵盖了预备、速成二科。预备科分政科和艺科；速成科分仕学馆和师范馆。大学堂后又增设译学馆、进士馆及医学实业馆。京师大学堂译学馆，由京师同文馆并入，主攻外国语言文字。

维新失败后，义和团运动兴起，随后八国联军侵华。大难之后，不少人思想转向改革，清廷才有预备立宪之议，可谓戊戌维新的一段延伸。数年之后，辛亥革命，清廷所谓立宪也成了空话。戊戌改革的重要成果，是形成了中国近代高等教育的轮廓，京师大学堂的学科规划，成为日后各地大学效仿的模式。蔡元培在民国成立后制定的大学制度，基本上是以此为基础稍做

---

① 张美平. 晚清外语教学研究 [M]. 北京：中国社会科学出版社，2011：189-190.
② 张美平. 晚清外语教学研究 [M]. 北京：中国社会科学出版社，2011：156.
③ 张美平. 晚清外语教学研究 [M]. 北京：中国社会科学出版社，2011：158.
④ 朱有瓛，高时良. 中国近代学制史料：第一辑（下）[M]. 上海：华东师范大学出版社，1986：442.
⑤ 朱有瓛，高时良. 中国近代学制史料：第一辑（下）[M]. 上海：华东师范大学出版社，1986：165.
⑥ 张百熙，荣庆，张之洞. 奏定学堂章程学务纲要. 陈学恂. 中国近代教育史教学参考资料. 上册 [C]. 北京：人民教育出版社，1986：532.

修改。

进入20世纪,遭受八国联军重创的清政府被迫改弦更张,自1901年始,推行军事、经济、政治、文化教育等改革,实施"新政"。"新政"不仅使近代中国教育的现代化探索合法化,而且引发了自上而下和自下而上结合的社会新思潮的涌动。"新政"所涉范围,正是对洋务运动和维新运动的总结,且其实际已大大超出"洋务"和"维新"的效果。

1901年9月,兴学诏发布,规定要整顿京师大学堂,另将省城书院改置大学堂,直隶州城和府城的书院改为中学堂,州县城书院则为小学堂,且要求多办地方蒙养堂。兴学诏激发了官民开办新学的热情,从京师到府县市井,都有学堂出现。这股开放纳新的浪潮所荡涤之处,民众意愿强烈,官府也很严肃地办理,很是规范,各省奏报清廷办学情况,都很积极周到。这些新式学堂,开设的都是新学课目,学习西方科学文化,大多将英语视为一门主课,规定教学时间以及教学要求。到1902年,"现代学堂数为35 787所"①,其课目安排与教会学校很是相似,基本上都把英语设成主要科目,明确其授课要求和课时。外来文化要素的引入必然会遭到原有文化系统的抵抗,英语更是保守人士攻击的对象。鲁迅提到少时在学堂,曾有八股讥讽英语教学,"鴃舌之音,闻其声,皆雅言也。"②

至1902年,清廷共开办了20个大学堂,遍布16省。各类院校,不管是国立大学,还是私立大学(含教会大学),对英语教学都非常重视。不仅开设英语专业课程,而且在非英语专业课程中普遍以英文授课,如成立于1905年的著名私立学校复旦公学(1917年改为私立复旦大学)"非常重视外语教学。《复旦公学章程》中明文规定:除本国历史、地理等课,其他学科均采用外国课本,运用外语教学"③。从同文馆成立到1911年辛亥革命,外国人控制了我国外语教材编写工作,教材主要引进外国的教材、课本,国内也自编一些选编教材和选编文集,但都是临时性的,不能自成体系,在外语教育界影响也不大。在师资方面,这时候已出现了很多本土英文老师。总体来看,清廷对高校英语教育并没有整体安排,基本上是各校自行其是,所以校间存在着较大差别。

---

① 费正清.剑桥中国晚清史:下卷[M].北京:中国社会科学出版社,1985:641.
② 鲁迅.鲁迅全集:第二卷[M].北京:人民文学出版社,1982:293.
③ 金以林.近代中国大学研究[M].北京:中央文献出版社,2000:82.

四、晚清高校英语教育与西学东渐

1902年,清廷规定在省试中,废除八股取士,代之以较为实用的释经论政和对西方学术、政治等的考核。1904年,《奏定学堂章程》颁布,又称作癸卯学制,规定了我国近代国民教育最初的体制。为普及新教育,1905年9月2日清廷发布上谕,正式废除事实上已成为中国政体筋骨的科举制度。作为中国第一部在全国范围内实行的近代学制,"癸卯学制"是19世纪末20世纪初在特定历史条件下师法西方的结果,是半个世纪以来传统教育变革过程中现代性不断增长积累的结果。

《奏定学堂章程·学务纲要》称,"外国学堂有宗教一门。中国之经书,即是中国之宗教……故无论学生将来所执何业,在学堂时经书必宜诵读讲解……方足以定其心性,正其本源。"① 可见,虽然在政统上,清廷新政提出了"预备立宪",但在文化政策上,仍然一如既往地坚持以儒学为道统。但癸卯学制课程设计也落实了学习近代西方教育的意识,以西学课目和外语为核心课程。在英语教育方面,学制要求"中学堂以上各学堂,必勤习洋文。"②

"癸卯学制"在中国历史上首次以国家法令的形式规定高等学堂必须开设外国语这门课程,标志着我国官立高校英语教学制度的形成。从癸卯学制开始,中国高校外语教育的第一语种除新中国成立初期一度为俄语外,至今一直都是英语;另外,从此以后,中国高等教育的课程体系基本上以新学和外语为主。

癸卯学制中的高等教育体系由高等学堂、优级师范学堂、大学堂及其预科、通儒院组成,属于高等教育性质的还有译学馆、方言学堂、进士馆、仕学馆和高等实业学堂、实业教员讲习所等。癸卯学制所建立的教育体系不但纵向分初中高三个层次,而且在横向专业方向上,也分成实业、师范、普通三种领域。在晚清高等教育,一般实行文、实分科教学,但经学是所有方向、所有领域学生的必修课;同时,英语和以英语所授新学课目增多,难度加大。例如,在大学堂预科和高等学堂,其课目中除了词章经史之外,其他皆由外籍教师用英语授课。

这两个章程的颁布明确规定了外国语在高等学堂、大学堂的地位和作用,

---

① 朱有瓛,高时良.中国近代学制史料:第一辑(下)[M].上海:华东师范大学出版社,1986:83.
② 张百熙,荣庆,张之洞.奏定学堂章程学务纲要.陈学恂.中国近代教育史教学参考资料.上册[C].北京:人民教育出版社,1986:538.

对整顿当时各式各样的高等学堂、推广外语（特别是英语）教育有很大的作用。《奏定高等学堂章程》把高等教育的学科划分为三类，大致上相当于现在的文科、理工科、医科。该章程中提到的外语教育的主要有三点①：①关于各科学习语种，规定三类学科外国语均为必修课程。学习第一类（即文科）的，"外国语唯英语必通习，德语或法语选一种习之；其有志入法科大学者，可加课拉丁语，此为随意科目"。学习第二类（即理工科）和学习第三类（即医学）的，"外国语除英语外，听其选德语或法语习之"。②要求先讲习读法、译解、文法、会话及习字，再进而兼及修辞作文。次讲为师范者教外国语之次序法则。凡教外国语者，务须正发音、审读法，使学生以中国语译解回讲，又时使翻译书文。③关于学时、教材和教学法。章程认为外语是以后学习专业课程的工具，是各门功课中最为重要的，所以课时比其他课目多。同时又认为，仅仅增加课时还不足以取得学习外语的实际效果，重要的还在于只要教授科学类课目，教师要提供合适的英语参考资料让学生多多参透，还要用心探求最适用于学生的教学技巧，以达到有效提高学生语言能力的目的。章程还正式提出大学设置外国文学专业，属于文学科大学。文学科共分九门。

高等学堂历史、地理、算学课程等均需用英（外）文教学，为学生进入大学堂用英语学习自然科学课程打下英语基础。值得一提的是，内陆高等学堂相比沿海在英语教育水平上已基本差不多。升大学堂后，课目大致同于高等学堂，所有的西学课程均用英（外）语教学，采用原版教科书。相异之处在于，大学堂有"门"的概念，即是当今"专业"，学生需选定"门"，毕业时须递交毕业论文。

章程还正式提出大学设置外国文学专业，属于文学科大学。文学科共分九门。从办学的方针和人才培养的方针来看，高等学堂对外语教育的重视程度及标准都要比中等学堂高。迄至宣统元年（1909），已有三所公立大学（即京师大学堂、山西大学堂、北洋大学堂）和两所私立大学（即中国公学、复旦公学)②。

20世纪初，大学生数量日益增多，社会上也日益流行学习英语。随着蔡元培、严复、汪宝荣、伍光建等为杰出代表的中国英语教师的出现，这一时期的英语教学已不再像早期那样全部聘用西方人作教习。但清廷对高校英语

---

① 舒新城. 中国近代教育史资料：中册 [M]. 北京：人民教育出版社，1985：561-567.
② 张美平. 民国外语教学研究 [M]. 杭州：浙江大学出版社，2012：245.

四、晚清高校英语教育与西学东渐

教育并无统一规划,各学校情况差异很大。

清末癸卯学制意义重大,标志着近代教育体制在中国的确立,直接导致了科举和旧教育的衰亡。癸卯学制改变了洋务运动以来新教育主要限于专业技术领域的局面,打开了新学全面进入学校教育体制的闸门。癸卯学制具有近代国民教育体制的性质,体系完备,重视发展师范教育,对在中国社会普及新式教育,传播西方科技和文化意义重大。新学制的学校课程已与中国传统的旧学相去甚远,高教逐渐完全"洋化"了。这样一个教育体系,从西方教育思想孕育,也以西方教材为蓝本。

建立近代学制是清末"新政"时期教育改革的重大步骤,是早期洋务教育改革运动的继续,自此中国确立了近代国民教育体制,使以西学为核心的新式学校在短时间内迅速发展。在清末"新政"的10年里,虽然国家财力匮乏,但办学成效斐然可观。京师大学堂扩建,各地高等学堂、中学堂、小学堂、幼稚园如雨后春笋破土而出,师范教育、职业技术教育、女子教育等新式教育得到前所未有的发展。

"癸卯学制"基本模仿日本1900年前后的学制,成为甲午战后中国近代化道路取向东转的风向标。1903年,留美中国学生仅40余人,而留日1 300人,1906年已达12 000人①。1905年,日本战胜欧洲强国俄罗斯,这一事件大大坚定了中国知识阶层的信念,那就是:掌握了西方科技和文化,就能强国救亡。日本进一步成为中国青年留学首选地。

此现象引起美国警觉。1908年,西奥多·罗斯福总统提交的"退款兴学"咨文被国会通过。美国这项对华政策影响深远,在增强对华影响力上占了先机,赴美留学的中国学生逐年增多。1909年始前三批共计180人,这批留美学生中有后来担任清华大学校长的梅贻琦,著名学者秉志、胡适、赵元任、竺可桢。游美肄业馆在1911年4月正式改组成清华学堂,每年资送高等科学生赴美留学。为了使学生留学美国时没有什么障碍,清华学堂办学完全按照美国学校的规制,教学则开设美国学校课程,除国文、中国历史地理外,其余全用英语讲授,学堂里英语几乎覆盖了汉语。美国对中国的价值观念和政治文化的影响逐步扩大和深化。

新政后,英语在晚清社会和教育中的重要性不断增加。1908年,学部规

---

① 李传松,许宝发. 中国近现代外语教育史 [M]. 上海:上海外语教育出版社, 2006:40, 35.

定,只有中学毕业生才能升入高等学堂,并下达选拔考试详细的办法,"外语为入学考试的主要课程之一"①。这标志着清廷的"高考"必考外语。一份1910年的学部奏议进一步要求:英语是大学堂及高等实业学堂的必修课;实业专业可采用英文教材;毕业生在京用英文复试。

(四) 英语教育与晚清中华文化的触变

通过对晚清高校英语教育发展的梳理我们发现:其产生和发展的进程,就是新教英美文化进入中国社会的进程。新教文化以英语教育为主要传播媒介,在科技、实业、人文等领域,对中华文化发挥了巨大影响。晚清高校英语教育所承载的西方科技开启了中国教育内容的近代化,西方科技文化要素逐渐被中国社会接受,引起了与之相适应的课程、班级、校制、学制等一系列的变迁,最终确立了近代学制,废除了科举,抽去了中国封建政体的"脊梁",促进了近代政治文化要素的融入和政体的变革,从制度上为传统文化的转型准备了条件。高校英语教育开启的文化触变由宗教、科技到人文、政体,通过"甘薯藤枝蔓"机制使晚清工商经济近代化、教育制度近代化、社会风貌近代化,但也明显地带有殖民色彩,严重侵蚀了中华民族的文化自信。特别是高校英语教育,以新教英语教育为主流,其所发挥的示范作用使官办高校英语教育也无可避免地染上天生的殖民色彩。可以说,中国高校英语教育产生时即有的殖民色彩,对新教英美文化侵覆中华文化发挥了重要作用。

例如,"中体西用"的演变就体现出文化触变的历程。洋务运动之始,尚未达到论及体用的层次,要不要向西方学习成为洋务派和顽固派争论的焦点。按照平野健一郎所认同的历史学家汤因比(Arnold J. Toynbee)的说法,当一个文化与比自己更活跃而富有创造性、且带有侵略性的异文化接触后,受到挑战可能发生两种反应:要么是彻底地反抗(锁国),要么是采取敌对性文化触变的做法②。前者表现为全面且狂热地排斥入侵的异文明,通过固守自身传统的方式,试图坚守自身文明。与它形成对比的是后者,通过向对方学习,实现较为平和的触变。虽然两者之间存在着明显的区别,但是在维护自身社会的独立、保护文化的核心等方面,两者又具有共同性。清末的洋务派和顽

---

① 陈雪芬. 中国英语教育变迁研究 [M]. 杭州: 浙江大学出版社, 2011: 62.
② 平野健一郎. 国际文化论 [M]. 北京: 中国大百科全书出版社, 2011: 27-129.

固派不啻为诠释文化触变这两种抵抗的范例。

晚清以倭仁为代表的极端保守派拒绝面对和承认天朝衰败的基本事实，以"夷夏之辨"的观念为思想基础，反对知识分子学习西方的科学技术，不仅反对传授西方文化要素的集团，而且否定西学的价值，拒绝该集团的所有文化要素，认为向西方学习会导致"变夏为夷"的文化沦亡的危险。这种决然地抗拒西学的态度，是一种面临文化触变时的锁国行为，即全面拒绝和抹杀。既然拒绝外来文化要素，那么只有复古——试图对自己文化集团的原有文化要素进行再利用，以寻求解决方案。倭仁将中国传统文化作为救国的唯一法宝，拒绝借鉴学习西方，充分显露了全盘固守中国传统文化的保守思想。

相较于倭仁集团的顽固不化，晚清洋务派采取了更为客观现实的立场。因对方为强敌，如果基于防卫目的继续固守自身文化的话，势必会遭受来外来强力文化在军事、政治、经济上的压制；既然如此，不如受容外来集团的文化，借用对方的武器来谋求自我防卫，正所谓师夷长技以制夷。这正是因抵抗对方集团而受容其文化的文化触变，即"敌对性文化触变"（antagonistic acculturation）。洋务派的"敌对性文化触变"采用的是限定于局部的接触方法，通过限制与对方之间完全的接触，以达到自我防御的目的。强敌入侵，在强制性的文化触变面前，除语言外，洋务派主要选择了西方科技、军事、工业等器物文化层面的要素进行受容，其目的是挽救岌岌可危的清朝统治，其中不乏小心翼翼地防止丧失"中体"的警醒，属于典型的选择性文化触变。

在向西方学习的问题上，洋务派占了上风，打开了中华文化触变西方文化的缺口，随着"甘薯藤枝蔓"现象的扩展，文化触变一步步深入，中学和西学的关系发生了微妙的变化，开始出现体用之说。《万国公报》主笔沈寿康1896年最早明确使用"中学为体、西学为用"说法。[①] 晚清名臣、清代洋务派代表人物张之洞在1898年《劝学篇》提出"中体西用"之说，影响最大，主张"中学为内学，西学为外学；中学治身心，西学治世事"。"中体西用"亦成为洋务派的指导思想。在"中体"与"西用"之间，张之洞强调的是"西用"，即容纳西学，使西学能正式进入清朝官方的意识形态体系之中。对此，北京大学张岱年认为："这是近代以来儒家对西方文化的一次正式回应。这是破天荒的事情，是一个历史性的进步。"[②] 当时这种思想并非没有政治风

---

① 陈旭麓. 论"中体西用"[J]. 历史研究, 1982 (5): 41.
② 张岱年, 方克立. 中国文化概论 [M]. 北京: 北京师范大学出版社, 1994: 451.

险，戊戌政变后，守旧势力得势，"西用"被否定，多位大臣还丢了性命。之后几经反复，西方器物文化要素终究得以进入当时的中华文化系统。张之洞认为，"农工商兵又非士之考究训教不能精"，士农工商兵五者士最为关键。在"士"的意识形态上，张之洞反对佛、老、理学，主张师管仲、诸葛亮"变计"，矛头直指科举制度；其提倡的报馆、学堂、铁路，已与传统的儒学体系冲突。

西方文化以传教事业为先导，西风东渐，已为晚清传播了最为基础的西学知识；而持续长达数十年的洋务运动，也显示了西学实用效果，开启了晚清的初步工业化。然而，文化触变中的"甘薯藤枝蔓"现象必然使西学的影响突破洋务派的初衷而及于其他。

晚清文化触变及于思想层面起于近代教育，从废八股到废科举，从办学堂到派留学，西学影响逐步扩大，成为知识体系的主体。科举试题很大程度上体现官方意识形态，废科举显示着官方主流政治思想的变化。新的教育制度"癸卯学制"建立后，中学就渐渐不能为"体"了。在新的教育体系之中，经学只是其中一科。抽去科举的仕途"脊梁"后，传统儒学"软软地塌了下来"，不再是青年学子的晋身之阶。张之洞终生阻止清廷政治革命，但他力行的"中学为体、西学为用"实际上已经发动了由文化触变而引起的思想革命，最终埋葬了清廷。甲午海战宣告了洋务派改革的失败，此时国人已经认识到，仅仅学习西方器物文化并不能解决中国文化问题的出路。

又如新学的"功名"化，是较典型的文化触变形态。中国传统教育一向是在私塾、书院或官办的各级学校中传授儒家学说和传统的文史知识，然后通过科举选拔进入仕途。这种教学方式和课程设置，延续到1904年实施的癸卯学制宣告结束；更为重大的是，次年，延续千余年的封建科举被废止。另一方面，旧制度的形式虽然消亡，但其内容或价值却仍然延续，各级官立学校成为产生举人进士们的新基地。其毕业生通过官方的考选，仍将取得各种"功名"，甚至有参加议会选举的资格。新式的教育内容，被赋予了旧科举的社会地位，近代西方文化要素就这样被吸纳进入了中华文化的结构中。

"新式科举"原本并不适用于教会学校，其毕业生本无机会获取"功名"。直至1906年"游学归国人员考试章程"公布，留学生们才有了归国后考取"功名"的机会。这样，教会大学学生也就有了参与"新科举"的路径。权势可以通过留学获取，许多人为了能够留学而争取进入教会大学学习。

四、晚清高校英语教育与西学东渐

这是一种很有意思的现象,新式教育的内容和地位以旧式的功名称呼力求为社会所接受,旧式的功名称呼因纳进了新的文化要素得以延续其价值。中华文化面对近代西方文化的触变,为了融入新的文化要素,新旧文化要素都有所变通,显得"不伦不类"。然而,正是这种不伦不类,才使西方科技知识、近代教育制度等文化的新要素被中华文化体系中的原有相关联的文化要素所接受,从而找到了自己的位置,并逐渐扎下根来。

英美新教文化对晚清社会的影响展示了文化触变过程对中华文化精神层面的影响。

戊戌变法运动的精神领袖康有为的思想嬗变过程非常耐人寻味。当时,新教教士怀抱着坚定的"信念",试图以基督教重组中华文化"使之脱离蒙昧进入文明世界"。但他们的"善良动机"很容易引起中国人的反感和警惕。"许多新教徒利用科举赶考的机会散发基督教的宗教书籍。然而,在向举子散发宗教书籍时,传教士没有挨打受伤便是万幸"①。另外,新教教士还努力地在中国社会的精英(如名流和官僚阶层)传播福音,希望通过他们的入教来促进西方政治文化对变法的作用。传教士们对中国社会萌发最早的变法意识还是发挥了很大作用的,"帮助形成了改革派的自己的方法、思想甚至世界观。"② 例如,在华颇有名望的新教传教士李提摩太(Timothy Richard)与李佳白(Gilbert Reid)等,皆有心结交康梁、李张等名流官僚。李提摩太坚决主张唯有信仰上帝的统治才有世界的进步。李、张对新教反应显然并不热情,而康有为的反应却是复杂的。

康有为1896年著《孔子改制考》明确提出以儒变法、立儒教为国教。康认为,秉持中国社会对儒教的文化归属,其重要性不亚于保持中国在政治上的主权独立,必须警惕它们被西潮侵覆的危机。康有为认为儒学具有普世性,优于包括西方在内的天下任何学派,即便从宗教角度来说,儒教也是当世中国不二的选择。康有为的底线是:为了救亡,可以把西方的经济、行政、律法制度等引入中国的变法之中,但绝不能将中国的道德伦理基督化,因为儒教消亡相当于中国文化的死亡,是不可接受的。康有为的文化民族主义取向是鲜明的。

康有为是最早从文化民族主义立场呐喊警示国人新教的侵覆性的,但他

---

① 费正清.剑桥中国晚清史:上卷 [M].北京:中国社会科学出版社,1985:617.
② 费正清.剑桥中国晚清史:上卷 [M].北京:中国社会科学出版社,1985:571-572.

"承认宗教可以救中国",只是不会选择新教,"最大的让步是选择一个基督教化的儒教。"① 康有为提出立儒教为国教,以应对新教带来的"精神危机",② 其政治改革的落脚点即是以儒变法,其"思想中包括一整套西方的政治价值观",只不过被"纳入对儒家总的解释之中。"③ 康有为试图通过对中华文化原有文化要素的重新解释将自由主义政治文化纳入传统文化体系。

新教传播开启了对中国社会的自由主义文化启蒙。这种启蒙有些是世俗性的(如宣传人生而自由平等、天赋人权与有限政府等思想),并且大都限于政治领域,基本上未直接冲击中华民族的深层伦理价值,且自由、平等、人权等又切实于中国当时的救亡需求以及社会关切,所以,这些新教政治文化的传播比较顺利。也进一步促进了近代社会科学在华扩大影响。值得一提的是,英美教会在中国开办了广学会,广学会是一家出版机构,其1898年刊印《社会主义史》,是中国第一本涉及马克思主义的书籍。

严复对西方人文社会科学名著的系统翻译也引发了思想革命,引导着中国从社会的巨变中去寻求进步。"物竞"、"天择"、"适者生存"(survival of the fittest)以及"优胜劣败"等名词渐渐融入中国社会,成为受过新式教育、具有新思想人士的口头禅。

严复提出"自由为体,民主为用"的体用一致论,以此来解放国人思想,以求系统地学习和引进西学。严氏介绍的"演化论"为康有为提供了理论基础,康有为在《孔子改制考》中,吸纳了严氏理论,将西方文化社会当作比中国更为进步的社会。但严复基于对国情民性的独特把握,终身反对革命和共和。

在制度文化层面,相较于政治领域,教育领域的阻力无疑要小得多,所取得的成就亦显著得多。19世纪末20世纪初,新式学堂大量出现,近代学制确立,有力地促进了晚清经济、政治、社会文化近代化。国内大学生人数不断增加,学习英文之风日盛。当时学习外国文主要是为了中外政治交涉、了解西方、教育以及旅游等方面的实际需要,而不希望精通外文者采用外国书报来攻击中国礼法以及政体。但晚清高校英语教育的特点是,"沿袭西方教会

---

① 费正清.剑桥中国晚清史:上卷[M].北京:中国社会科学出版社,1985:573.
② 费正清.剑桥中国晚清史:下卷[M].北京:中国社会科学出版社,1985:282.
③ 费正清.剑桥中国晚清史:下卷[M].北京:中国社会科学出版社,1985:286.

四、晚清高校英语教育与西学东渐

学校的体系与做法……在新式学校中占据重要地位"①。语言文字是没有阶级性的,外国语课程是工具课程,开设外国语课程的结果并没有如章程制定者预料的那样,而是恰恰相反,以此为媒介,加速了西学的传播,促使"中体"的进一步瓦解②。癸卯学制的颁行及科举制度的废除,使新式近代官办教育成为中华文化变迁的主要内发动力。中国近代教育制度的彻底变革,使洋务运动以来中国近代教育在体制外逐渐发展,在一定历史条件下产生了颠覆性的成果,其意义远远大于洋务运动本身。

精神文化层面的自由主义文化启蒙,如宣传人生而自由平等、天赋人权与有限政府等政治文化,虽切合中国时政需要,逐渐渗入晚清社会,但未能动摇中华文化的儒家根基。癸卯学制的"立学宗旨""以忠孝为本,以中国经史之学为基"③。新教文化也激起了中国社会的反弹。一方面,民间无数"教案"使反帝情绪高涨,义和团运动兴起;另一方面,悄然出现的"本土化"现象催生了具有中华民族特色的新教。例如陈梦南于1873年在广东作为本土教徒第一次开办独立的"中华福音会",就是最早的新教"自立运动"。1906年中国耶稣教自立会于上海创建,发起者俞国桢宣告,要"废除保护教会的不平等条约……建立一个自治、自传、自养的教会……坚决反对外国教会的控制"④。这是新教中国本土教众第一次旗帜鲜明地主张三自,其精神主旨与发展趋向昭示着与英美新教试图基督化中国所截然不同的方向,体现出强烈的爱国主义思想。从文化触变的角度来看,外来文化要素欲纳入接收方文化系统,会遭致抵抗,于是外来文化要素必须做出某些改变,进行重新解释以剔除部分内涵,而接收方文化体系亦须做出改变,进行重新解释,通过相互适应的重新解释,外来文化要素才能纳入原文化体系生存下来,这也是原文化系统由崩解走向创新,进而又走向新的平衡的过程。新教的本土化即遵循这个过程。

自由主义文化对中华文化的触变,虽逐渐替换了某些旧有文化要素,或添加了新的文化要素,但传统中华文化的文化体系并没有崩解,并且外来的

---

① 严来庆. 浅析清朝时期英语教育的发展及特点 [J]. 科学大众, 2008 (10): 103.
② 吕达. 中国近代课程史论 [M]. 北京: 人民教育出版社, 1994: 195-196.
③ 张百熙, 荣庆, 张之洞. 奏定学堂章程学务纲要. 陈学恂. 中国近代教育史教学参考资料. 上册 [C]. 北京: 人民教育出版社, 1986: 259.
④ Whyte Bob. Unfinished Encounter－－China and Christianity [M]. New York: Fount Paperbacks, 1988: 127.

新教自由主义文化要素通过文化触变在中华文化中呈现出不同的面目。晚清高校英语教育在西学东渐中产生并促进了西学东渐，工业化的新教文化要素开始融入传统中华文化体系中，使其逐渐呈现出新的面貌。特别是近代国民教育制度的确立，打下了中华文化复兴的坚实基础。

五、民国高校英语教育与英美文化的传播

五、民国高校英语教育与英美文化的传播

基督教在华的目标是一贯的和坚定的,那就是要通过传教使中华民族皈依,以基督教文化征服中国。由于英美在中国的影响日益增强,新教在宗教信仰自由旗号下也增强了社会传播力,促进了教育与政治变革,直接推动了中华文化对英美文化的触变,一些文化要素经过变容被纳入了中华文化体系。由此,民国时期是一个传统中华文化经受英美新教文化覆盖性强势冲击的时期,内外均面临着被全面否定的压力,中华民族在文化精神、政体组织何去何从的问题上陷入迷茫和彷徨,"全盘西化""尊孔复古""君主立宪""英美宪政"以及其他的社会改革方案"你方唱罢我登场",其实都是这个时期传统中华文化体系在面临生存危机时的"触变"态势在政治层面上的显示。

由于中国一时未能统一,教育界也是南北分立,直到1921年12月,南方与北方教育界才联合组建中华教育改进社,第一次为宗教与教育分离提出了具体实施方案。后来的收回教育主权运动,实际上发端于蔡元培1917年8月在北京神州学会所作的《以美育代宗教》的演讲。1922年3月,蔡元培在《新教育》发表《关于教会教育的意见》,明确主张教育必须与宗教分离,各类学校都应排除宗教课程,更不应强迫学生参与宗教仪式或加入为宗教信徒,主张将培养人才、关系国家未来命运的教育主权收归中国人管理。收回教育权,实质上是收回文化继承权,确保未来中华文化的主体性,以避免在文化触变中陷入解体和崩溃。

1924年的收回教育权运动历时四年之久,民国政府新的学制和学校管理条例推动了教育权收回运动走向高潮。1926年,全国各地的大城市青年学生同起而要求将基督教教会学校的办学权交由中国当局,成立"非基督教同盟",与基督教教会控制下的中华基督教教育会相抗衡。1926年10月,民国政府颁布《私立学校规程》,决意将教会学校列入私立学校。1927年,中华民国南京政府成立,教会学校被迫向政府立案,逐步纳入国民政府的教育体系中并成为其重要组成部分。

1921年中国共产党成立。而后,"以俄为师"使孙中山的民权主义发生了转变。作为一位曾受洗的新教徒,孙中山却具有深厚的儒教本土情结,其言论和思想具有鲜明的儒教哲学色彩,所以孙中山的三民主义似可理解为"儒教民权"。

1927年,蒋介石在国民革命中投靠美英帝国主义,建立了全国性政权。以新教徒自居的蒋介石,虽然自认为虔诚,却对新教的自由主义价值甚为排

斥，他提倡的实际上是中国人固有的文化精神。蒋介石还在1934年重新以政府名义祭孔，发扬儒文化在民众中的价值影响。他还公开倡导礼义廉耻，并以之为旗帜在全国范围内发动新生活运动，直到败退台湾。

民国以来，虽然儒教成为革命对象，新教与个人主义却没能扎根于中国社会，新教甚至出现了中国化的迹象。国民政府也没有倡导英美个人主义文化，反而有借"三民主义"学说复兴中华传统文化精神的行动。毫无疑问，国民党政府在政治文化（意识形态）方面是全面取向美式宪政思想的，只不过在实现的路径上，继承了孙中山的"三阶段革命说"。在"平均地权"、"扶助农工"和"节制资本"，使"若国民党之民权主义，则为一般平民所共有，非少数人所得而私也"等方面，国民政府的政治实践则与孙中山的革命方向存有颇大的偏差。然而，中国共产党秉承"共产主义"的革命原则，以"新民主主义"为纲领的实践，却基本上达到了孙中山的民权主义目标。因而，正因为新民主主义的"民权"实践为"民生"发展造成了确实的希望，以及更为彻底的"民族主义"反帝政策，共产主义思想最终在中国取代了三民主义并确立了主导地位。

民国时期"城头变幻大王旗"，内外战争频仍，政局动荡不稳，思想混杂多元，美国通过美式教育的推进在政治、文化、科技等方面确立了对中国的影响，民国高校英语教育殖民色彩鲜明，但作为传播西学的主要途径亦培养了很多的各界专家、学者、实业家和政治家，他们在民国甚至新中国时期，深刻地影响了中华文化在科技、实业、哲学、政治等方面的发展，这些总体上是中华文化复兴的积极因素。

（一）民国高校英语教育的发展和新教文化的加快传播（1912—1922）

20世纪初中国社会一系列波澜壮阔的变革使西方在华传教事业的态势产生了较大转变。一方面，西方传教士逐渐深入地认识到中国社会的特点及变革，其传教及政治活动趋于本土化、世俗化；另一方面，经过数十年来的冲突、动荡，越来越多的国人认识到自大与排外是落后于时代发展的。辛亥革命后，孙中山领导的临时政府颁布教育法令，取消了儒家经典的学统地位，积极引入自由主义思想文化。包括孙中山在内，民国高官和士绅名流有不少

五、民国高校英语教育与英美文化的传播

信仰新教,当时很多人以教会人士引以为荣。民众信教的自由得到了法律保障,参议院颁布的《临时约法》规定"人民有信教之自由"①。另一方面,民初共和有名无实,内外危机依旧,"共和政体"成为攻击目标,引致保守思潮反扑。1912年"孔教会"成立,次年,袁世凯发布"通令崇孔圣文",倡导以"忠孝节义"为"立国之精神"②。新教发起大规模签名运动,反对设孔教为国教以维护信仰自由,至1917年完胜。当时国内报评,称"全国任何政党从来也没有像基督教团体在这场运动中这样团结战斗。这场运动使人们相信,基督教比其他宗教团体更有表达真理的能力"③。新教教会给国人的印象发生改观,社会影响力增强,促进了新教文化在中国社会的传播,在华传教运动高涨。这种形势下,新教传教士开办了更多的学校。

清末民初,当局"由于把教会学校视为享受治外法权的外国机构,感到无力控制它们,所以拒绝把教会学校纳入中国人的私立学校一类"④,对在中国本土的各类教会学校放任不管,教会学校获得了发展机遇。所以,民初教会教育颇受欢迎,国人对西方文化表现出羡慕、接受的态度和倾向。新教自由主义文化得以迅速传播。

中国人对"西学"及"西教"态度的转变以及民国时期的宗教信仰自由政策促进了清末民初教会大学的发展。在这一时期,教会大学开始联合、新建以及扩大规模。清末民初成为教会大学蓬勃发展时期,教会大学曾一度达到近30所,其数量大大超过了同期的国立及其他私立大学。创建于19世纪末的圣约翰书院、育英书院、岭南学堂,进入20世纪后继续发展,分别于1905年、1914年、1927年更名为圣约翰大学、之江大学、岭南大学。在山东、北京、南京、苏州、武汉的基督教学校分别组成了联合的教会大学,如东吴大学、齐鲁大学等。20世纪初,新的教会大学陆续开办,其中包括:沪江大学(1906年)、华西协和大学(1910年)、华南女子大学(1914年)、金陵女子大学(1915年)、福建协和大学(1916年)等。

至1919年,根据由在华传教士中国基督教教会大学协会统计,已完全具

---

① 吴宗慈. 中华民国宪法史 [M]. 北京:法律出版社,2013:29.
② 殷啸虎. 近代中国宪政史 [M]. 上海:上海人民出版社,1997:190.
③ 中国社会科学院世界宗教研究所. 中华归主:中国基督教事业统计(1901—1920)(上)[M]. 北京:中国社会科学出版社,1987:85.
④ 董宝良,但昭彬,陈晴. 中国近现代高等教育史 [M]. 武汉:华中科技大学出版社,2007:85.

备本科设置的基督教新教大学达13所，包括：燕京大学（Yenching University）、山东基督教大学［Shantung Christian University，1917年后又叫齐鲁大学（Cheeloo University）］、东吴大学（Soochow University）、圣约翰大学（St. John's University）、之江大学（Hangchow Christian College）、华西协和大学（West China Union University）、华中大学（Huachung University）、金陵大学（the University of Nanking）、福建协和大学（Fukien Christian University）、华南女子大学（Hwa Nan College，后改称"华南女子文理学院"）、金陵女子大学（Ginling College，后改称"金陵女子文理学院"）、沪江大学（Shanghai University）、岭南大学（Lingnan University）①。而至1921年，中国公立学校只有北京大学、山西大学和北洋大学三所，私立大学只有5所。

民初教会大学传承和发展着重视英语教育的传统。另外，清末民初，由于科学课程缺少教科书，术语不统一，也促使教会大学重视英语教育，诸课程中英语最为重要。如北京协和医学院以英语作为教学用语，因为学校极度缺乏能用中文教学的医生和中文文献。另外，当教会在华开办大学的时期，欧美社会也正突出强调语言教育的重要性，这种理念也被移植了过来。

教会大学创办的初衷是为了培养有知识、有地位的中国基督徒，以推动基督教在中国的传播。可以说，19世纪末20世纪初的教会大学基本上是以培养宣教人员为己任。尽管如此，教会大学在自然和社会科学教育方面相比于中国本土的新式高校而言，无疑具有巨大优势，这种优势保持到19世纪20年代未有明显变化。创办于1919年的燕京大学（Yenching University）是美国教会在中国创办的一所私立综合大学，它和创办于1879年的上海圣约翰大学是当时在华教会大学中的佼佼者。

燕京大学的英语教育在民国英语教育发展中具有很大影响力。燕京大学成立于1919年，前身是1916年由北京汇文大学、华北协和大学和通州协和大学三个机构合并而成的新汇文大学。1920年，华北协和女子大学并入燕京大学。20世纪20年代以前，合并组成燕大的几所学院中，除汇文外，大都受狄考文、谢伟楼等思想影响，强调中文教学，英文相对说来不受重视。即使在汇文大学，自然科学内容也主要用中文讲授，学生的英文功底低于南方口岸的教会学校，不能适应全部用英文教学的协和医学院的要求。1919年起，

---

① 张美平. 民国外语教学研究［M］. 杭州：浙江大学出版社，2012：167.

五、民国高校英语教育与英美文化的传播

出生在杭州的美国人司徒雷登（John Leighton Stuart，1876—1962）任燕京大学校长、校务长。司徒雷登，美国基督教长老会传教士、外交官、教育家，父母均为美国在华传教士，其本人于1904年开始在中国传教，曾建立杭州育英书院（即后来的之江大学）、燕京大学，著有《在华五十年——司徒雷登回忆录》等。司徒雷登不仅重视学术自由，还重视"中国化"和"国际化"相结合，计划用英语作为重要的工具，以西方文化潜移默化影响代替直接的宗教宣传。20世纪20年代初开始，燕大全面改革英语教育，推行学生生活环境双语化，以及语言能力双语化，再加上燕大同时进行的加强中国文史学科建设，注意创造西方文化环境的努力，使燕大的语言教学不仅仅是知识的传授，而是成为精神影响的重要组成部分①。其课程管理和教务管理等体制皆借自美国。

英文系在燕大的定位是典型的人文学科，强调英文不同文体的欣赏以及对整个欧洲文学历史的了解。在此基础上，加强学生文学评论理论方面的素养。重视英文文学教育是民国时期英文系的共同特征，而燕京大学不同于其他大学之处在于设置语音学、比较语音学、英文教授法等课程，为部分打算在毕业后从事英语教育的学生打基础；更重要的是，学生毕业前可在燕京的初中部教学实习，并有导师指导。

英美文化的传播促进了教会大学对英语教育地位的提升和对中文课程的贬损，加重了民国英语教育的"殖民色彩"。1917年，中国新文化运动进入高潮，圣约翰大学作出了重大决定，把中学部从圣约翰大学分出去，撤销中文部，把中文课程改为选修课，原来每周6小时的中文课程可以用3小时的法语或德语代替，仅保留每周2小时的中英或英中的翻译课程。课间课余，学生们之间的沟通交流必须用英语，还必须学习和践行西式习俗及礼仪。这样，圣约翰大学就完全变成一所在中国土地上的美国学校了。圣约翰大学的英语教育，还借助英文阅读使学生常年浸淫于西方文化中。英文阅读给予学生的，不仅在于熟练的语言技巧，还通过英语把中国学生引入英语的广大知识领域，以及对英语文化、价值观的理解与认同中，其所培养的学生自然会缺少对中华传统与文化价值的认同。

林语堂（1895—1976），中国现代著名学者、文学家和语言学家，于1912

---

① 史静寰. 狄考文与司徒雷登[M]. 珠海：珠海出版社，1999：221.

年考入圣约翰大学，他曾经说过："我很幸运能进圣约翰大学，那时圣约翰大学是公认学英文最好的地方……当时学习英文的热情，持久不衰，对英文之热衷，如鹅鸭之趋水，对中文之研读，竟全部停止。"① 林语堂对圣约翰英语教育状况的描绘，足见当时国人对英语及英美文化的热衷程度。林语堂还提及，"在圣约翰的时候，对古犹太国约书亚吹倒耶利哥城的故事，已非常熟悉，但却没有听过孟姜女哭倒长城的传说"②。圣约翰大学非常重视英文的阅读，从其图书馆的书刊借出比例统计就可见一斑。1915—1923 年，图书馆借出书刊的 75% 为英文书刊，中文的仅占 25%；而 1911—1939 年的统计，上述比例则变成了 86% 对 14%，可见对英文阅读越来越偏重③。学生通过大量的英文书刊的阅读，不仅熟练和精通了英文，而且在西方文化的长期浸染中，接受和认同其知识、文化和价值观。

圣约翰大学英语教育质量较高，学生英语水平也较高，在民国社会渐渐声名远播，以致后来有"圣约翰英语"之谓，许多地位显赫的涉外部门和机构对其毕业生也青睐有加。卜舫济在圣约翰大学践行的英语教育思想，不仅在早期促进了圣约翰的发展，而且在民国初年引领了中国教会大学教育的一个潮流，认为英语是中国人真正认知西方科学的必不可少的武器。

岭南大学初创也以英语教育为主。其监督、文理农学院院长、附中校长，甚至图书馆馆长、校舍管理、会计、训育等全由美国人担任；所有学科课程、会议记录、教学活动、各式文件等等，皆用英文或以之为主；岭南大学还设置专门仿照美国对学生进行军事管理的监学，并组织"陆军团"，其军事训练与管理全程英语；其浓厚的美国化色彩在五四运动后才稍有变化。新中国成立后，政府曾对岭南大学图书馆的中外文藏书进行统计，其中外文书籍在所有书籍中约占93%，外文期刊报纸在所有期刊报纸中亦占90%以上，且主要为英文。

在岭南大学的校园生活中，若违反定例用中文交流是要被罚款的，即使是不经意地说一两句中文也要受罚，由美国教师负责监察。1923 年前，岭南大学"公民"课程的教材竟是美国学生及公民的读物 My Country（《我的祖国》）。到第一次国内革命战争时期，迫于革命压力，岭南大学不得不以一本

---

① 谢泳，智效民. 逝去的大学 [M]. 北京：同心出版社，2005：146-147.
② 吴梓明，梁元生. 中国教会大学文献目录 [M]. 香港：香港豪威印刷出版有限公司，1998：111.
③ 吴梓明，梁元生. 中国教会大学文献目录 [M]. 香港：香港豪威印刷出版有限公司，1998：110.

五、民国高校英语教育与英美文化的传播

《新中国》（*New China*）授课，但实际上，这本书是由 *My Country* 改编而来，仍以英文写作，其主旨还是要灌输美国价值观。其他课程的教材教参，也尽用美国原版，甚至中国地理科目用的也是美国人冯世安（C. G. Fuson）以英文所著的 *The Geography of China*（《中国地理》）。中国政府将教育权收回后，虽一些教师兼用中文讲课，但教材教案仍是英文原版，不少教师还是用全英语教学，公然违反中国政府关于不得用外语及外国教材教学的规定。

1917年传教士周忠信（J. Tayler）详细阐述了教会学校英语教学的主要目的。他说："不到十年前，英语学习乃是吸引中国学生的香饵。如果学生到我们学校念英文，他们也不得不念其他科目，这些科目在不知不觉中变为比英语更为重要。教给学生宗教的知识是我们最终的目的，英语不过是宗教药丸的糖衣而已。"①在英语教学上，由于教会大学殖民地色彩浓厚的英语生活和学习环境，绝大多数的公、私立大学难以与教会大学比肩。例如，在晚清、民国前期的不少教会大学及学院的预科中，英语并不仅仅是一门外语，而且是一种主要的教学语言，不仅自然科学课程要用英语教授，而且哲学、宗教乃至中国历史、公民等课程都用英语教授，相形之下汉语反而成为一种"外语"。教会学校英语教育的英美文化价值取向对推动自由主义在中国传播作用巨大，是侵蚀中华民族文化自信的急先锋。在英语教育领域，本土英语教育也深受教会学校英语教育目的影响，形成了延续至今的模式和色彩。

民国时期教会大学的师资情况对民国英语教育殖民色彩的形成也产生了重要影响。教会大学一般规模不大，但教师以外国传教士（或外籍人员）居多，华人只占很少的比例，这在其创办的早期阶段尤为明显，如当时金陵大学的教授皆为美国传教士，只凭母语是英语就从事教学，只有教中文和在人员不足的情况下，才聘请华籍人员。1915年金陵女子大学开始招收第一批学生时，"教职员只有6人，其中美籍者4人，中国籍者2人"②。

民国时期，欧美成为社会发展的风向标，尤其是1920年代后，更为明显。教会大学由于在办学模式、课目设置、教学方法、治校理念上，能够尽可能地照搬当时欧美的情况，教会大学在中国社会和教育界的影响很大，对中国教育的现代化进程发挥了相当的引导作用。

---

① 陈景磐. 中国近代教育史 [M]. 北京：人民教育出版社，1983：63-64.
② 朱有瓛，高时良. 中国近代学制史料：第四辑（上册） [M]. 上海：华东师范大学出版社，1993：656.

1922年，中英美三国人士组团调查在华基督教，其调查文件《基督教教育在中国》曾揭示出教会大学在华的真实状况。文件认为教会大学由异国传教士开办，财政依靠异国的捐赠，受与异国所签不平等条约保护，所以，其负责人可以向中国当局主张想要的权利和办学标准，甚至可以把学校直接在异国备案。"教会学校由于这些状况而阻碍了人们衷心的欢迎和予以承认，妨碍了大部分中国人的支持，倒不是因为特殊的宗教性质而不受欢迎。"① 这揭示了以英美新教文化为主的西方文化对中华文化是强制性文化触变的性质，由于中国社会的相应的抗拒力量，新教文化要素真正在中华文化体系中经触变扎下根来并非易事；但为了让英美新教文化通过中国教育体系尽可能广泛地在中国社会产生切实影响，教会组织下了很大功夫。

民国初年，尽管新教文化的社会影响与日俱增，但由于新教毕竟是伴随武力侵略而来，而其对孔儒文化又根本否定，所以即便有些新教传教士基于信仰抱着一些对中国人民的善意，其教义、文化精神与政治思想也大异于传统中华文化，自然受到旧有文化体系的排拒。另一方面，即便是在一部分新学拥护者眼里，新教自由主义文化传播也被视为"文化侵略"，其政治文化被认为"不合时宜"。1919年中华归主会议之后，轰轰烈烈兴起的大规模宣教运动刺激了1922年非基督教运动的兴起，基督教不仅受到传统儒家的反对，也受到新型知识分子的抵制，甚至被视为反帝革命的一部分。中国社会对文化触变的抵抗采取了社会运动的形式。

"自立运动"和"本色教会运动"等新教本土化运动也开始发展，试图通过新教本土化受容新教的文化要素。1922年，在一部分民族意识觉醒的教会人士推动下，"中华全国基督教协进会"以"本色教会"为号召在上海成立，与洋教会旨在使中华民族基督教化相反，本色教会旨在使基督教民族化，主张教会的仪规和教义等与中华民族固有文化相融合，并实现宗派教会大联合。在思想政治上，本色教会反对全盘西化。本色教会主张由本土教徒主持，洋教士在经费支配和传教安排上居次要地位，但因为经费仍需国外教会资助，所以，本色教会虽然打出了本土的旗帜，却仍受到国外教会的掌控。

自立运动在全国范围均有反响，自立教会至1927年发展到600处。第一次国内革命战争后，因为财务拮据和其他很多原因，各地的本土教会自立运

---

① 顾长声. 传教士与近代中国 [M]. 第三版. 上海：上海人民出版社，2004：350.

五、民国高校英语教育与英美文化的传播

动进入低潮,后期大都自行消亡,只有少数坚持下来。

在法律层面,中华民国临时政府在建国后两年里连续颁布了一批教育方面的法规,这些法规后来一般被称为壬子·癸丑学制。新学制仍然提倡西学教育,延续了清末重视英语教育的政策。此外,"小学读经科一律废止;清政府颁行之教科书,一律禁用"①。废除尊孔读经,使儒家在中华文化中延续两千年的官方道统地位终结,扩大了新教自由主义传播的政策和社会空间。1915年,为培养英语教育师资,全国有八个高等师范学校按教育部要求创办了英国文学系。

民国教育部1913年颁行的《大学规程》第7条规定:文学为大学文科4门中的一门,其中英文学类的课程主要包括:文学概论、英国文学、英国史、英国文学史、近世欧洲文学史、罗马文学史、希腊文学史、哲学概论、美学概论、言语学概论、中国文学史等。民国教育部颁行的《外国语专门学校规程》要求英语专业必开的10种课程为:英语、言语学、世界语、国文、教育学、国际法、法学通论、经济学、地理和历史。外语为高等师范的必修课。高等实业学校则因专业而异,外语为必修或加修。

民国初期英美新教文化的深入传播和英语教育的继续发展,使中华文化对英美新教文化的触变进一步发展。对新文化要素的吸纳与抵抗的斗争,对旧有文化体系的解体与反解体的冲撞充满了文化触变进程,形成了近代以来中华文化对新教文化的触变高潮。其历史表现形式就包括新文化运动和五四运动。

辛亥之后,共和初兴,但是,中国仍是一如既往地贫弱黑暗,政治秩序反而更加混乱动荡。这时候保守派跳出来激烈反扑,把民国乱象归罪于革命党所信仰的民主共和。康有为是保守知识界有代表性的一个,鼓吹把民国新制付之一炬、恢复旧制,积极牵头组织孔教会并刊行杂志,力倡定国教为儒教。康有为的复古和拥帝,在政治上与袁世凯几乎一致,在思想文化上则抵抗新教自由主义的冲击,但客观上却进一步恶化了传统儒学的社会声望。

新文化运动于1915年兴起,是中国近代文化史上的重要事件。新文化运动否定传统文化,其激进者更是提出"打倒孔家店"以全盘西化;新文化运动提倡科学与民主,要推广白话文。白话代替文言为文学与日常交往的载具,

---

① 陈学恂. 中国近代教育史教学参考资料:中册[M]. 北京:人民教育出版社. 1993:167.

是新文化运动最为重大的果实之一。

这场运动以民主、科学为旗帜，认为应该用先进的西方现代工业文化替代没落的中国传统农业文化，秉持的是文化进化论的观点，认为人类文化是线性进化的。钱玄同甚至提出了废除汉字的极端主张，为的是根除儒、道两教的思想流毒。吴稚晖是第一个在文章中提出废除汉字的观点的，认为这是避免亡国灭种、使中国文化新生的必要措施。他们的激进主张甚至连陈独秀也给与支持，认为这符合文化进化的必然规律。陈独秀、胡适、鲁迅等思想家则对儒家尤其是儒家伦理在封建社会后期呈现出的"礼教吃人"进行了激烈地抨击，试图全盘否定传统的伦理价值并全盘肯定西方价值，进而唤醒国人的使命感。以自由主义的传播为主要内容的新文化运动逐渐地激进起来，并渐渐成为主流。五四运动的爆发实际上就是这种态势发展的结果，在中国现代史上开创出质疑与反对"传统"的传统。

文化激进主义者认为，救亡图强的唯一途径就是国家的现代化，完成农业社会的工业化，而在相应的文化现代化问题上，只能在"根本上西化"的前提下重塑中华民族的文化体系，而不是传统文化的自我更新或现代化。文化激进主义的代表人物是胡适和陈序经。现代化的中国应该是一个具有西方文明特征的国家。文化激进主义者的文化触变路线是使传统中华文化体系解体并引入英美自由主义文化体系，以实现中国的现代化。这种思维方式，是将西方文化与"现代"间，划了一个等号；到20世纪中叶，"现代化"之说风靡全球，其思维方式也还未脱此窠臼，基本上都主张以"革命"的利刃切断过去。五四运动正是这种风气的总汇与开端。

五四运动的"反传统"是新文化运动中文化激进主义的历史遗产，对中华文化的变迁影响深远。这种反传统的特点在于全盘性地否定传统文化，其倡导者的思想"根植于深刻的文化自卑心理和传统原罪情结"①，以人类历史特定时点上中西方文化的截面比较片面地覆盖了其数千年的纵向发展的比较，也否定了文化发展的历史延续性，这其实就是民族文化虚无主义，与文化激进主义是同一问题的两个方面。在文化激进主义者那里，对中华文化的自信已彻底崩溃，对英美自由主义文化却是顶礼膜拜，颇有宗教信仰般的虔诚，这种思潮的影响是深远的，其时间跨度长达百余年。

---

① 高力克. 躁动的现代化之梦. 高瑞泉. 中国近代社会思潮[C]. 上海：华东师范大学出版社，1996：274.

五、民国高校英语教育与英美文化的传播

文化激进主义兴起的一个重要结果是现代新儒学的逆势开创。现代新儒学是近代以来以中华文化为本体应对英美新教文化触变的一种重要的思想文化体系,"一般是指'五四'以后,主张保存和发扬中国传统,重新确立儒学的本体和主导地位,既有选择地学习西方又反对全盘西化和马克思主义化的一种文化保守主义思潮"①。现代新儒学在中国现代史上表现出强大的生命力和包容性,本书在文化问题上的基本假设与其基本理论架构在很大程度上是一致的,但在主流文化内容和政治价值取向上与现代新儒学有根本的差异。

现代新儒家对中国文化的儒学传统均予认同,秉持其主体地位。例如,对于中华文化的发展有深入研究的著名学者钱穆,不但儒学造诣极深,而且对其他传统学派如墨道、玄学等也有研究。钱穆认为,对中国人的思想态度以及学术路径产生最重要的影响的是孔儒学说,儒学使中华民族的文化精神于先秦时大致成型,并在世界历史上长期处于进步和领先的地位,中华文化具有鲜明的气质以及极强的向心力和融合力,具有坚韧的生存能力。钱穆先生对中华文化充满信心。

现代新儒学与近代以来中国其他文化思想流派的产生有着同一历史性原因,那就是中华文化在外来工业文明冲击下的生存危机。而现代新儒学的兴起还有一个外在的重要诱因,就是西方文化的内在缺陷和现实危机。一战前后,西方近代文化的危机以及人们对这种危机的揭露,引发了一部分中国学者的反思,转以重新发现中华文化的价值,探求在两者互补融合的路径上开创民族的新文化,这是现代新儒学形成的现实脉络,亦是其理论建构的逻辑框架。

从历史发展的背景来看,五四运动以后,作为历史与文化的主体,中国文化人承受着历史过渡期带来的历史重负和心灵绞杀,呈现出文化、心理结构的悖论状态,从而也成为一个时代的表征。"两脚踏东西文化","一身处新旧之间"是当时不少思想家的特点。在这个新旧文化激烈触变的时代,科学和教育也成为新文化要素引入和发展的重要领域。

在科学界,首先组织起来对中国社会进行科学启蒙的是一批留美学生。1915年,美国康奈尔大学学习的10名留学生在1915年1月创办的《科学》月刊上,打出了"科学救国""实业救国"的旗帜;《科学》是中国历史上第

---

① 方克立.现代新儒学与中国现代化[M].天津:天津人民出版社,1997:19.

一种现代化的综合性科学定期刊物。留美学生在筹划出版科学期刊的同时,还组织成立了中国科学社。

五四运动时期,中国社会受到西方国家如美国、丹麦重视乡村教育的影响,对乡村教育逐渐重视。当时,留美学生纷纷回国,其中不少人所学就是西方的教育理论,包括专门学习乡村教育的著名学者陶行知。这些留学生回国后,把西方潮流带回了中国,倡导乡村教育。同时,中国还多次派遣教育代表到美国和其他西方国家考察教育。

第一次世界大战为中国民族工业带来了数年的发展黄金期。1914年后,一个现代的行政和企业管理阶层在中国逐渐形成了,这就是后来的"买办阶层"。这一阶层的人士在教会学校和其他具有中西混合色彩的学校、海关、邮局、汽轮航线以及洋行等社会交往中获得了经验,掌握了现代经济管理方式①。买办阶层通常精通英语,而"注重英语亦视中国之需要而然,商业、政治生活、高等教育机关、社会生活,无处不用英语。"② 工业发展带来的对英语的社会需求增大,说明英语所承载的英美文化要素已深入中国的经济生活,与人民的生存需求相关联起来,这是工业、经济领域文化触变取得进展的表现,也必然带来对高校英语教育政策上的影响。

民国政府也顺应社会需求,在1915年召开的师范校长全国会议上提出,在八所学校开办英语语言文学系,培养师资。此时的本土高校,尤其是地处工商业发达的大中城市的高校,为与教会高校竞争,对英语教育要求也很高,不仅开设英语专业课程,而且在非英语专业课程中普遍以英文授课。例如,成立于1905年的著名私立学校复旦公学(1917年改为私立复旦大学),"除本国历史、地理等课,其他学科均采用外国课本,运用外语教学"③。中华民国成立后,中学有会考,升学考试有中考及高考,外语都是必考课目。民国高考相对自由灵活,各校招生没有统一考试,是自主命题招生,所以高考各校的英语试题并不相同,题目的难度、风格、数量、类型等相异。

民国初年,政府虽然修订、完善了学制系统,但由于政治不稳定,经济发展滞后,高等教育先天不足等,高等教育发展畸形且缓慢。自1912年10

---

① 费正清. 中国:传统与变迁 [M]. 北京:世界知识出版社, 2002:510.
② 露懿思. 基督教教育在中国之情形. 陈学恂. 中国近代教育史教学参考资料:下册 [C]. 北京:人民教育出版社, 1987:65-66.
③ 金以林. 近代中国大学研究 [M]. 北京:中央文献出版社, 2000:82.

五、民国高校英语教育与英美文化的传播

月起,民国政府连续颁布了一系列的关于大学建设的法令。各科技类、工程类、社科类的专业及系所不断被创设,完善了民国高等教育体系。文科类却因政体变革的特殊需要形成法政科一枝独秀的局面,以致理工类生源奇缺。据统计,1916年8月至1917年7月,全国共有专门学校65所,其中法政科高达32所,占49.2%①。为改变这种畸形状况,民国政府教育部颁布了《修正大学令》,对1912年10月公布的《大学令》稍做变动,放宽理工科类的办学限制,促进了理工科类高等教育的发展。此外,还将原大学本科之修业年限三年或四年改为四年,预科由三年改为二年②。民国政府对理工科高等教育的政策促进,也反映出在工商业领域对科技文化要素的需求增强,承载这些文化要素的英语在中国社会受到更大的欢迎。截至1916年,全国有国立大学1所(北京大学)、省立大学2所(北洋大学、山西大学)、国立专门学校4所(全在北京),省立专门学校22所。还有若干所私立大学,主要在北京、上海、武昌等地。这一时期的高校英语教育,基本上是模仿、沿袭英美模式,在探索本土高校英语教育方面乏善可陈,尽管民初教育部着手制定课程标准,但总体看还是过于简略。

但另一方面,政府在学制层面对外语教育相当重视,对外国语等学科做了专门规定,将外国语、国文、数学定为高校各专业必学的共同必修课,而且外国语的课时数往往是最高的。这些举措促进了外国语学科的发展。③ 当时,高级的师范学校里,外语也都是必修课;专门院校中新生资格和大学新生相同的,含预科学年在内,每学年都有外语课程。对文科和商科类的本科学生则英语为必修课,另加第二外语为必修。在英语教育管理上,政府主管部门并无统一颁布的教学大纲,各高校大都自主组织英语教学。但由于各高校均重视英语教育,所以无论是公共性质的英语课程,还是英语专业课程,效果和质量均有良好水准,且注重学养的涵蓄。民国时期有不少大学都开设外国文学系或英国文学系,由于当时教育主管部门对教育的管制相对宽松,较少采用刚性的管理模式,因而外(英)语教育发展较快。各校(系)在课程设置、人才培养规格、课时及学分等方面均有很大的自主权。

特别值得注意的是,中华民国取消了清末学制中高等学堂的建制,改为

---

① 李华兴. 民国教育史 [M]. 上海:上海教育出版,1997:115.
② 舒新城. 中国近代教育史资料:中册 [M]. 北京:人民教育出版社,1985:663.
③ 张美平. 民国外语教学研究 [M]. 杭州:浙江大学出版社,2012:245.

专门学校。1912年10月22日,教育部公布《专门学校令》,规定了10个专业门类,外国语为其中之一。1912年12月15日教育部公布《外国语专门学校规程》,外国语专门学校以养成外国语专门人才为宗旨。但随着大学、中等外语教学的加强,至20世纪20年代开始,外国语专门学校已趋"萧条",不被人们注意。

中国高等教育的产生、发展与西方文化的传入有很大的关系,教授西方语言的外语专门学校作为中国高等教育的一部分,在历史上曾发挥了重要作用,出现过多次的开办热。如前所述,1860—1890年,清廷为救亡图存发起洋务运动,设立了很多外语类学堂,京师同文馆还成为官办近代高等教育的源头。辛亥革命之后,在湖北、奉天、四川等地兴办了一批外国语专门学校。

1915年新文化运动兴起后,以民主科学为旗帜,思想界批儒家学说,倡白话文和文学革命,形成有利于美国教育思想传播和实施的态势。自1915年起,即有改革学制之声浪,新文化运动成为学制改革的新动力。

1919年,美国著名学者、哲学家、教育家约翰·杜威(John Dewey),受中华教育改进社的邀请来华讲学。在两年多时间里,杜威做了200多场学术演讲,足迹遍及中国的11个省,传播实用主义思想,在中国教育界及知识、学术阶层影响很大。其《平民主义与教育》等教育著作也颇受欢迎,演讲稿更是一版再版。实用主义教育思想在当时深入人心,"直接促成标榜美国式生活教育的1922年'壬戌学制'的正式出台","杜威对中国教育的影响之广泛与深刻,超过任何其他思想家。"[1]

中华教育改进社于1921年底由三家民间教育研究机构合并而成,5名名誉董事中有1名美国人孟禄(Paul Monroe),也是当年应邀来中国讲学的美国著名学者兼教育家。在中国民间教育组织酝酿和讨论壬戌学制方案的过程中,孟禄发挥了直接的影响。新学制由民间制订和呈交,经民国政府通过后由总统签令颁布,与美式立法的程序形似,在内容上也明显地取法美国。1922年的"壬戌学制"采用美式"六、三、三、四"学制,规定"大学校用选科制"[2],各大学自行设计课程。"壬戌学制"使整个教育从学制、学科、教材到教学方法由模仿日本学制转为模仿美国学制。这一基本学制从1922年确定

---

[1] 黄书光. 文化差异与价值整合——百年中国基础教育改革进程中的思想激荡 [M]. 北京:教育科学出版社,2011:256.

[2] 李华兴. 民国教育史 [M]. 上海:上海教育出版,1997:149.

五、民国高校英语教育与英美文化的传播

后,一直沿用①。

新文化运动为英美自由主义在民国的传播开辟了道路,随后美式实用主义教育思想又受到追捧,在教育体制上,相对于曾经的日、德模式,来自美国的学制体系得到认可,壬戌学制诞生。这是新文化运动与一批本土教育家所力推的新教育运动相互激发、促进的结果。"壬戌学制"的出现标示着新教自由主义文化在中国教育领域的渗透与触变所达到的新深度,也是民国以来自由主义的新文化运动发展所取得的具有深远实质意义的具体果实。

"壬戌学制"实施后,全国公、私立高校数量猛增。民国教会大学数量不多,但在当时特别是在 20 世纪 20 年代以后,影响却颇为深刻。如民国高校英语教育取法教会高校就甚为明显。民国教育政策并非都是指令性的,地方有一定灵活度,可是各本土高等院校的各专业系科,都把英语安排为必修课,一般来说还课时最多。当时,几乎所有的本土综合性大学在英语专业教育方面都继承了英美的文学传统,普遍开办英国文学系,从教材到风格几乎照搬,就是强调文学的鉴赏和博雅教育功能。文学直指人的心灵,这种英语专业教育本质上是英美文化价值的直接灌输与熏陶。而非专业的英语教育即公共英语课程,都由专门设立的委员会来组织和实施教学,一般在大学一、二年级进行。

(二) 现代民族主义初兴下的高校英语教育(1922—1927)

本质上而言,教会教育是西方国家在中国进行文化渗透、推行西方价值观、建立基督教化世界的主要工具之一。早在新文化运动时期,中国知识界人士如蔡元培、胡适、朱执信等人先后在著作中批评宗教教育。中国知识分子对宗教的抨击,为后来的非基督教运动做了舆论准备。教会学校成为 1922 年非基督教运动和 1924 年开始的历时四年之久的收回教育权运动的焦点。教会学校也成为人们严厉抨击的目标,批评的声音不仅来自外部的中国社会,也来自教会学校内部的中国师生以及基督徒。人们把它们称为帝国主义文化侵略的工具,也普遍地认为它们洋化太重,不合中国国情。

---

① 李娅玲. 中国外语教育政策发展研究 [M]. 北京:北京大学出版社,2012:88.

例如，教会大学的发展就自成体系，严重脱离中国国民教育体系。20世纪第一个25年里，在华教会大学的规模一直较小，虽然总的入学人数扩大数倍。根据卢茨（Jessie G. Lutz）的研究，1925年各教会大学平均招生只有218人，而最大的燕京大学也只不过508人。当时本土中学大多只是理科课程用英语授课，由于教会大学对英语作为教学用语的强调，使得教会大学无法直接从公立或其他私立中学招收毕业生，除非是极其特殊的情况。因此，非教会中学毕业生一般都要先进附属中学或预备班，且这里的淘汰率非常高。教会大学因而被迫把主要招收指标投向教会中学。1925年教会大学有五分之四以上的学生是教会中学毕业生。教会大学的招生受到了一定的制约。

五四运动后，虽然西学输入旺盛，英语的重要性不言而喻，但教会学校在中国的迅速发展对中华文化提出了严峻的挑战。1925—1926年，教会大学文理学院提供的教学概要表明，占学时最多的四门课程是英语、化学、中文和生物①。显而易见，英语是最为重要的课程。"在1925年的《中国人名录》里，受过教会大学教育的人，几乎一半是圣约翰大学的学生。"②

1925年，"国旗事件"成为圣约翰大学发展的分水岭③。教会高校为适应中国社会形势发展，大多开设了传统儒家经典的课程，有的还设置汉学中心开展研究工作，目的在于"使得学生把宗教同中国文化融合起来，从而最终达到在中国广泛传播基督教的目的"④。但这并没有因此而淡化英语教育的殖民色彩。例如，新教高校岭南大学1927年后改为国人自办，至1934年英文系教师仍全部具有美国教育背景。

20世纪20年代初期，中国社会的民族主义思潮兴起，历来凌驾于中国主权之上的教会学校逐渐成为社会舆论的焦点，北洋政府在民众强烈要求收回教育权的压力下，1925年实施《外人捐资设立学校请示认可办法》，要求教会学校"取消关于宗教课程与宗教仪式的规定"；"学校必须承认办学的目的是为了教育，而不是为了传教"⑤；还规定，外国人设学须向教育行政官厅请示认可，学校校长必须为中国人，必须按教育部规定开设课程，而宗教课程

---

① 卢茨. 中国教会大学史（1850—1950）[M]. 杭州：浙江教育出版社，1987：174.
② 卢茨. 中国教会大学史（1850—1950）[M]. 杭州：浙江教育出版社，1987：475.
③ Graham, Gael. Gender Culture and Christianity: American Protestant Mission Schools in China 1880—1930 [M]. New York: Peter Lang, 1995: 131.
④ 许美德. 中国大学 1895—1995：一个文化冲突的世纪 [M]. 北京：教育科学出版社，2000：61.
⑤ 李传松，许宝发. 中国近现代外语教育史 [M]. 上海：上海外语教育出版社，2006：83-84.

五、民国高校英语教育与英美文化的传播

不能为必修,并且教会学校皆须按中国政府要求在华注册。

在华教会大学向政府立案后,按国民政府要求由华人担任校长,师资构成也发生了变化,华人教师人数有了增加,但外籍教师仍占极大比例。随着办学条件的改善,教会大学逐渐大量聘请中外籍不同专家教授担任主讲教师①。例如,燕京大学从20年代开始,"重视教师资历,聘请的教师多为本科专业有所成就,在学术理论方面有所建树,在科研方面有显著成果的中外饱学之士。"②为适应民族主义政治氛围,实现其创办人司徒雷登把教学活动中赤裸裸的宗教宣传改为以西方文化的影响潜移默化中国学生的计划,燕京大学把英语教学全面改革,以使学生在校园生活的双语环境中能在中英两种语言间灵活转换。这种理念与内地教会高校偏重中文相异,又与口岸城市极为重视英文的教会高校不同。

中国教会大学尽管一般规模不大,但大多办得很有特色,特别是在农学、医学、女子高等教育方面具有领先地位。20世纪20年代以后,随着本土化进程的加速,教会大学的宗教功能逐渐减弱,教育功能日益增强,而且不断加强与社会联系,为社会服务。它不仅通过自己培养的专业人才,而且还通过在校师生的专业实践,直接在若干领域为中国的现代化作出重要贡献;例如金陵大学的农业改良与农村调查,燕京大学的新闻系与社会学系,华中大学文华图专的图书馆专业,东吴大学的比较法学,圣约翰的商科等等,在社会上都有出色的表现③。

"壬戌学制"的颁行使西方文化有对中华文化开启全面文化触变之势,学制也是中华民族寻求文化抵抗的过程中与西欧民族主义思想之间进行文化接触的一个重要产物。"收回教育权"运动,实质上是中国现代民族主义兴起的社会运动,其文化民族主义的性质,决定了其对基督教文化在中国的文化触变将产生抵抗和抑制。

1927年南京政府进一步加强了对教会学校的管制,要求私立学校纳入中国教育体制,缩减英语课程,删除宗教科目,逐步达到与公立学校课目设置一致。随着民族主义思潮崛起,学校教育中新教文化的传播方式被迫向世俗转变,也终结了教会高校英语教育的旧有文化路径。本土英语教育在现代民

---

① 张美平.民国外语教学研究[M].杭州:浙江大学出版社,2012:175.
② 燕大校友校史编写委员会.燕京大学史稿1919—1952[M].北京:人民中国出版社,1999:95.
③ 章开沅.总序.谢必震.香飘魏歧村:福建协和大学[M].石家庄:河北教育出版社,2004:1.

族主义兴起的时代潮流中仍保持了取法英美的模式和殖民色彩。如清华作为留美预备学校，仍依附于美国，这种状况成为当时社会舆论抨击的对象。当时主流的看法是，国内高等教育已渐发达，在本土即可培养所需的本科生，出国培养实无必要，既不公平又浪费资金，出国学生还存在回国后不适应国情的弊端，呼吁国家自主开办清华大学，把留美生的选拔范围扩大为全国。在各界公众压力下，改革清华学校势在必行。1925 年 5 月，经外交部批准，清华学校大学部成立；1926 年，大学部设置 17 个专业系科，成为 4 年制的综合性大学；本科生就读最少 4 年，毕业授学士学位，形成清华大学的初步基础。由于清华学校的教育目的是要培养造就"中国未来的领袖"，因此，它的办学方针为一切仿效美国，被称为"洋化最深的学校，洋教习、洋课本、说洋文"①。有学者这样评论，"从清华园的外貌到人们的内心，无不渗透着美国化的影响。"② 据统计，1925 至 1926 年，其图书馆藏有英文图书 29 000 册，比复旦大学（私立高校）除外的其他任何公立大学与以英语教育而闻名教会大学都更多。清华学堂从最初作为留美预备学校，到民国以后改为清华大学留美预备部，直到 1929 年留美预备部结束，赴美留学不再由清华毕业生中选拔，改在全国公开招考。

1920 年代后，大一英文、大二英文在几乎所有的大学的各专业、各系中开设，与新中国建国后的大学公共英语相类。其教学目标注重提升阅读能力和翻译水平，便于毕业后就业或出国留学。所以，当时大部分学生对英语听、说并不上心，而更关注阅读专业原版书籍或英语文学作品。那些计划毕业后到外资商行、银行、工矿企业就职或留洋的学生，一般来说就比较重视英语听、说技能了。大学的英语系不负责大一、大二英语的教学工作，而是由公共英语委员会选编教材并进行课堂教学。当时公共英语的教材种类较多，除自国外引进不少外，国人也自编了一些。例如，不少大学就采用了陈福田编著的《大学英语课本》。大学各专业特别是理工类的教材，很多是引进英文原版。大学或学院大多设立英语文学系，进行英语专业教育。仅从英语这门学科而言，无论是英语专业还是大学普通外语，教学水准都较高。

---

① 苏云峰. 从清华学堂到清华大学 1928—1937［M］. 北京：三联书店，2001：21.
② 张美平. 民国外语教学研究［M］. 杭州：浙江大学出版社，2012：295.

五、民国高校英语教育与英美文化的传播

（三）南京国民政府时期高校英语教育的发展（1927—1949）

在南京国民政府的督导下，自1920年代末，绝大多数教会学校先后向国民政府立案，取消宗教课程，减少英文课时，逐步实现与本土学校接轨，纳入国民教育体系。尽管岭南大学、燕京大学等绝大多数教会大学先后向国民政府立案，卜舫济却借口宗教与学术自由加以抵制，由于种种原因，圣约翰的申请直到1947年才获准立案①。

教会高校向中国政府立案后，有了一个较为稳定的办学环境，在抗日战争之前又有了进一步的发展。与19世纪20年代相比，30年代中期，教会高校的外来性已不再是社会批评的焦点。随着立案工作的完成，教会高校已经成为受中国政府管辖下高等教育系统的一部分，但是他们还保留自己的一些传统与特色：如经费资助、外语教育、外籍师资以及基督教氛围等方面。这段时间是教会高校在中国最好的发展时期。抗战爆发后，教会高校大都是在动荡不安中艰难办学，尽管期间也取得不菲成绩，但很难跟战前相比。

从全盘实施宗教教育到世俗教育占主导地位，既是教会学校为适应在中国社会生存而采取的重大策略转变，也反映出新一代教会教育家的办学理念变化。教会高校成为民国时期思想上相对自由、文化上相对开放的场所，不再局限于培养信徒和牧师，而是以"改造中国社会，培养未来的领袖人物作为首要任务"②。为此，教会高校逐渐普遍重视儒学课程甚至汉学研究，认为如此方有影响中国人民生活与思想的力量，这"纯粹是出于实用的考虑，想通过设置这些课程使得学生把宗教同中国文化融合起来，从而最终达到在中国广泛传播基督教的目的。"③实际上，教会大学并没有因此而削弱英语教育，因为教会大学加强国文教育，并没有淡化英语教育，毕竟从经济上考量，教会大学在社会上的地位是由其英语教学质量决定的。很多学生到教会大学求学，也不是对宗教感兴趣，而是想学好英语以便毕业后就职外资机构或留学海外。

---

① 张美平. 民国外语教学研究 [M]. 杭州：浙江大学出版社，2012：218.
② 董宝良，但昭彬，陈晴. 中国近现代高等教育史 [M]. 上海：华中科技大学出版社，2007：92.
③ 许美德. 中国大学 1895—1995：一个文化冲突的世纪 [M]. 北京：教育科学出版社，2000：61.

实际上，英语教学在教会大学普遍受到重视，但开展的情况也是不一样的，沪江大学、圣约翰大学等地处上海，英语为其教学语言，其学生英语程度很好，但中文水平较低；齐鲁大学在山东，要求全部中外教员必须用中文授课，英语是一门课程；而北京的燕京大学则秉持中英文并重的理念。

20世纪30年代以后，教会大学的师资更上层楼，可以说起了质的变化。例如，沪江大学外国语言文学系有着强大的师资力量，全系13位教师中有12名为美国教员，仅有1位为毕业于美国哥伦比亚大学的中国教师；从学历来看，博士3人，占23%，硕士5人，占38.5%，学士5人，占38.5%。这样的学历和人员构成，哪怕在今天来看，也是相当强的。当然，这些师资的文化价值取向也是相当鲜明的。

至1949年为止，中国主要有燕京大学、圣约翰大学等16所著名的教会大学；以成就和影响论，其中有不少可比肩全国最著名的学府，一些系科在全国赫赫有名。中国教会大学学生所占比重也不过是全国大学生总数的百分之十至十五，但其培养的人才已经深入到中国社会的各个层面，对中国的近代化过程的推动不容小觑①。特别是在20世纪20年代以后，教会大学在中国教育近代化过程中起着某种程度的示范与导向作用，在机构、计划、课程、方法乃至规章制度诸多方面在教育界和社会上产生了颇为深刻的影响。

"教会大学在中国大陆已经绝迹四十多年，但它的校园、建筑、图书以及其他各种教学、研究设施，仍然继续用于高等教育，它的教师和毕业生（包括中途辍学的肄业生，后者为数更多），仍然在许多大学或其他部门为中国现代化而努力工作，而其中一部分已经成为若干领域的领导与骨干，如农业、医学等。他们不仅运用在母校所获得的知识与技能为社会服务，而且还或多或少继承着教会大学传统校风中的优良部分。"② 在高校英语教育领域，这种影响更是强烈而深远。中国高校英语教学的殖民色彩源自于教会大学的甚多。

在华教会大学是西方对华精神侵覆的桥头堡，同时也是基督教文化触变中华文化的文化要素搬运者，深刻地促进了西方文化要素在中华文化体系的引进和融入。在华教会大学致力于造就中国社会未来的思想、学术和科技精英，以引领中国的发展方向。

北伐战争发动之始，即已有知识分子力量渗入北伐运动，热烈地欢呼与

---

① 张美平. 民国外语教学研究 [M]. 杭州：浙江大学出版社，2012：168.
② 陈国钦，袁征. 瞬逝的辉煌——岭南大学六十四年 [M]. 广州：广东人民出版社，2008：1.

五、民国高校英语教育与英美文化的传播

响应。国民政府的班底,不少是留学生及留在都市中的知识分子,并创设了不少大学,训练中层干部。在国民政府十年建设期间,中国有了统一的货币及中央银行,税赋制度也日趋健全。不少地方新设的大学也有专门的研究机构担任学术研究,大群"技术官僚"(资源委员会与工商部或经济部)推动寻找资源与建立工业的工作。

1927年南京政府设置"大学院",类同高教部,又通过大学组织条例,在江苏、浙江两省先后试行。此为我国大学教育制度的一大变更。次年,取消中华民国大学院,恢复教育部。全国公私立大学到1928年已有74所。大学骤增,难免良莠不齐。为此,1929—1931年,大学组织法和专科学校组织法,大学规程和专科学校规程陆续颁行,规定高校包括专科学校、独立的专业学院和综合性大学3类,民国高等教育的规制逐渐完善。

1928年,国立清华大学成立后,在办学方向上,仍然承袭了清华学校时期美国化的传统,按照美国大学的式样来建设清华大学。因此,这一时期,清华的教育方针、学制、课程、教材、教法、第二课堂活动,乃至系馆建筑等方面,大都以美国著名的大学为蓝本①。教育方针是美国的"通才教育",也叫"自由教育"(Liberal Education)。外文系的培养目标和课程设置,结合学校规定,并参照了哈佛大学和芝加哥大学欧洲文学系的方案,由著名学者吴宓(1894—1978)拟定。吴宓将外文系的人才培养目标规定为培养"博雅之士",希望能够吸收东西方古今往来的优秀文化,成为全面发展的人。

在社会舆论的压力下,清华不再是留美预备学校,所以国民政府1928年的《选派留学生暂行办法大纲》在全国考选留美生,特别重视应用科学各专业。1928年,国民政府公费留美生开始招考。一时间,青年学生出洋留学成了社会潮流。1929—1949年20年间,共有约4 000人赴英美公费留学。国民政府自1943年开始举行自费留学考试,录取327人,全部派往美国,1946年第二次自费留学考试合格的共有1 934人。此外,自1944年起,美国政府在租借法案中拨专款培训工程技术、医疗卫生、财经人员和教师赴美进修,数年间,赴美留学和进修人员总数达到万余人,为中国留学史创造了一个空前的记录。1947年,中美签署《美国在华教育基金协定》,将美国剩余战时财产售给国民党政府所得的2 000万美元资助在中国各大学推进英语教学、派遣

---

① 清华大学校史编写组. 清华大学校史稿 [M]. 北京:中华书局,1981:115.

留学生、协助美籍教授来华讲学等项目。1948年在美国大学中中国学生总计达2 710人①。

1928年至1937年，此十年间，可谓中国实施新教育以来最有成效之时期，亦为国民政府在经济建设取得成就的"黄金十年"。中国的研究机构，为数不多，却也已颇具水平。有几门学科，例如考古学、地质学、数学，中国学者在国际间已卓有成就。在中国工业化的途径上，近代教育已为中国培训了不少够格的专业技术人才。19世纪末及20世纪初，中国建筑铁路与港口还须仰仗外籍工程师；在20世纪中叶，中国的建设人才已不假外求。

1938年，中华民国全国第一次课程会议召开。后由教育部颁行的《文理法三学院各学系课程整理办法草案》规定："国文、外语为基本工具科目，举行严格考试；国文须能阅读古文书籍和作通顺文章，外国语须能阅读所习学科外文参考书，不达上述标准不得毕业。"② 高校英语教育在民国时期受到重视的程度由此可见一斑。自1930年代，在教学体系和理论建设方面，中国高校英语教育逐步发展完备。社会上，英文的商业广告、杂志报纸以及英美电影等，某些大、中型城市里已能看到，这也为大学生的英语学习营造了很好的外部条件。

1930和1940年代，虽然战乱频繁，教育遭到破坏，英语专业仍存在于许多高校。"综合性大学普遍开设外国文学系或英国文学系，1932年有36所（不包括未立案的教会大学）、1947年有77所、1949年有51所（不包括台湾省内高校），足见英语专业教育在全国普及之快、规模之大。"③ 大学的英文系无论是教会大学还是本土大学都属于人文学科，都沿袭英美传统大学模式，强调博雅教育，重视英美文学教育。民国大学英文系还普遍地并重专业教育和通识教育，以及采取必修课与选修课制度。各校教学目标、培养模式各异。如清华大学的博雅教育模式、南开大学的实用英语教育与文学教育并重模式、燕京大学的中英文并举模式、沪江大学的全英语教育模式等，不同模式的大学英文系培养出一批中西贯通的外语人才。

五四运动以后，中国的学术、思想界继续向活跃、多元的状态发展，关于文化发展方向的不同思潮曾在1920—1930年代激烈争锋，成为中国现代文

---

① 李传松，许宝发.中国近现代外语教育史［M］.上海：上海外语教育出版社，2006：50-51.
② 李华兴.民国教育史［M］.上海：上海教育出版，1997：609.
③ 李良佑，张日昇，刘犁.中国英语教学史［M］.上海：上海外语教育出版，1988：250-253.

五、民国高校英语教育与英美文化的传播

化史的里程碑。胡适于1929年提出的全盘西化概念,在30年代的中国学界持续发酵,陈序经以"全盘接受"言论附和,而旗帜鲜明地反对全盘西化的"十教授宣言"则强调以中国文化为本位建设新文化;到30年代末期,两方只是达成了"中国社会亟需要现代化"的共识。中华文化的现代转型已经深入到文化的核心价值层面,文化的接触与变容所引起的文化思想的变迁甚为剧烈。同时,随着日本帝国主义的侵略,民族危机日益深重,知识分子寻找解决中国问题的心情也更加迫切与焦虑。

论战和危机孕育着复兴中华文化的内在力量,但在历史进程中,中国社会儒文化的根脉没有断绝,中华文化体系的主体地位没有垮塌。20世纪20、30年代也是中国文化保守主义思想发展、成熟的时期。对中国传统文化具有"真理性"价值的思想的维护与弘扬是文化保守主义者最基本的文化取向,他们反对"全盘西化",但主张吸收西方文化的精华与长处,如"科学"与"民主"。现代新儒学是传统儒学与自由主义、个人主义文化的触变,现代新儒家的活动最能显示文化保守主义思潮的主流色彩,其代表人物之一是梁漱溟。

1935年梁漱溟发表《中国本位的文化建设宣言》,指出,"根据中国本位,采取批判态度,应用科学方法来检讨过去,把握现在,创造将来,是要清算从前的错误,供给目前的需要,确定将来的方针,用文化的手段产生有光有热的中国,使中国在文化的领域中能恢复过去的光荣,重新占着重要的位置,成为促进世界大同的一支最劲最强的生力军"①;他以此强调中国文化的出路是儒家文化复兴的观点。梁漱溟秉持中国文化复兴理念,强调"中国原来的态度",也就是孔子"刚"的人生态度。孔子的"刚"的人生态度表达的是传统儒家刚健有为、自强不息的"内圣外王"式的道德理想人格。梁漱溟的文化复兴路径是对先秦孔孟儒学进行现代化的提升。

梁漱溟认为,中华文化现代化问题的解决"就是要从旧的文化里转变出一个新文化来",那就要找到"中国文化的根"。中国文化的根,就有形的来说,就是"乡村",就无形的来说,就是"中国人讲的老道理"②,即孔家的道理。在他看来,"往西走"就是走西方资本主义的道路,而"往东走"就是"以中国的老道理为根",走乡村建设之路,创造一个新文化,以农业文明

---

① 罗荣渠. 从"西化"到现代化 [M]. 合肥:黄山出版社,2008:421.
② 梁漱溟. 梁漱溟全集 [M]. 济南:山东人民出版社,1989:613.

生发工业文明。可以说,梁漱溟对这一信念笃信终生,在晚年接受采访时依然坚持,认为中国文化在当代并没有受到威胁,在世界未来,将是中国文化的复兴①。他对西方文化的核心内核"民主"与"科学"是予以充分肯定的。在梁漱溟看来,理性思维和个人中心是西方文化的基础,发展出导致西方社会看起来繁荣的科学和民主,但由于个人中心的理性计算在社会意义上具有根本性的缺陷,所以这种繁荣本身就蕴含着隐患和危机。一是人与自然的对立和人际的对立;其二是使生活丧失了本身的完整性;其三是造成了充满残酷竞争的异化社会和经济制度,"殆非人用机械而成了机械用人"。所以,梁漱溟认为实际上西方人"真是苦极"②。

梁漱溟认为中国文化成为不同于西方宗教文化的世俗文化,是由于孔子的思想。"世俗的含义并不是绝对的无神论,因为强制的无神论本身就源于宗教式的思维方式,世俗化也不是享乐主义……它甚至也不是理性统治一切,因为理性无法解决心智的平衡,并且它也不绝对地排斥宗教。世俗化的实质是对信仰的宽容,是社会放弃对个人信仰的监督。这一点正是近(现)代文明的精髓之一"③。儒文化的世俗性造就了中国文化的包容性,能够纳新以新生。

从晚清到民国的中国社会,由于其半殖民地的性质,英语成为一门得天独厚的学科,堪称"显学"。各类高等院校,不管是国立大学,还是私立大学(含教会大学),对英语教学都非常重视④。无论教会大学还是本土大学的英文系都沿袭西方传统大学模式,把英文专业定位为人文学科。英文系的主要特点为强调博雅教育;重视英美文学鉴赏能力的培养;提倡选修课程与必修课程灵活结合的课程体系;师资力量雄厚,大多为国内外知名大学的毕业生⑤。例如,在课程设置上,西南联大外文系就继承了北大、清华和南开三校外文系重视文学的做法。而文学是人学,最能体现西方文化的精髓。又如,民国时期,外国资本家协同买办把持了银行、铁路、海关、邮政等重要部门。这些部门形同"金饭碗",英语能力是招考重点,英语得到畸形发展,而教会

---

① 艾恺. 这个世界会好吗:梁漱溟晚年口述[M]. 上海:东方出版中心,2006:19.
② 梁漱溟. 梁漱溟全集[M]. 济南:山东人民出版社,1989:460.
③ 钱乘旦. 现代文明的起源与演进[M]. 南京:南京大学出版社,1991:24.
④ 张美平. 民国外语教学研究[M]. 杭州:浙江大学出版社,2012:265.
⑤ 陈雪芬. 中国英语教育变迁研究[M]. 杭州:浙江大学出版社,2011:126.

五、民国高校英语教育与英美文化的传播

高校英语教育始终一枝独秀。此时的公立和私立学校,尤其是在工商业发达的大中城市的公私立高校为了与以英语和科学教学优长的教会高校竞争,也不甘落后,纷纷将英语作为重要的课程来抓,而且要求非常高。本土高校英语教材还基本上使用英美文学内容的原版教材。专业课课本大多采用外国的原本教科书,不少课程都用英语讲授,甚至三民主义也用英文讲授。这样做固然有助于较快地达到与西方高校相同的教学水平,提高学生的外语程度,同时也给学生造成不可低估的文化心理影响。对此,著名教育家林汉达1941年曾发表文章予以批判,"世界各国除附属国和殖民地以外,有哪一个国家,像中国那样用外国语(英语)来教各种科学的?有哪一个国家像中国那样用原版西书来作为课本、教材?大学教授与大学生都有'卑劣情绪',以为非用原版西书不可。"[①] 无独有偶,被朱镕基尊称为一代宗师的清华经济学大师陈岱孙,少入鹤龄英华书院、清华大学留美预科班,后又为威斯康星大学学士、哈佛大学博士,自小英语娴熟,留洋多年,却"决不用英文授课。先生生平最痛恨用英文讲课或夹杂英文,认为这是殖民地心态,未能摆脱对西方的崇拜。"[②] 1947年美国在华教育基金设立,协助美籍教授来华讲学,资助中国高校推进英语教育,派遣留学生。民国高校英语教育"殖民色彩"有增无减,所培养的西式人才促进了中国的现代化,但也深刻影响了中华文化的精神独立和自信。

不管是国立(省立)大学,还是私立(含教会立)大学,教学条件和教学方法各有千秋,但都具有共性的特征,那就是全面取向英美化,使学生处在全面英语化的氛围中。这在私立大学(含教会大学)及北大、清华等著名学府的表现尤为明显,英语教材使用原版很是普遍,内容很多是英美历史和文学。使用原版教材对教师和学生的英语水平要求比较高。但是,如果学生努力刻苦,能够突破词汇瓶颈的话,使用原版教材的正效应是不容置疑的[③]。英语文学教育、高校英语教育理论及新方法,在民国时期被也逐步地重视起来。所以,尽管民国战乱频仍,这一时期的高校英语教学却取得了相当大的成就,培养出了一大批学贯中西的人才,为新中国的高校英语教育发展打下了师资基础。

---

① 李良佑,张日昇,刘犁.中国英语教学史 [M].上海:上海外语教育出版社,1988:94.
② 谢志浩.经济学家陈岱孙 一生甘当教书匠 [J].工会信息,2014(23):31
③ 张美平.民国外语教学研究 [M].杭州:浙江大学出版社,2012:

李良佑等人在《中国英语教学史》中对民国高校英语教学作出了较为客观的评价。李良佑认为,正是半封建半殖民地的社会性质,决定了英语教学有可能得到畸形的发展。当时的社会条件对英语教育发展来说是非常有利的,特别是在高校,学生们都普遍注重英语。一是由于"许多课程的教材、参考书,乃至教师讲课,用的都是英文,不得不花上一番功夫。二是出于今后就业或出洋留学之需要。总之,就英文这门学科而言,无论是专业英语还是大学普通(现称公共)英语,教学质量一般并不低下。地区与学校之间差异较大,其中以教会大学的英文教学水平最为突出。"[①] 李良佑所说的英语教育在当时半殖民地的中国社会得到畸形发展,其实质上是在英美文化对中华文化带有强制性的触变的背景下,承载英美文化要素的英语在教育政策上被过度突出,达到了"畸形"的程度,严重侵蚀了国民对中华文化的重视与自信。

无论是在军阀割据的北京政府时期,还是在基本统一、集权的国民政府时期,民国高等教育在很大程度上照抄西方,如教学管理上的考试、选科、积点方面;而在教育管理体制方面,则政策相对柔和,各类法令、法规和课程计划等,并非都是指令性的,在课程设置及教学时数等方面各地享有一定的灵活度,存在可增减的空间。民国时期各高校因而获得了较大的办学自主权。

民国时期,马克思主义在中国社会的革命实践使外语教育在中国产生了另外一种萌芽或发展方向。1944年,周恩来认为鉴于英文在世界上的使用范围和发展趋势,不能只培养俄文干部,还要培养英文人才以备将来外事和军事之需,建议把军委俄文学校改为延安外国语学校,增加英文系。

民国以来,虽战乱频仍,高校英语教育仍得到较为充分的发展,形成了基本完整的高校英语教育体系。国民政府全面取向美式宪政思想,却没有倡导英美个人主义文化,反而有借"三民主义"学说复兴中华传统文化精神的行动。新教自由主义文化的传播没能阻断中华文化的儒学血脉,却对中华民族的文化自信造成重大打击。

20世纪初,中华文化开始深入触变西方近代文化,由此呈现出的种种现象给中国知识分子带来了困惑和震撼。在如何实现中国现代化转型的思想主张问题上,思想学术界大体分化出两种不同的文化路线。一种可以称为保守

---

① 李良佑,张日昇,刘犁. 中国英语教学史 [M]. 上海:上海外语教育出版社,1988:251.

主义思想，另一种可以称为激进主义思想。保守主义者主张在充分肯定中国传统文化价值的前提下，用西方文化来弥补中国文化的错误与不足，中国可以通过传统文化的修正复兴实现自发现代化。吴宓、梁启超、梁漱溟、张君劢、杜亚泉等人均持这样的观点。与传统守旧派冥顽不化不同，五四时期的保守主义者们共同的特点是并不认为中国的传统文化都是优秀的、值得继续传承的，而是认为中国传统文化既有值得推崇的一面，也有不合时代需要束缚人的发展的一面，而这不合时代需要束缚人的发展的一面就需要通过输入西方优秀的文化来进行弥补。对于西方文化，他们区别于当时的文化激进主义者，并不认为西方的科学文化是万能的。

激进主义者认为东西方的差异主要是时代的差异，中国传统文化由于落后于时代需要，必须彻底放弃。现代化的中国应该是一个具有西方文明特征的国家。陈独秀认为，中西文明是绝对不同的，而且绝不是性质的不同，而是时代的不同。他认为，西洋代表的是新，中国代表的是旧，应该用西方文化改造中国文化，而且这种改造必须是彻底的。陈独秀、胡适等人当年极力希望以激进的西化方式来矫正传统文化，主要目的是希望能够以最大努力来达成对中国文化中科学与民主精神不足的弥补。20世纪20年代，当有人以对中国传统文化价值的不断发掘来反对科学时，胡适义无反顾地站在了科学派的阵营，对反科学的玄学派进行了迎头痛击。

但文化保守者与激进者在一些具体论述上所持的概念往往是有出入的，所以一些貌似对立的观点却有相似之处。例如，陶行知反对的"旧文化"并不同于梁漱溟为之辩护的"中国文化"，后者指孔家的"真精神"，而陶行知所谓的"旧文化"是指以"天理压迫人欲"为代表的"吃人的礼教"，而这也正是梁漱溟所批判的。另一方面，一些学者的观点虽然甚为激进，但其行为却深富传统的底蕴。如陈序经在中国文化的出路问题上是彻底的西洋派，直至被斥为"奴化"，但在做人上却是士人风骨。

在政治层面，英美自由主义文化在中国的面目也逐渐变得模糊起来。身为受洗新教徒的孙中山，经过实践否定英美个人主义政治文化在现时中国的革命作用，转向其"儒教民权"理论。南京国民政府1929年曾试图取消春节，结果遭到强烈反对。蒋介石以孙中山的学生自居，也是一位每天坚持读《圣经》的新教信徒，但实际上形式意义远大于精神实质。在1940年初的《中国之命运》中，蒋介石声称要守住民族的固有的文化精神，也就是儒学伦理价值和三民主义,才能保持民族的自信与自尊,才能抵抗共产主义和自由主义。新教徒蒋介石坚守的还是儒文化的道统。1934年,蒋介石还以"礼义廉耻"为四维发起了延绵至1949年的"新生活运动"。

(四) 文化触变要素融入个例观察:民国教会高等教育中的宗教教化与中国传统文化

在异文化的接触中,当外来的文化要素进入另一个文化体系中的时候,必然要受到抵抗,抵抗的激烈程度与文化要素的性质有关。一般来说,物质性的文化要素,比较容易被接受而进入另一个社会的生活,精神性的文化要素,涉及人们的观念形态和心理定式,则很难在另一个文化体系中被容纳。民国教会高等教育中的宗教化,即是把一些精神性的文化要素向中国社会中的精英分子传播,以期通过改变他们的精神世界来改变中国社会的文化。基督教是典型的一神教,传播其排他性精神信仰的使命感很强,传教时往往伴随着暴力和战争以消灭"代表愚昧和野蛮的异教文化"。而基督教在中国社会传播时,其文化精神随文化触变渗入中华文化体系中的方式却颇为特别。以民国教会大学如何处理宗教教化与中国传统文化之间的关系为对象,考察基督教文化要素在中国社会传播方式的变化,以及对文化触变结果的影响,是一个很生动的案例。

在教会学校各层课程体系中,最完善的是高等教育层次,其中,宗教、西学(含外语)和儒学是教会大学课程设置的"三驾马车"。在20世纪30年代之前,宗教教育可以说处于非常特殊的地位。一直以来都有一种说法,教会大学"洋气太重"[1],重视英文,忽视国文及中国文化的教学;"当时在中国的一般教会学校,并不重视国文课的教学"[2]。这一说法在教会大学的早期阶段,在一定程度是符合实际的。有些学校确实不重视中文教学,虽然一些中国籍教师被聘请教授中文课程,但大都地位很低。学生对中文学习也不重视,如早期的圣约翰大学,其许多毕业生因中国语言文化孱弱很被非议。由于中国被迫向西方世界开放市场,英语及英语所承载的近代科学技术和思想文化这些文化要素在中国社会具有了越来越高的经济价值,由此,"学生本身

---

[1] 谢泳,智效民.逝去的大学[M].北京:同心出版社,2005:146-147.
[2] 顾长声.从马礼逊到司徒雷登-来华新教传教士评传[M].上海:上海书店出版社,2005:251.

五、民国高校英语教育与英美文化的传播

的态度也促进了轻视中文课程的做法,当教师责备他们对中文不感兴趣时,他们多半会这样回答,他们来教会大学就是为了学习英文和西学,他们能够在别处把中文学好……外国的学问已在中国取得威望和金钱价值。因此,学生集中精力努力掌握外国的学问。"①

但随着教会对中国社会民族主义浪潮的适应,自1920年代,各教会大学调整了办学策略,决定实施更加本土化的方针。一些教会大学开始课程改革,认为"要使得所有教会学校毕业生,于中国文化方面,有深切之了解;于中国文字方面,有纯熟之技能;如此方有影响中国人民生活与思想的力量"②。儒学是中国文化的源头和根本,教会学校要在中国扎根,为广大中国民众所接受,逐渐改变忽视中国语言与文化的做法,开始重视汉语和中文课程的教学。例如,1921年开始,司徒雷登校长礼聘刘廷芳、洪业、容庚、郭绍虞、俞平伯、周作人、郑振铎、陈垣、顾颉刚、张东荪等学术界极有地位的学者大师来校工作,大大增强了燕京大学中国文史学科的教学与研究③。教会大学在中文课程上对学生的要求也增多和提高了。"许多学校给中国语言和文学安排许多课时",甚至,"在可能的情况下,(北京汇文大学)英语专业的学生入学之前还必须读完有关的中文课程"④。教会大学开始重视中国文史的目的,诚如许美德(Ruth Hayhoe)所说,"纯粹是出于实用的考虑,想通过设置这些课程使得学生把宗教同中国文化融合起来,从而最终达到在中国广泛传播基督教的目的。"⑤这种现象的实质是,基督教文化在触变中华文化到达一定程度时,其文化要素要发挥功能必须与相应的中华文化要素协调起来,实现一定程度的"新解释",才能真正融入中国社会,才有希望得到改造中华文化的机会。

虽然不同的教会大学在不同的历史时期对中国语言文化课程的态度和重视度是不同的,但著名教会大学往往在这方面比较注重。书经、文史甚至周礼等传统儒学课目在金陵大学4年学制中始终存在。圣约翰大学在20世纪30

---

① 卢茨. 中国教会大学史(1850—1950)[M]. 杭州:浙江教育出版社,1987:164.
② 基督教高等教育之起源与情况. 李楚材. 帝国主义侵华教育史资料:教会教育[M]. 北京:教育科学出版社,1987:150.
③ 李传松,许宝发. 中国近现代外语教育史[M]. 上海:上海外语教育出版社,2006:193.
④ Lutz, Jessie Gregory. China and the Christian Colleges 1850—1950 [M]. London: Cornell University Press, 1971:70.
⑤ 许美德. 中国大学1895—1995:一个文化冲突的世纪[M]. 北京:教育科学出版社,2000:61.

年代以后对儒学课程也很重视，聘请国学大师钱基博等人主持国文系。

1936年考入圣约翰附中、1943年从圣约翰大学经济系毕业的陈琨在《记忆中的母校》中记载："在母校，除国文、中国历史、地理外，其他功课一律用英文，老师都用英语讲课，锻炼学生的听讲能力。因此，社会上有人以为母校不注重中文。其实不然。我们用的中文课本远比当时政府统一规定的深。高中课本选自《开明活页文选》，其中除少数白话文外，多数是自秦汉至清末的古文。每周一次中文作文，英文作文。中文作文都要用毛笔写正楷。英文作文不求篇幅长，只求通顺而少错误。大学一、二年级都必修国文课。课文是学校自选的秦汉以前的文章，和高中课本衔接。"①

而有些教会大学一直都非常重视国文教学，由1864年创办的登州文会馆演变而来的山东基督教大学（即后来的齐鲁大学）就是一个显著的例子。在文会馆时期，校长狄考文非常重视中国经典的学习，拒绝给青年学生教授英文，因为他不愿意这些人学了英文后受到诱惑而离开宣教事业，并转而从事商业活动。但是他所做的唯一让步是在临近学业结束时给那些成年人教授英文，因为他们的性格已经养成②。由此可见，接受了基督教文化的中国人在中国社会的地位和影响力，以及传教的使命感，是基督教文化要素进入中华文化体系并改造之的关键，所以，中文教育以及与宗教的汇通至为重要。

除了在课堂上重视中国语言和文化的教学，汉学研究也出现在教会大学。哈佛燕京学社（1928年开设）就专门以研究汉学、培养汉学家为目标，每年燕京大学拨给该社8万-9万美元的经费，还提供津贴给燕京大学的国文系、哲学系和历史系。后来拨款范围扩大，在华的许多教会大学（如金陵大学、华西大学、岭南大学、福建协和大学等）都曾获得该社的津贴③。哈佛燕京学社还规定在燕京大学和美国哈佛大学同时招收研究生，两校合作，在美国出版英文版《哈佛亚洲学报》，在中国出版《燕京学报》，并收集中国文物图书资料。哈佛燕京学社在东西方文化交流中占有重要地位，是中国大学与美国大学交流的典范。

---

① 徐以骅. 上海圣约翰大学（1897—1952）[M]. 上海：上海人民出版社，2009：231.

② Corbett, Charles Hodge. Lingnan University : a Short History Based Primarily on the Records of the University's American Trustees [M]. New York: Trustees of Lingnan University. 1963: 20.

③ Fenn, William Purviance. Christian Higher Education in Changing China (1880—1950) [M]. Michigan: William B. Eerdmans Publishing Company, 1999: 126-127.

五、民国高校英语教育与英美文化的传播

教会学校备案后，教会大学的宗教氛围实际上如故，但于课目却"与国立大学大抵相同；其所异于一般大学之处，即在教授宗教与造成宗教的环境"①。教会大学重视宗教氛围的营造，有其自身的目的。陈序经在《有关岭大与钟荣光的几点回忆》一文一针见血地指出：美国人办岭南在方法上有这么几个特点：①岭南虽是和其他教会学校，比较起来宗教色彩不很浓厚。美国人在表面上不强制别人信教，但利用宗教影响、习惯势力来达到宗教上的目的。②美国人要培养合乎他们期望的美国化的中国人。③美国要利用岭南来传播西方文化，但不排斥对中国文化的研究，倒是反过来利用中国文化的研究来扩大岭南的影响，提高岭南的地位②。教会高校迫于压力放弃了宗教课程，但加强了宗教精神的间接熏陶以及西方文化其他要素的影响力，其根本的目的还是在于确保在中西文化触变中处于主体的地位，实现改造中华文化的夙愿和使命。

教会大学一方面是不平等条约庇护下的产物，同时又从西方带来了资产阶级的自由、平等、民主和博爱的思想，在远没有摆脱传统宗法束缚的民国社会，自然形成了一个在思想文化上相对宽松开放的小社会。宗教信仰成为自主选择。司徒雷登就认为，燕京大学应是一所可以自由地表达思想和真理、信仰和信仰的方式属于私人权利的真正的大学。在这里，礼拜和其他宗教仪式不是强求的，对信教与不信教的学生应一视同仁。但是，他仍然希望燕京大学延续传统的基督教氛围，只是不能沦为强行的灌输。司徒雷登的思想代表了当时教会高校领导层的共同认识，以倡导思想自由代替了直接传播上帝福音，本质上是适应中国社会发展以强化影响力的策略。从全盘实施宗教教育到世俗教育占主导地位，表明教会大学的培养目标，"不再仅仅局限于培养信徒和牧师，而是将按教会的意图改造中国社会，培养未来的领袖人物作为首要任务"③。在儒文化为主流的中国社会，宗教的教化效果可能反而不如一种可能为国家和民族带来拯救和希望的政治文化有号召力，这是因为中华文化本质上是一种世俗性文化的缘故，新教自由主义文化以世俗教育为手段反而有利于其适应和改造中华文化的企图。

以基督教征服中华是西方教会登陆中国以来的既定目标，为此一代代传

---

① 罗炳生.基督教高等教育当前的问题［J］.教育季刊.1926, 2（3）：19.
② 张美平.民国外语教学研究［M］.杭州：浙江大学出版社, 2012：183.
③ 董宝良,但昭彬,陈晴.中国近现代高等教育史［M］.武汉：华中科技大学出版社, 2007：92.

教士依仗列强在华的特权执着地在中国"传播福音"、开办教会高等教育，公然开设宗教课程，培养高级教牧人员，教授新学。全国无数次教案和20世纪20年代的非基督教运动迫使教会高等教育取消基督教神学课程，而传统国学的教育和研究得到了加强。教会高校中基督教文化的存在方式也逐渐适应中国社会，不再以容易引起反感和排斥的状态（如宗教课程和仪式等）出现，而采用环境氛围、学术自由、信仰自由等综合性影响来培养能融入中国社会、改造中国社会的精英分子；而恰恰是这种妥协与改变，使教会高等教育培养的精英分子在思想上首先发生触变，形成了新的文化要素组织结构，并最终出现新的文化体系的雏形。我们看到，基督教文化要素融入中华文化的形态和方式产生了适应性的变化，而通过作为载体的人的教育和培养的基本途径没有发生根本改变；也就是说，精神性质的文化要素经过文化触变融入新的文化体系，总是以人的教育和培养为途径的。

六、新中国高校英语教育与民族文化独立

六、新中国高校英语教育与民族文化独立

中华人民共和国的成立结束了旧中国长达百余年的动荡与战乱，中华民族迎来了复兴的曙光。美国对新中国的敌视与包围延续了鸦片战争以来西方世界对中华民族的压制与侵覆态势，但抗美援朝的果断出击震撼了全世界，积贫积弱的中国终于真正站起来了。新中国荡涤了新教文化百余年来的在华潴留，并通过采用苏联体制开始了大规模的工业化。

新中国成立后，仍处于英美集团文化力量的压力之下，但在中华文化对英美文化的触变态势方面，已发生了根本变化。民国时期，由于英美新教政治文化是受容于中国主流社会的，所以虽然中华民族"固有的文化精神"仍居于主体地位，但整体上的社会文化风貌发展与英美文化同向，是一种同向的文化触变抵抗。新中国成立后，要以社会主义的政治文化来实现国家的工业化、现代化，为了切断与英美集团间的关系，就要清除中国社会中英美自由主义文化要素。新中国认为社会主义工业化也能创造与英美集团同样甚至更强大的物质力量，这时对英美文化触变的抵抗是逆向的，也就是有意识地形成与英美社会相反的风貌。

1956年，毛泽东在《论十大关系》中首先提出要探索适合中国情况的社会主义建设道路；"以苏为鉴"，总结自己的经验，试图找到一条比苏联办法更好的适合中国情况的建设道路①。毛泽东于1958年还通过发动人民公社运动和大跃进探索中国自己迅速实现共产主义的道路。到了20世纪50年代末，中苏分歧十分明显。我国在社会发展的各个层面都开始摆脱苏联的影响，并探索一条自主的现代化发展道路。来自西方的共产主义文化也开始了在中国的进一步触变，并通过本土化以融入中华文化。

（一）仿苏时期的中国高校英语教育（1949—1961）

1950年中国基督教界在《人民日报》发表宣言，宣布完全支持《共同纲领》，反对"帝官封"，督促全国教众与国外教会断绝关系，号召发扬三自运动的光荣传统，以最短的时间实现三自和革新，为建设新中国而奋斗。中国基督教界宣言的发表和三自爱国运动的发动标志着基督教在华新一轮本土化的开始。同时，大批外国传教士离开中国。中国教会摆脱了国外势力的控制，

---

① 薄一波. 若干重大决策与事件的回顾[M]. 北京：中央党校出版社，1991：471.

实现了较彻底的民族化，并超越宗派异见走向联合。教会高校则被或并或撤，结束了在大陆数十年的办学史。

新中国彻底的政治独立大大加强了中华民族在文化触变上的主体性，加快了文化触变的进程，基督教的本土化就是一个例证。在基督教文化能够对中华文化进行一定程度的强制性触变的时候，其并不能如其所愿地取代中华文化，也未在中国社会真正生根，其本土化进程反而出现了与欧美基督教会原初愿望相悖的局面，最终该外来文化元素与其西方文化母体的关联越来越淡，终于在新中国成立后，基督教文化要素被功能整合后进入中华本土主流文化体系。从这个意义上说，基督教在中国的彻底本土化也宣告了西方教化中国企图的失败。

教会高等教育是近代以来中西文化碰撞、交流中一段非常重要的历程。时至今日，教会高校在中国大陆消失大约70年，但可能就是因为时光的拉长，有些事物的面貌和价值才会全面和清晰起来。近年来，教会高等教育成为学者，尤其成为史学、教育学学者探讨的热点。有学者认为："之所以教会教育能够引起人们的关注和重视，一个重要的原因就是教会大学为中国高等教育留下了极其珍贵的遗产，为中国高等教育作出了不可磨灭的贡献。教会大学在办学思路、目标定位、人才培养规格、教学方法、资金筹措、校园建设等诸多方面具有许多公立大学所不具备或很少具备的特点。"① 但必须认识到，教会大学的历史作用被重新认识，主要的是由于改革开放的中国主动打开国门，吸收欧美文化的精华，从而打开了人们尘封的记忆，但一些人以为新教教会高校的自由主义风格可作为高等教育的办法样板，却忽视了教会高校触变中华文化时的侵覆态势，这与当代中华文化主动吸纳欧美文化中的先进和可取成分间有着天壤之别。对于本书研究领域而言，教会高校对中国高校英语教育产生了非常重要的影响。新中国成立后教会高校被取消，中国高校英语教育也结束了本土高校与教会高校并置的局面，但近代以来教会高校英语教育的教育目的与文化精神，深刻影响了晚清以来的整个中国英语界，并通过师生传承，在改革开放的人文环境中得以重新显现。

1949年新中国成立之初，国家采取了"维持原有学校，逐步进行改善"的政策。从1949年到1952年，高校英语教育尚沿用民国时期的教学方法以

---

① 张美平.民国外语教学研究［M］.杭州：浙江大学出版社，2012：181-182.

六、新中国高校英语教育与民族文化独立

及教材,只是目的变为为人民服务,为国家建设以及无产阶级服务。高校英语专业的课程设置基本上和新中国成立前的英语专业一致,反映了西方语言文学系的特点,课程设置及教学内容多与欧美一些大学雷同,重文学、轻语言,尤其重视英国文学、古典文学,以提高学生欣赏文学作品能力为主①。1950年教育部规定高校英语专业的任务是,"培养学生熟练运用和翻译外国语的能力,使之成为翻译干部、外语师资及研究外国文学的人才"②。新英语教育目标突出了技能与工具性。英语教学大纲在1951年后开始实施,增加了爱国主义的思想教育,缩减了一些选修课程③。高校英语教育所承载的英美人文要素已成为排斥的对象。显然,英语教育在新中国的地位开始动摇,削弱了百余年来英美文化在中国的畸形存在。

新中国成立初流行的口号是"全面向苏联学习","苏联的今天就是我们的明天"。当时聘请了大批苏联专家担任中央政府各个部门的顾问:从1949年到1957年,共聘请了750多位苏联教育专家指导学校教学改革、研究和管理④。苏联成为中国工业与文化现代化的要素新来源,中国高校英语教育发展的文化路径也相应改变。

新中国高校英语教育深受苏联模式的影响。当时高校英语教育从教学计划、教学方法、教材各方面强调向苏联学习,教育政策的突出特征是强调统一,学校使用统一的教学大纲、教材、教学进度,改变新中国成立前英语教育分散、独立的模式为计划、统一的管理体制。英语教学方法也深受苏联影响,重视语法教学,忽视语言实践,教学原则以教材、课堂和教师为中心,"传授—接受"教学方法占据主导地位。苏联教材占了大多数,苏联教材《高级英语》(*Advanced English*)作为大学英语专业的基本教材;这套教材的基本特点是强调练习,重视词汇而忽视语言的运用以及阅读能力的提高。实际上,上述教材具有精读课程的特点,教学方法也行之有效;其弊端在于把苏式的英语精读作为一种全面的英语教学理论与范式发展起来,将英语语言的学习人为地划分为词汇、语法、泛读、写作、听力等,至今还留有影响。

---

① 陈雪芬. 中国英语教育变迁研究 [M]. 杭州:浙江大学出版社,2011:144.
② 四川外国语学院高等教育研究所. 中国外语教育要事录:1949—1989 [M]. 北京:外语教学与研究出版社,1993:5.
③ 陈雪芬. 中国英语教育变迁研究 [M]. 杭州:浙江大学出版社,2011:144.
④ 卫道治. 中外教育交流史 [M]. 长沙:湖南教育出版社,1998:323.

民国时期的英语教学方法、教材以及教师这时则遭到了批评，认为他们受帝国主义和殖民主义影响过重。在复旦大学，帕默的直接教学法被认为是英国人为了其帝国在世界贸易上享有特权而进行语言传播的一个典型例子，其理论是错误的、不科学的，有悖于马克思主义语言理论①。

1949—1956年，为满足新中国有计划引入苏联工业装备和技术开办本土工业企业对高等工科院校毕业生的大量需求，高等工科教育加速发展。1952年下半年至1953年，我国对有一定实力的综合性大学按照苏联高等教育的体制进行调整，重点发展工科学院、培养相应师资。后又进行了两次大规模院系调整，公立高校院系合并、专业调整，私立学校改为公立学校，教会大学被并入相关高校。"建国初全国共有205所高校，有62所设立外语系科。"②至1953年，全国英语专业压缩为9个教学点，教育部甚至决定大幅度撤销高等师范英语系（原有8所减至1所）。"华东师范大学成为当时培养中学师资的唯一师范院校。"③ 高等教育特别是工科教育加速发展，公共外语课由英语改为俄语，俄语教育"一边倒"，俄语代替英语成为第一外语。至1954年，英语教育几乎被取消。实际上，自新中国成立至1956年，高校英语专业甚至没有全国统一的教学大纲，成为一个被忽视的领域。对教育的改组是中华文化改变触变方向的核心举措，从此社会主义文化要素通过教育全面渗入中国社会，中国高校英语教育的文化价值取向和发展势头都发生了转折。

20世纪50年代中期，"全面学习苏联"模式的弊端开始显现，国家提出"以苏为鉴"，独立探索社会主义建设道路的意识开始萌发。而在当时实际工作（如制定全国自然科学和社会科学的十二年规划）过程中，已发现过多地压缩西方语言（尤其是英语）的教学对与外国的交流和国内建设无益。1956年，中央在制定二十年人才规划时也认识到排斥英语和其他西方语言的政策是有失偏颇的。在延续重视俄语政策的前提下，教育部加大了对英语的重视，英语专业在不少师范院校以及综合大学重建或加设，英语课在高校公共外语中的比重逐步加大。到1956年，全国共有23所高校设有英语系科，学生2 500余人，英语专业教师545人，其中教授132人，副教授68人，讲师168

---

① Dzau, Y. F. English in China [M]. Hong Kong: API Press Ltd. 1990: 16.
② 陈雪芬. 中国英语教育变迁研究 [M]. 杭州：浙江大学出版社，2011：143.
③ 李良佑，张日昇，刘犁. 中国英语教学史 [M]. 上海：上海外语教育出版，1988：408.

六、新中国高校英语教育与民族文化独立

人,助教162人①。这说明,一方面苏式社会主义文化进入中国后,如要在中国发挥作用,也要与中华文化中固有的结构和要素相结合以提高适应能力;同时,英语语言的母体虽然是英美文化,但也已是当时最重要的国际通用语,是在世界范围内获取物资与精神文化要素的工具,英语教育有存在的必要。

虽然整个社会并没有完全改变对英语的偏见,但在国家政策层面上,英语教育得到了一定的发展。教育部提出:以英语为外语课语种的学校可以比以俄语为外语课语种的多,这是新中国成立来的首次"逆俄语化"表态,显示了国家扭转英语教育弱化倾向的政策意图。此时,英语教材和教学方法都有所更新,其中教材既涵盖基础知识的内容,又注意了所选语言素材的广博性,同时也反映了当时的社会时代背景,政治色彩、道德教育为主题的文章居多。高校英语教育开始承载社会主义的文化要素,开始了新的文化价值取向转变。

中苏关系恶化后,高校英语教育迎来转机。为适应国家俄语人才过剩、发展英语教育的需要,1958年后,俄语专业教育规模开始缩小,俄语专科学校纷纷增设英语系,大批俄语教师改教英语。教育部停止俄语专业招生一年,并动员一、二年级俄语专业的学生改学其他语种。由于国家政策的调整,高校英语教学规模开始得到相应的扩大。后来的四川和西安的外国语学院就是当年的西南和西北俄专新增英语专业后改设的。

中国随后开始了现代化道路的初步自主探索。1958年,我国确立了社会主义建设的总路线,大跃进和人民公社兴起,后又提出教育大革命,强调教育与生产和政治的关系。1959年,高等教育全国第一次会议提出要改造高等教育,强调高等教育体制要服从国家建设的需要,课程要少而精。高校英语教育则要与生产劳动结合,为政治服务,发动群众(实际上是学生及一部分年轻老师)搞教学。强调高校英语教育要挣脱英美文学的束缚,扭转语言风格既古又文的倾向,加强教学内容的语言实用性和思想政治性。教育革命运动促进了中国高校英语教育文化价值取向的转变以及教材内容的更新。

1958年以后,在批判了外语教材照搬西方文学体系和教条主义的倾向后,旧教材被否定,但新教材尚未编成和选定。之后有青年教师和学生合编了一些符合教育革命标准的教材,内容基本上是关于社会现实和政治思想的翻译

---

① 四川外国语学院高等教育研究所.中国外语教育要事录:1949—1989[M].北京:外语教学与研究出版社,1993:482.

资料，极少有英美原著。这阶段的教材基本上是从报刊上选出的政论文以及相关的译文，强调教材的思想性和政治性，但相对片面，认为加强思想性、政治性就必须学习大量的政治词汇和政治习语，弱化了英语语言的基础知识学习，忽视了语言的生活性和鲜活性，教材缺乏系统性和稳定性，不符合语言习得规律。但是，当时的英语教育已经认识到中国高校英语教育所受到的英美文学体系的束缚，强调教育内容、教材要反映中国政治与现实，虽然从理论到实践还不成熟，甚至有些极端，却已触及文化自信和中国高校英语教育的文化价值取向问题，具有很重要的意义。

1961年的中央全会提出"调整、巩固、充实、提高"的方针，纠正了教育革命一些左的倾向，颁行了新的政策文件，高校恢复了正常的教学秩序，教师主导的以课堂教学形式为主的教学原则重新确立。《关于高等学校外语课程设置问题的意见》颁布后，高校英语教育的一些基本原则得以恢复，教学方法得到革新。前一时期的合编教材已不合时宜，国家组织英语专家编写了一批教材。当时编写的方针是，要重视教材的思想政治内容，但不能编成政治课本，重点是要处理好语言与政治的关系，译文与原文的关系，以及怎样联系现实。在此期间，由许国璋主编的《英语》成为英语专业和非英语专业使用的最有影响力的教材之一，该套教材一直到20世纪80年代仍然为许多高校英语专业的精读教材。该教材具有以下几个主要特点：题材与体裁多样化；重视基本功（语音、语法、词汇）的练习；体现当时我国时代特征。1961年的调整使中国高校英语教育排斥英美文化的状态得到了一些缓解，但并没改变社会主义的文化价值取向。

1961年的高校文科教材编选会议制定了5年制英语语言文学专业的教学方案。在培养目标的规定中，除了对社会主义思想政治素质的要求外，还要求具有较高的英语语言技能，其中，"掌握为精通英语和英美文学所必需的基础知识，了解英国、美国的历史和政治、经济、文化的基本情况"的规定，表明对英美文化要素采取了有限度的开放态度。

与1951年的相比较，1961年的教学方案更为具体、复杂。虽然它大体与1951年的大纲保持一致，但是政治倾向更为明显，反映了当时国家主张的教育政治主张；强调劳动是新中国高等教育的另一特色，这些观点实际上是沿袭了延安革命时期的经验；另外还强调中国文学知识和汉语写作能力，这一点是新中国成立前较少提到的，体现出在高校英语教育中融入中国文化和思

六、新中国高校英语教育与民族文化独立

想意识的取向。

随着中苏关系恶化，1962 年，我国公开表示苏联走向了修正主义。这是新中国发展历程中一个重要的转折点，我国从此开始独立探索中国社会主义新文化的发展道路，实质上也开启了中华民族在精神上寻求真正的独立自主的道路。

（二）拒绝传承与借鉴的文化独立之路上的高校英语教育（1962—1978）

1962 年，中苏交恶完全公开化。鉴于国际形势的巨大变化，我国决定顺势逐步解冻对美关系，开始从思想上、政治上和经济上与苏联模式决裂。毫无疑问，从此中华民族不再迷信"绝对的榜样"，从精神上真正摆脱了对外依赖，在文化上迈开了独立的步伐。这在中华文化复兴进程中是至为关键的。

新中国成立后，除 1954—1957 年教育部规定高考暂停外国语科目外，高考外语科目先是允许免试，后是作为参考。1962 年起，在高等学校录取新生时，外国语考试成绩正式记入总分。此时，新的教学方法得以引进，新教材由国家统编，基础语言知识得到重视，教材内容选材丰富，但有关于政治理想和思想道德的素材很多，提倡以英语描写新中国的社会风貌和建设经验，体现出对本土社会主义文化发展的信心。

1963—1964 年，新中国外交事业实现了较大突破，也凸显出外语干部储备和水平上的不足。为此，1964 年《外语教育七年规划纲要》颁布，回顾和总结了新中国成立 14 年来的外语教育工作，着重指出了高等学校对俄语以外的其他外语教育未予以足够注意，号召外语教育要"又红又专"，满足外事和国家建设需要。显然，中国高校英语教育的文化价值取向是社会主义新文化，主要是由于外事和科技的需要而得到重视和发展，着重于英语的工具性价值。

《外语教育七年规划纲要》所指出的外语教育发展方向为：把涉及各个教育层级的共同或普通外语教育提到与专业外语教育同等重要的位置，目的是建设除专业外语干部队伍外，还要广泛培养工业化、现代化所需要的专业人才的外语能力；推动各种形式的社会外语教育的发展，如夜校，函授，广播电视等；明确英语为高校外语第一语种；从整体上提升外语教育质量，形成一定的高水准的师资和翻译队伍。中国当代著名外语院校如北京第二外国语学院等5所就是根据《外语教育七年规划纲要》建立和发展起来的，而北京外国语大学等7所是据之扩建的。这足以说明《外语教育七年规划纲要》在我国外语教育事业和教育史上的作用和地位。

《外语教育七年规划纲要》是中国英语教育政策的一个转折，突出了发展英语教育的重要性。推动这个转折的深层力量是中华文化的触变方向发生了调整，开始有限制地向英语世界引进文化要素，尤其是科技、物质性要素，开始着眼于中国的工业化。

时任国务院副总理兼外交部长的陈毅在1964年10月22日发表讲话说："我们外国语学校是干什么的呢？主要是培养一批翻译人才，培养一批掌握外语的外事干部。学生毕业以后可以做翻译，也可以做见习外交工作。翻译工作是很重要的。毛主席早在1945年，即20年前就讲过，翻译工作是理论工作的一部分。它是理论工作不是简单的技术工作，因为马克思列宁主义理论是要从外国文翻译进来的。有了翻译，我们中国人才懂得马克思主义。现在我们要把中国的经验翻出去，也要靠外文。所以外国文值得我们学，一辈子做翻译工作那是很光荣的。翻译干部是我们党和国家的很重要的干部，不能说它是不值得做的。我们也有很出色的翻译人员，他们在国际斗争中起了很好的作用，能够很好地把毛泽东思想翻出去，狠狠地打击了帝国主义。"① "翻译工作是理论工作的一部分"，而"不是简单的技术工作"，这个论断极其准确地指出：英语是文化触变的重要途径，同时英语也承载着文化价值；中国高校英语教育的文化价值取向要立足于"中国的经验"，"把毛泽东思想翻出去"。

1965年高等外语院系工作会强调，"……必须培养学生……能够以外语为工具，把毛泽东思想、我国革命和建设经验传播出去，把外国有用的经验介绍进来……教学内容要重现反映我国革命经验和建设成就。"② 在鲜明的文化自信基础上，中国高校英语教育在政策上体现出鲜明的"自文化本位观"，这是近代以来中国高校英语教育所从来没有过的现象，折射出中华民族渴望文化独立的强烈意志。

但是，也从1964年起，由于全国范围内强调以阶级斗争为纲，强调进行两条路线的斗争，强调突出政治，在这种政治氛围中，高校英语教育的文化价值取向趋向偏激。20世纪60年代初短暂的英语教育复苏期所引入的听说教

---

① 李传松，许宝发. 中国近现代外语教育史 [M]. 上海：上海外语教育出版社，2006：238.
② 李传松，许宝发. 中国近现代外语教育史 [M]. 上海：上海外语教育出版社，2006：244, 245.

六、新中国高校英语教育与民族文化独立

学法以及相应编写的英语教材,在新中国高校英语教育发展中有重要意义,是新中国文化独立意识萌发后中国高校英语教育调整所取得的成果。"文革"前的高校英语课本,提倡用英语来表达当时中国的政治生活、社会现状,以及道德教育。彼时,对新生的社会主义文化的自信,使英语在中国承担了向外传播中国思想文化、社会制度的角色。

"文革"中,教育界尤其是高等学校是"重灾区",高等教育几乎处于瘫痪状态。1966年学校几乎停止正常的招生和教学活动。1968年"复课闹革命",但正规的大学入学考试被取消,采取"自愿报名,基层推荐,领导批准,学校复审"的方针,学生入学标准主要考虑家庭成分而很少考虑学业成绩。"为革命停止教学",瘫痪了高校,大批学生接受贫下中农再教育,教师也被派到偏远的农村或农场接受改造。全国大学的数目和学生人数大幅度地减少。除了上海以外,其他的地区高等教育机构减少了一半多。①

从文化触变理论而言,面对外部文化集团的压力,为了避免自身文化体系因触变而崩解,采取通过关闭自身或者远离对方集团等行为与对方集团相抗衡,同时有意识地利用与对方不同的手段形成与对方不同的状态,力图创造出能够达成与对方相同目的的别种文化因素,尝试发明、发现独自的文化因素,这就是"逆向性文化触变"(negative acculturation)。"文革"时期新中国的文化独立意识,即属于此。其对高校英语教育政策的影响也是颠覆性的。

全国没有统一的英语教材,各地相继自编教材,基本不采用英语国家文章,主要材料来自当时政论文章的外文版。许国璋等于1961年主编的《英语》也被认为具有资产阶级倾向。外报、外刊、外台以及外国原版电影被视为禁区。"文革"时期的高校英语教育,没有教学大纲、教学要求,一般采取教生词、读课文以及英汉互译的方法。学生基本上不练习口语,课堂上偶尔采用一些问答法。因此,学生在这个时期很少能学到地道的英语,学习的内容大多为具有中国特色的政治方面的英语译文,这些语言难以被以英语为母语国家的人所接受与理解。② 本时期,中国高校英语教育的文化价值取向陷入片面化和绝对化。

中国恢复联合国席位后,次年尼克松访华,中国外交出现新局面。随着同我国建交的国家越来越多,外语人才的需求越来越大。1972年7月24日毛

---

① 肖淑云. 文化教学二十年:回顾与思考[J]. 学术论坛,2007(4):197.
② 陈雪芬. 中国英语教育变迁研究[M]. 杭州:浙江大学出版社,2011:135.

泽东找周恩来、姬鹏飞、乔冠华、王殊谈话，说："我们下一代要多找一些人学外国语，把外国的好的东西学过来，坏的东西不要，好的东西批判地吸收。"① 西安外国语学院于1972年开始恢复招生，设有英语、俄语、德语、法语和西班牙语5个专业。1972年以后，大学的英语教育在全国范围内展开，但是其英语教材的政治性色彩依然很浓厚。环境的变化增加了对英语文化要素的需求，在一定限制范围内的文化要素进入了高校英语教育的内容之中，但对高校英语教育的文化价值取向还没有产生重大的影响。

"文革"期间，对英美文化等西方文化表现为绝对地排斥，高校英语教育的文化政策和文化内容片面而机械。有学者认为，整体而言，十年"文革"期间全国英语教育水准低下，"阻碍着整个国家的发展"②。

粉碎"四人帮"后，外语师资队伍无论从数量上还是质量上都难以满足外语教育发展的需要，广大的外语教师与世隔绝，语言老化，对这期间国际上发展起来的新理论、新知识、新方法、新学科知之甚少，这种情况成为我国外语教育发展必须优先解决的问题。③

（三）改革开放以来的高校英语教育（1979之后）

1. 中国高校英语教育文化取向的转折

20世纪70年代中后期，中国在独立自主的基础上与英美逐渐就国家关系有所缓和与改善，贸易复苏；至1980年代初，中国开始改革开放，与英美的经贸、科技、教育与文化交流日益发展和深化。改革开放初，中国国力仍全面落后于西方国家，且对发展道路和赶超机制的认识正处于反思和重新探索的过程中，对英美社会及其文化怀有"羡慕"和"学习"的心理，急切地需要了解和借鉴英美文化，文化主体意识比较淡化，对英美文化存在着心理上的"主动学习""主动被牵引"等特征。受当时社会氛围的影响，认为英文是学习先进国家的必然手段；在高校英语教育的文化价值取向上，则认为英美文化是先进的，所以中国高校英语教学实践中不可避免地要求加强对英美

---

① 逄先知,金冲及. 毛泽东传：1949—1976（上）[M]. 北京：中央文献出版社, 2003：1621-1622.
② 陈雪芬. 中国英语教育变迁研究 [M]. 杭州：浙江大学出版社, 2011：135.
③ 李传松,许宝发. 中国近现代外语教育史 [M]. 上海：上海外语教育出版社, 2006：362-363.

六、新中国高校英语教育与民族文化独立

文化要素的体会和吸收，形成了对英语及其文化的学习意识。

改革开放之初，中国高校英语教育政策旨在恢复英语教育的正常化。随着当时国内、国际形势的发展，中国高校英语教育的文化价值取向已从整体上开始转变。

1978年初，高考恢复后的第一批大学生跨进高校的大门。当时，有学者认为，"……近十一二年来……高校的公共外语形同虚设，外国语学校遭到严重破坏，高校专业外语教育的质量也很低。"① 中国高校英语教育由于文化触变的逆向性，只破不立，或少立而立不住，已经在体系上残缺不全。

1978年，全国外语教育座谈会提出"加强外语教育是提高整个中华民族科学文化水平的重要组成部分……搞好外语教育是具有战略意义的长远之计。"② 可见，当时外语教育是"提高整个中华民族科学文化水平"的战略措施之一，也就是说，外语教育的目的就是吸收外国先进科学技术以提高自己。全国外语座谈会中一个值得注意的议题是对公共外语教学做了专题研究。会议提出，要大办业余外语教育，满足社会上专业人员对外语能力的需求。应该特别注意的是，参加会议的廖承志副委员长结合自己在教会学校的学习经历指出，"在岭南大学四年毕业后，到英美留学就不觉困难了……旧时代的例子，对我们现在也有若干参考价值"③。中国高校英语教育要服务于学习国外先进的科学技术，是具有战略意义的长远之计，这奠定了制定新时期中国高校外语教育政策的基础。

全国外语教育座谈会之后，教育部于1978年12月份发布了高等学校英语专业3个类型的教学大纲试行草案（外语学院英语专业四年制教学计划、综合大学外文系即英国语言文学专业四年制教学计划和高等师范院校英语专业四年制教学计划）。这三份教学计划被认为是在总结了以往30年来高校英语专业教学正反两方面经验教训基础上，结合全国外语教育座谈会的精神制订的，可以说是第一份比较完整、比较切合实际的统一的英语专业教学计划④。这三份教学计划基本上是一个教学模式，即培养毕业生为翻译、英语教

---

① 李传松，许宝发. 中国近现代外语教育史 [M]. 上海：上海外语教育出版社，2006：294.
② 李传松，许宝发. 中国近现代外语教育史 [M]. 上海：上海外语教育出版社，2006：293.
③ 廖承志. 为实现四个现代化加紧培养外语人才-在全国外语教育座谈会上的讲话 [J]. 人民教育，1978（10）：15.
④ 李良佑，张日昇，刘犁. 中国英语教学史 [M]. 上海：上海外语教育出版，1988：377.

师及其他英语工作者,课程设置均以文学、语言学为主。总体而言,与新中国成立前的外文系英语专业的课程设置大同小异。中国高校英语教育文化价值取向发生了又一次的变化。

这个时期,许国璋对高校英语教学的文化内容曾发表观点,"在英语教学中,要注意文化的多样性,即不仅要重视英语国家的文化,而且还要加入大量的本族母语文化……在英语教材的文化选择上,要兼容英语语言文化内容和母语文化内容,并且母语文化内容是发展学生智力的重要组成部分。"① 这是一种非常深刻而富有远见的思想,但在当时的新一轮"反思传统"的氛围中,这种思想很快就被淹没了。

1980年教育部高等学校外语专业教材编审委员会成立,这是一个在外语教材和教学方面的业务性指导机构和咨询机构。1981年全国高校外语师资培训工作会议召开。英语自学高考于1981年开始,这是高等英语教育史上的创举,体现出改革开放后国家加快发展高等教育,促进对外开放,扩大中西交流的迫切愿望。

改革开放初期,高校英语专业教材《交际英语核心教程》(*Communicative English For Chinese Learners*)的出版在英语界得到认可,著名的英语教育专家许国璋就认为其"标志着外语教学思想的一大转变,它的意义远远超出一套教材的出版"②。《交际英语核心教程》的编写开始于1979年,后成为英国文化委员会与广州外语外贸学院的合编教材。与1961年的《英语》教材内容相比,《交际英语核心教程》更注重社会文化主题的文章,总共为20单元,占总比例的50%,涉及衣食住行、社交礼仪、文娱体育、风俗习惯、教育医疗、社会问题、个人家庭生活等方面。在英语学习目的问题上,《交际英语核心教程》更强调从英语实用性的角度来阐述而不是从意识形态的角度来考虑。

有学者认为,从政治类文章上看,与20世纪60年代许国璋主编的《英语》的倾向不同,《交际英语核心课程》比较客观地介绍西方国家的政体、选举、民族事务等,同时又强调用恰当的语言向西方介绍中国历史。如第七单元,先介绍中国的大事年表以及讨论如何避免使用带有殖民色彩的语言,然后介绍世界历史的重要事件以及重要历史人物,最后介绍西方国家的政府组

---

① 许国璋. Culturally Loaded Words and English Language Teaching [J]. 现代外语, 1980 (4): 24-25.
② 陈雪芬. 中国英语教育变迁研究 [M]. 杭州:浙江大学出版社, 2011: 173.

六、新中国高校英语教育与民族文化独立

成部门以及选举的过程。第四册课本选材范围包括社会文化、科学技术、政治类、商业类以及地理历史等五大类,是该套教材中涉及面最广的一册,既涉及宏观的世界组织、国际事务、社会问题、污染问题,又包括社会文化中的一个个侧面,如语言起源、希腊神话及宗教;本册的文章生词量大,文章深度都较前几册难,具有专业化的倾向。该教材的选材不但较全面地涉及目的语文化的各个方面,而且还含有优秀中华文化的内容,更难能可贵的是,还包括以上两种主要文化之外的其他文化的介绍和对比。

《交际英语核心课程》的编写出版标志着改革开放初期中国高校英语教育思想的转变,开始注重人的交际和文化交流的基本价值,也是新中国高校英语教育引入英美西方文化的开端;同时,也能看到新中国成立后形成的"自文化本位意识"在发挥作用,注意到把"优秀的、独特的母语文化内容"融入教材的重要性。与英国文化委员会的直接合作表明,在取向英美文化上,中国高校英语教育政策开始持开放态度。

此后,英语专业招生规模逐年扩大,大学公共英语教育开始起步,社会上业余的英语培训班、广播英语、电视英语大受欢迎。到20世纪80年代中期,"英语热"成为一种社会风气。由于对外交流的扩大,英语口语教育开始受到重视。1985年第一次中国英语教学国际研讨会由中国英语教学研究会和广州市共同主持,较为全面地开启了中外英语教学界的理论和实践方面的交流,促进了国内的相关研究和改革。

教育改革在1985年的全国教育工作会议上成为主题,封闭僵化的思想和模式及其产生的旧的大纲、教材和教学计划成为改革的对象,会议主张加大经费投入,改革图新,鼓励对外合作。教育上呈现的开放态势,使中国英语教材改变了原先的统一、政治色彩浓厚的局限性,开始呈现多样化的局面,新教材包括本土教材、原版教材以及中外合编教材,内容多为关于英美社会的文化、风俗等素材。教材是实施英语教育的主要媒介,在中国英语教育变迁的过程中,英语教材对于传播西方科技文化和社会观念起着一定的作用。中国高校英语教育在政策上向英美文化进一步开放,英语教育的文化取向已初步向英美文化转变。

20世纪80年代,改革开放使中国社会面貌发生了翻天覆地的变化。社会需求的变化也使高校英语教育特别是英语专业教育面临着挑战与变革。20世纪70年代末的英语专业的培养模式仍然是以单一模式为主,随着社会的发

展,中国高校英语教育的社会价值与定位开始发生变化。

改革开放后,国民经济快速发展,国际交流与贸易日益频繁,三资企业大批涌现。随着社会主义市场经济的发育,能否为毕业生带来经济收益成为衡量高等教育不同专业的主要指标之一。英语专业教育与社会主义市场经济的关系成为当时新形势下教育行政部门、高等学校和全体外语教育工作者探索的重要问题。有人认为,英语专业教育要秉持高等教育"趋向于把以'闲逸的好奇'精神追求知识作为目的"① 的理念,培养纯语言、纯文学人才,尽量少地考虑到政治和商业的目的。另有人则认为"人民探讨深奥的知识不仅出于'闲逸的好奇',而且还因为它对国家有着深远影响②,强调英语专业教育要围绕社会发展的需要,开展教学服务,这一思想为我国高等院校英语专业在"以经济建设为中心"的时代的发展打开了思路。

传统的英语专业属于人文专业,注重文学、文化等理论方面和语言学方面的教学,主要培养教师以及中西文化交流人才,基本上不涉及经济、贸易等方面的知识。但及至20世纪80年代,中国社会的发展对外语人才提出了多元化的要求,既需要有扎实英语语言文化修养的人才,又需要满足市场需要的外贸型的人才。随着改革深入,许多对外开放的沿海城市需要大量经济贸易、管理、旅游等方面的外语人才。当时认为,英语专业教育应当尽快摆脱单一语言教学的状况,变单科为多科,使学生结合某一专业学习外语,成为通晓外语并具有某一方面专门知识的人才③。

20世纪80年代末,高校英语专业教育模式在市场经济大潮中开始出现转型,出现了由传统模式向复合型模式的发展,科技英语和经贸英语等需求增大,许多理工高校的公共英语教学部门演变为英语专业。英语专业在市场经济所需要的领域有所扩大。但与此同时,西方的文化与思想对中国高校和中国社会的渗透也随着改革开放的推进逐渐深入和扩大。中国高校英语教育的转型印证:改革开放后中华文化对英美文化的触变是从经济领域开始发展的。西方的经济文化要素给中国经济发展带来了活力,也使中国高校英语教育在政策上强调其满足社会经济发展实用性的要求。同时,对传统英美文学方向

---

① 布鲁贝克. 高等教育哲学 [M]. 杭州:杭州教育出版社,2002:5.
② 布鲁贝克. 高等教育哲学 [M]. 杭州:杭州教育出版社,2002:19.
③ 四川外国语学院高等教育研究所. 中国外语教育要事录:1949—1989 [M]. 北京:外语教学与研究出版社,1993:185-186.

六、新中国高校英语教育与民族文化独立

的相对淡化并没有淡化西方文化在中国社会的深入,因为市场经济机制为之提供了"甘薯藤枝蔓"式发展的土壤,反而使之更有社会基础与侵蚀力。

江泽民同志于1989年7月在北京二外的座谈会上对高等外语教育事业发表了讲话,强调要加强爱国主义教育,使学生具有民族自尊心,不要忘记中国文化传统里的优秀部分。江泽民同志的讲话,从政治上为中国英语教育的文化价值取向提出了要求,"不要忘了中国的文化传统里有若干的好东西"。"民族自尊心"的强调也反映出很多人在民族文化上的不自信,高校英语教育在文化政策取向和文化内容上以"英美文化为本"的思想并没有改观。在强调英语文化和价值观的同时,中华文化的学习逐渐淡化,如何处理好高校英语教育中中华文化与英语文化的关系问题仍没有引起应有的关注。

进入20世纪90年代后,社会主义市场经济体制得以确立,英语教育持续升温,英语水平与升学、毕业、就业、晋升等的联系日益紧密。自费出国留学的人数逐年俱增。英语成为国民教育体系中历时最长、覆盖最广的学科,社会英语培训也迅速发展,英语教育逐渐大众化,中国成为世界上最大的英语学习国度,英语学习进入了一个前所未有的新时代。英语的价值在中国社会趋向绝对化,导致母语文化长时期被完全忽视。在双语教学的旗号下,用英语教授尽可能多的专业课以使高校学生专业能力国际化的论调甚嚣尘上,经久不衰。

从1980年代末到1990年代末,怎样在英语教学实践中增加文化的输入渐成外语学界研究热点,"重点是研究在课堂教学中如何系统地导入目的语文化内容"①,考察重点在于将英美文化系统地融入课堂教学内容,这种理念对英语课程设计、教材开发以及大纲编制都产生了直接影响。这段时期的教学实质理念是"将跨文化教育等同于英美文化的导入"②。中国高校英语教育的文化价值取向已明显地转向英美文化,并在英语教育的理论与实践上成为主流做法,认为英语只有承载英美文化才"纯正""正统",英语教育政策也体现了这种观念与价值。

这一时期,高校英语教育强调英美文化教学,要求学生领会英美文化价值,形成英美文化概念结构,而母语文化长时期被忽视,学生的民族文化意识弱化。由于"英语教育中的文化教学长期被当作是英美文化教学,从而导

---

① 肖淑云.文化教学二十年:回顾与思考[J].学术论坛,2007(4):197.
② 赵海燕.论我国英语教育跨文化意识的双向成长[J].中国教育学刊,2013(11):67.

致母语文化在英语教学中缺失的现象非常严重"①,也使得中国的英语学习者在表达中国特有的文化思想上存在困难,造成在英语语境的国际交际中中国文化表达的苍白或缺失。

1996年,李岚清同志曾批评中国英语教育:学生学了10余年,却用英语回答不出"你们早餐吃什么"等简单问题,"原因是不知如何用英文表达'稀饭、馒头、豆浆、油条',但对于西餐英语表达却很流利"②。2000年,从丛则认为,我国"英语教学中中国文化含量几近于空白",形成"中国文化失语"的缺陷。许多有相当英文程度的中国青年学者,甚至是一些具有较深民族文化底蕴和较厚英语底子的博士,在英语环境中和外国学者交流,中国文化底蕴缺乏,体现不出独立的文化特性。所以,在国际交流中需要用英语表述中国文化时,我们却成了"哑巴和文盲"。"要真正克服我国英语教学的上述缺陷,就应当把中国文化的英语表达教育贯穿到各层次英语教学之中。"③

2. 改革开放后大学英语教育的发展和向人文性的转变

改革开放后,中国高校英语教育一个重大突破是高校公共英语教育即大学英语教育得到大力发展,增强了中国专业技术阶层了解、吸收西方文明要素的能力,促进了中国的工业化,丰富了中华文化的现代化要素来源。大学高校英语教育成为中华文化接触、吸收英美文化要素变迁发展的重要的渠道。

高校公共外语是关系到千百万大学生掌握外语、学习和吸收外国的先进科学技术、文化艺术的大事,理应得到重视。新中国成立以来,公共英语教育长期被忽视,极少被列为议程。事实上,公共外语教育也没能达到应该具有的水平,大学生毕业后能较顺利地阅读专业外文资料的少而又少。新中国成立以来,历次外语教育会议以及外语教学方针,大都是针对外语专业,极少涉及公共外语教育。1965年的高等外语院系教学工作会议,公共外语小组虽然议论过公共外语,却没做出任何决定,也没采取任何措施。

改革开放后,英语的重要性日益突出,大学英语教育受到国家的重视。1979年末大学英语教学大纲开始起草,次年6月《英语教学大纲(草案)》

---

① 揣琼,王向东.中国文化在大学英语教学中缺失的调查研究及对策[J].西南民族大学学报(人文社科版),2009(5):106.
② 吴爱宁,孟荣新,崔瑞锋.加强母语文化教育培养文化平等意识[J].理论导刊,2009(11):120.
③ 从丛."中国文化失语":我国英语教学的缺陷[N].光明日报,2000-10-19(C01).

颁行。该大纲强调阅读为主，反映了时代需求。改革开放初期，中国社会已意识到在引进国外先进科技中英语的价值，高校高度重视培养学生阅读英文资料的能力。到 1984 年 5 月，国家逐步地完成了新中国成立以来较为完善的大学英语教学大纲，经过讨论与修改，高等学校理工科本科的《大学英语教学大纲》于 1985 年 8 月正式出版并投入使用；而高校文理科本科用的《大学英语教学大纲》经过修订，也自 1986 年秋实施。

1986 年，教育部委托上海交通大学设立大学英语考试中心筹备大学英语四、六级标准化考试，并分别于 1987 年、1989 年正式实施。这就是非英语专业大学英语四、六级考试的开端；之后，经过近 30 年的实践，尽管社会上对该考试褒贬不一，甚至有人将它视为"束缚学生英语学习的无形的枷锁"，但是它在某种意义上为衡量大学生的英语水平提供了依据，也为促进学生学习英语提供了一定的动力。在 20 世纪 80 年代，大学英语四、六级考试不是学生取得学位的一个硬指标，各高校根据自愿原则参加考试，但学生还是比较主动参与。再之后，考试的影响力逐年扩大，社会公信力增强，参加考试的人员越来越多，发展成全球最为宏大的单一科目考试，促进了大学英语教育在质和量上的较快发展。

1986 年《大学英语教学大纲（高等学校文理科本科用）》的颁行与次年 CET 的开考，给大学英语带来了与日俱增的社会影响力，也使之成为中国高校覆盖面最广的主要课程。

1986 年《大学英语教学大纲》强调："较强阅读能力"是首要培养目标。在 20 世纪 80 年代大学英语的起步阶段，当时对外直接交流尚少，通过书面资料获取国外经济、管理、科技信息是主要渠道，为解决"看不懂"英语的迫切问题，提出重视阅读的英语教学思路是符合当时的国情的。这个阶段的大学英语教育以强调读写为主，忽视了学生的听说能力，导致了部分学生学习了十多年的英语，虽然能顺利地通过国家大学英语四、六级考试，但是缺乏实际的英语听说应用能力。

进入 20 世纪 90 年代后，大学英语的地位逐渐提高，英语四级、六级考试的重要性日益突显，许多高校明确规定大学英语四级考试合格证书直接与学生学位挂钩。大学英语不但在高校受到重视，也得到社会关注。90 年代后期，社会上出现了诸如"耗时低效""英语科举"之类的对大学英语教育的批评声音。1996 年中南海的外语教育座谈会上，李岚清指出，外语教育的弊端在于"费时较多,收效较低",认为问题在于方法①。如何改革大学英语使之适应学生全面发展的需要以及社会发展的需求,成为教育界以及英语教育者共同探索的问题。

为此,两份大学英语教学大纲(1985年理工科和1986年文理科)于1997年开始了修订工作。两年多后,修订版《大学英语教学大纲》于1999年公布,强调语言基础和学习方法,并首次提出提高文化素养。这个大纲修改前后的相同之处是把阅读放在重要的位置,但是1999年的大纲比1986年大纲更注重学生的交流能力,并把大学英语的目标定位提高到"文化素养的高度"。与此同时1999年的大纲还调整了基础阶段和提高阶段的有关要求,相应地,大学英语四、六级考试项目也做了调整。

进入21世纪后,随着我国社会经济的变化、高等教育的发展、语言学习环境的改变以及技术教育手段的变革,原有《大学英语教学大纲》进一步暴露了其一些方面的缺陷。制订新的大学英语教学新指导性文件的工作于2003年启动,新大纲强调突出英语综合运用能力,强调语言产出技能的培养和实践,推进教学模式的改革,要实现4种转变,即教育观念的转变、教师角色的转变、学习方法的转变和教学管理体制的转变,提出"教学评估是教学质量的重要依据"。

2004年,《大学英语课程教学要求(试行)》颁行,提出大学英语是"高等教育的一个有机组成部分,不仅是一门必修的语言基础知识课程,也是拓宽知识、了解世界文化的素质教育课程。"② 这里,英语除了具有高等教育的有机组成部分这样一个新高度外,特别需要强调的是,大学英语课程也是一门文化素养课程,明确要求必须进行文化教学,培养跨文化交际能力。在全球化的当代,国际交往日益频繁,如何与来自不同文化背景的人沟通、交流与合作成为重要问题。因此,大学英语要培养学生对不同文化的宽容、理解,成为跨文化人才,接触世界各国优秀文化。大学英语教育对英美文化要素的汲取性质由工具性转向人文性,具有了更强的人文精神熏陶能力。另外,值得注意的是,2004年《大学英语课程教学要求(试行)》将教学要求分成一般、较高和更高3个级别,以适应国家地域辽阔、校际情况千差万别的实

---

① 李岚清.关于外语教学改革的讲话[N].文汇报.1996-09-03(9).
② 教育部高等教育司.大学英语课程教学要求(试行)[S].上海:上海外语教育出版社,2004:6.

际情况,并明确提出和倡导个性化教学。2007年《大学英语课程教学要求》进一步明确,"跨文化交际和学习策略"为主要教学内容之一,目的是"提高综合文化素养"。

3. 中国高校英语教育在世纪之交的文化取向

1973年,美国社会学家马丁·特罗在巴黎召开的"中等后教育的未来结构研讨会"上发表了题为《从精英向大众高等教育转变中的问题》的论文,文中提出了以高等教育入学率介于15%、15%—50%和50%以上为界限将高等教育分成精英化、大众化和普及化三阶段。他的高等教育三阶段分法得到了教育界广泛的关注,并得到我国高等教育界的认同。由于受拉动内需、缓解就业压力和实施科教兴国的需要,中国高等教育从1999年开始扩招,到2002年,我国高等教育总规模达到1 600万人,大学生入学超过适龄人群的15%,我国进入了高等教育大众化时期。

在此背景下,高校的英语专业发展迅速。20世纪80年代,全国只有321所高等院校设有英语专业。到2004年,我国已有600所高校设置了英语专业,其中设有硕士点的院校有149所,设有英语专业博士点的院校有21所,全国英语专业的学生共有23万。到2007年,设立英语专业的院校更是达到了900多所,其中设有硕士点的院校有200多所,设有博士点的院校有37所,全国英语专业的学生共有80万。许多理工科高校的英语专业通常由公共英语教学部门演变而来,无须花很大的代价聘请新的专业教师队伍和行政人员。对于英语专业而言,实验室设备主要是指语音室和多媒体教室的建设。语音室和多媒体教室不仅供英语专业学生使用,也可以为非英语专业学生使用。中国社会市场经济的大潮推动了英语专业的兴起,也导致了偏重于实用主义和功利主义的办学倾向。

2000年颁行的《高等学校英语专业英语教学大纲》强调英语专业知识和语言基本功,要求开拓科技和人文知识,掌握工作所需的基本专业知识,"提高思想道德素质、文化素质和心理素质"①,要求英语专业学生在高年级"熟悉中国文化传统",并在教材编写、课程设置上提出要考虑中国文化内容。

有学者认为,外语专业的学生,"应该更加注重爱国主义和集体主义的教育……注重训练学生批判地吸收世界文化精髓和弘扬中国优秀文化传统的能

---

① 高等学校外语专业教学指导委员会英语组.高等学校英语专业英语教学大纲[S]上海:上海外语教育出版社,2000:17.

力。"①其观点部分来自已公布的 2000 年英语专业教学大纲,但已经鲜明地体现出一定的文化自信以及"自文化本位"意识。

2000 年大纲的制订为上海外国语大学和上海外语教育出版社于 2001 年组建编委会编写"面向 21 世纪课程教材"提供了依据。这套系列教材以培养素质型、复合型的外语创新人才为目标,把传统"语言知识"加"语言技能"的教材编写结构改变为将语言知识技能与人文、科学融为一体,除重视学生扎实的英语语言基本功外,还强调思辨能力、人文科学素养和分析解决问题的能力。

中国外语教育界还对新世纪新形势下西方自由主义文化渗透的新途径保持着警觉。全国外语院校协作组 2002 年年会认为,西方政治文化思潮不断涌入,现代媒体推波助澜,使得长期以来的西方文化攻势在新形势下出现了新的态势。这一时期,国外高校可在华单独办学,也可与中国高校合作办学。协作组认为,合作院校在科技上学习国外的先进文化时,还应把汉语、中国文史列入必修课,在学生的精神价值上培育中华血脉。"要教会学生在多种文化环境下将中国优秀文化发扬光大,学会洋为中用,兼收并蓄。"②

这是一个非常正确的判断和论断。当时高校英语教育的文化取向确实不容乐观,外语专业的学生"仅以说几句外语为满足,既没有扎实的中外语功底,又缺乏合理的知识结构,更谈不上有解决问题和分析问题的科研能力。"③造成这一状况的原因很多,例如,高校英语教育以英美文化为"正宗",语文教学受忽视等。据浙江省大学外语教学指导委员会《2006 年度调研报告汇总》,省内本科院校的外语院系"很大程度上忽视了我们本族语的语言与文化教学。……与汉语有关的仅为两门课:汉语写作和中国文化。所开设的学校也仅为 4 所和 2 所,学分各为 2 分"。另据 2010 年 1 月 25 日《钱江晚报》报道,上海外国语大学、同济大学等 6 所高校自主招生不考语文。其实,这种状况是长久以来在高校英语教育中采用"英美文化本位"的一个结果。

另外,在高校的各专业教育中,还有相当多的观点认为应该用英语为学生讲授英语原版教材以生成与国际接轨的专业能力,这种"与国际接轨"实质是"西方发达国家运用各种手段,将其文化思想、文化制品和价值观念输

---

① 李传松,许宝发. 中国近现代外语教育史 [M]. 上海:上海外语教育出版社,2006:463.
② 李传松,许宝发. 中国近现代外语教育史 [M]. 上海:上海外语教育出版社,2006:477.
③ 李继凯,刘瑞春. 解析吴宓 [M]. 北京:社会科学文献出版社,2001:196.

六、新中国高校英语教育与民族文化独立

入到其他经济发展较弱的国家，在这些国家内繁荣兴旺，替代并泯灭这些国家的文化自主意识，最终实现事实上的文化霸权"①的过程。这种以英语为教学语言教授专业的主张，透露着历史深处传袭而来的文化不自信，隐隐然晃动着晚清、民国时代高校英语教育价值取向的影子。这种所谓的接轨意识自传教士企图基督化中国以来已有百余年，从来都是新教文化以及西方自由主义的价值观试图侵覆本土文化的文化霸权主义体现。

针对英语教育中以英美文化为本位的文化价值取向所引致的各种问题，"2000年后研究者开始研究母语文化的作用以及如何增强学习者的文化意识和培养他们正确对待母语文化和目的语文化的态度。"②随着对母语文化在文化教学中重要作用的认识的不断加深，20世纪90年代末至21世纪初产生的英语教育文化原则开始由只有英语文化转向英语文化与汉语文化相结合，并提出了对比的教学方法。这种转变在英语专业的教育政策中也有所体现，如2000年《高等学校英语专业英语教学大纲》要求高年级学生"熟悉中国传统文化"，把对母语文化的关照体现在课本编写和课程设计上。但是，这种认识并没有成为中国英语教育跨文化理论的主流，在实践中也没有通过英语教育政策全面、系统的实施。而且，此类观点大多立论于母语文化对外语教育具有"正迁移"作用的理论，并不涉及外语教育在异文化间的价值判断。例如，杜诗春曾指出："我的外语学习在很大程度上得益于汉语学习和写作"③；束定芳、庄智象也指出，较高的母语文化素养会对目的语文化的学习产生正面影响④。但总体上，中国高校英语教育的文化价值取向问题并没有被广泛地认识并纳入主流研究视野。

进入21世纪，理论界还发出了"关注中华民族文化遗失……加强中华民族传统文化的培养"⑤的号召，呼吁"将我国优秀文化遗产向世界推介"⑥。这种观点呼吁在英语文化教学中应关照母语文化内容，其出发点是在全球化

---

① 辜正坤. 中国外语学术自主创新：学术研究理路和前途展望——从单向殖文主义到双向互动的比较文化转向 [J]. 中国外语, 2007 (1)：23.
② 肖淑云. 文化教学二十年：回顾与思考 [J]. 学术论坛, 2007 (4)：198.
③ 龙臻. 论外语教育的本土文化意识 [J]. 教学与管理, 2009 (27)：86.
④ 束定芳, 庄智象. 现代外语教学——理论, 实践与方法 [M]. 上海：上海外语教育出版社, 1996：92.
⑤ 许克琪. "双语教学"热中应关注中华民族文化遗失问题 [J]. 外语教学, 2004 (3)：86-88.
⑥ 潘洞庭. 文化意识与外语教学 [J]. 外语学刊, 2007 (6)：142.

时代保护中华文化的存续,对强势英美文化的侵覆保持警觉,观点旗帜鲜明,号召力较强,却没能触及中国高校英语教学的文化价值取向问题。

随着全球化的进展,欧盟各国及日韩更加重视英语教育在提升国家竞争力方面的作用,采取政策措施以提高民众英语水平。进入21世纪,中国加入世界贸易组织以后,整个社会形成了重视英语教育的风气,英语教育社会化的趋势更为明显。英语的重要性被越来越多的人所认识;同时,中国不但稳稳保持着世界上最大的英语教育规模,而且把英语能力作为21世纪公民素质的一部分。英语在国民教育体制内是延续时间最长、覆盖面最广的学科,在社会教育机构中是最为火热的教育产业。英语作为国际通用语的作用在中国社会体现得越来越明显。但同期,理论界并没有对此发展趋势做出敏锐的分析与反应,更没有意识到近代以来中华文化触变英美文化进程的转折点的到来,不能对中国高校英语教育政策的调整做出符合历史逻辑的预测。

进入21世纪,中华民族在经济、科技、文化等领域的全面复兴日益显现并加速,中华文化国际影响力逐渐增强,中国与英美国家及其文化的关系悄然迎来了近代以来的转折期。中国高校英语教育的人文环境已显著变化。特别是在加入世界贸易组织以后,中国对外贸易发展迅速,经济高速增长,科技实力厚积薄发,社会面貌日新月异,文化影响力开始成长。近代以来中国与英美国家关系的战略态势在美国忙于伊拉克和阿富汗战争时进入了转折,中华文化与英美文化的触变进程也开始了此消彼长的变化,中华文化走出去悄然成行。中国高校英语教育发展的国际关系背景和社会文化背景开始较快变化。顺应这种形势的要求,中国高校英语教育已经显示出一定的调整迹象。

2000年颁布的《高等学校英语专业英语教学大纲》已提出,"注重训练学生批判地吸收世界文化精髓和传承弘扬中国优秀文化传统的能力。"[1] 1999年《大学英语教学大纲(修订本)》把大学英语的目标定位提高到文化素养的高度;2004年的《大学英语课程教学要求(试行)》则要求各校依各自实际制定个性化教学大纲,"充分考虑对学生文化素质的培养和国际文化知识的传授",提倡"个性化学习、自主式学习"[2],摒弃"大纲"式的"统一要求",把高校个体、学生个体的自主地位作为政策起点,在管理体制上体现出

---

[1] 高等学校外语专业教学指导委员会英语组. 高等学校英语专业英语教学大纲 [S] 上海:上海外语教育出版社,2000:18.
[2] 教育部高等教育司. 大学英语课程教学要求(试行) [S]. 上海:上海外语教育出版社,2004:1, 6.

六、新中国高校英语教育与民族文化独立

了差异化管理。《大学英语课程教学要求（试行）》为培养学生跨文化交际能力，还要求进行文化教学。2007 年的《大学英语课程教学要求》强调跨文化交际和学习策略，以"提高综合文化素养"，在"设计大学英语课程时也应当充分考虑对学生的文化素质培养和国际文化知识的传授。"①

值得注意的是，最新的《大学英语教学指南》②中，关于教学目的作出了这样的说明，"英语作为全球目前使用最广泛的语言，是国际交往和科技、文化交流的重要工具。通过学习和使用英语，可以直接了解国外前沿的科技进展、管理经验和思想理念，学习和了解世界优秀的文化和文明，同时也有助于增强国家语言实力，有效传播中华文化，促进与各国人民的广泛交往，提升国家软实力。"可以看出，最新的指南对大学英语的文化价值取向作出了符合时代的表述，提到了"有效传播中华文化"和"提升国家软实力"，是一个很大的转变。

4. 改革开放后中华文化与英美文化的接触与变容

改革开放后，中华文化与英美文化要素进入互相接触与变容的阶段。1979 年 1 月 1 日，中美正式建交。"邓小平鼓励……学习西方先进的科学技术，尤其是向美国学习。1979 年 1 月 1 日，中美正式建交。1 万名左右的中国学者、技术专家到美国学习，美国 10 万旅客带着美元来中国消费。"③中美合作开始取得进展。1978 年至 1989 年，两国贸易额年均递增 15%左右④，西方的文化和思想以不同的形式表现出来，整个中国社会的观念发生了重大改变。由于之前时期外语人才的断层，当时社会上精通英语的人才很少，与改革开放后的社会需求存在较大缺口，英语教育因为中华文化触变英美文化的需求，迎来了蓬勃发展的新时期。到 20 世纪 80 年代中期，社会上已出现学习"英语热"的现象。英语教材改变了原先的局限性，呈现多样化的状态，除本土教材外，还出现了中外合编以及原版教材，这些教材大多以西方社会文化内容为多。中国英语教育在学校系统迅速普及，社会培训快速成长，中国成为世界上最大的英语学习国度。

---

① 教育部高等教育司.大学英语课程教学要求 [S].北京：高等教育出版社，2007：5-6.
② 该文本自 2015 年已在外语界内部会议上流传，但迄今教育部并未正式发布。
③ [美]费正清.费正清文集：伟大的中国革命（1800—1985）[M].北京：世界知识出版社，2000：343.
④ 熊志勇.百年中美关系 [M].北京：世界知识出版社，2006：314.

20世纪的80年代，西方思想文化与物质文明不断地涌入，社会上出现了"西方的月亮比中国圆"的观点，英语水平的高低也被普遍认为与个人收入以及个人发展密切相关。这种社会氛围中，中国高校英语教育的文化意识实质上延续了民国传统，强调英美文化内涵，崇尚英美文化价值。这种文化价值取向追求"原汁原味的英语"，使英语承载着大量英美文化信息进入中国高校课堂，弱化了学生的民族文化意识。中国社会出现"出国热""托福热""崇洋热"，英语及其文化的价值呈绝对化趋势，美国文化元素随之逐渐深入重新开放的中国社会。中华文化的国民认同基础被潜移默化地侵蚀，"民族虚无主义""全盘西化"思潮泛起，中国文化传统与英美文化的碰撞、冲突趋于白热化。20世纪80年代中后期，自由主义文化强势渗透，引发社会动乱，促使中国社会深刻反思近代以来的西化主张，激发了中华民族文化主体意识的觉醒，从而对毛泽东思想和传统文化的地位和价值有了进一步把握和认识，开始向中华文化独立复兴的精神高地回归。

进入21世纪，中华民族在经济、科技、文化等领域全面复兴的势头日益显现并加速。社会主义市场经济良性发育，入世后贸易量全球折桂，国家实力持续攀升，中国特色社会主义现代化道路日趋明朗和成熟。迈入21世纪的中国迎来了"国学热"，传统文化开始在中国社会复苏与回归，兼收并蓄的文化品格重回中华大地，近代以来英美文化对中华文化的触变态势渐渐步入转折。博大精深的中华文化是源远流长的人类原生文明，历经数千年磨难而于当代顺势重生，其影响力与日俱增，将与英美文化霸权逐渐形成平等竞合的新常态。

晚清以降，西方不仅在科技、军事与经济方面全面、显著地领先，而且文化方面也强势挤压衰弱的中国传统文化，导致中国社会西化思潮泛滥，文化自信丧失。但中华文化历经磨难，延绵的血脉从未曾断绝，这为其复兴奠定了强大的根基。

随着"解放思想"的号角响起，中华文化终于开始重新恢复了生机和活力，其包容性、综合性的特质日益显现和增强。作为中华精神文化之魂的儒学，其从未脱离过民族的社会生活和思想基础，正是在当代社会主义文明的历史新支点上，中华文化开始了复兴历程。

七、中华文化复兴与中国高校英语教育的转折

七、中华文化复兴与中国高校英语教育的转折

中华传统文化作为延绵数千年而仅存的人类原生文明，本身就是不断融合吸纳周边不同文明成果而形成的一个以儒家思想为核心的精神共同体。孔儒学说在先秦时代只是众多学说中的一支，其自强不息、革故鼎新、刚健进取、充满活力，从而在百家争鸣中脱颖而出，文化精神延续至今。历来后世儒学的发展，本质上都是对先秦儒学经典的解读，是当时时代背景下融入新的或外来的文化要素和适应现实社会生活的产物。

在19世纪以前，中国人自诩为天下之中，中国史即是文明史。鸦片战争的大炮叩开了天朝帝国的大门，迫使其开始与外部的世界接触。"一国生事，诸国构煽，实为数千年来未有之变局"①。西方列强通过对清廷的一系列的战争和签订不平等条约，使所谓西方蛮夷的文化而不是中华文化，在近代中西文化的接触中占据了支配地位。普鲁士新教传教士郭士立（Charles Gutzlaff）曾直接参加过英国发动的侵华战争，甚至宣称："龙要被废止，在这个辽阔的帝国里，基督将成为唯一的王和崇拜的对象。"② 晚清时期的中国在与列强的博弈中屡遭挫败与屈辱，国人对于自己的文化传统，逐渐由怀疑而至否弃，丧失了文化自信。

平野健一郎的文化触变论认为，在一个文化系统中，"文化的焦点"（cultural focus）是最容易产生文化触变之处。所谓文化的焦点即文化的某一部分出现问题，文化变得不能充分发挥它的功能，从而成为公众关注之话题所在。由于本文化系统不能满足需要而成为一个问题，其他文化系统里若存在着能够解决问题的文化因素，就会产生把它受容进来的需求。如此，以人们的需要性作为原有基因，文化触变从人们的话题之处发端，并不断得到发展。伴随着"甘薯藤枝蔓"现象的扩大，文化焦点也发生连续性移动。"文化焦点论"把握住了文化变容为何会发生、于何处发生的根本问题③。

近代以来，中华民族和传统文化面临空前的保种救亡的生存危机，此即为中华文化系统的文化焦点。除晚清一批食古不化的极端守旧官僚或腐儒以外，其他的社会精英阶层皆能或多或少地认识到这种现实状况。在如何应对危机的问题上，因为对危机的程度和性质认识相异，所以在解决危机的思路

---

① 李鸿章. 李文忠公奏稿：卷二四 [M]. 出版者不明，1908：11.
② 顾长声. 从马礼逊到司徒雷登——来华新教传教士评传 [M]. 上海：上海书店出版社，2005：45-51.
③ ［日］平野健一郎. 国际文化论 [M]. 北京：中国大百科全书出版社，2011：120-122.

和行动上存在巨大的差别。洋务运动、维新变法、清廷新政、辛亥革命、尊孔复古、新文化运动、五四运动、中国共产党成立、北伐战争、土地革命等等，以及自由主义、三民主义与共产主义等政治道路，都是应对危机的历史进程中出现的行动和思想。表现在文化上，大体有激进与保守之分，但无论什么思想、学说、思潮，其得以产生或引进的动力即是应对危机、救国保种。

近代以来，中华文化基本一直处于"敌对性文化触变"（antagonistic acculturation）过程中，中华民族复兴的过程也是师夷长技以制夷的敌对性文化触变的历程。救国存亡道路上的路线之争、思想大论战，实际上是一个民族处于触变过程中，对自身文化出路的焦虑的外化；为了对抗拥有压倒势力的对方，连续不断地吸收对方的文化，同时还要预防不被对方所吞没，不与对方形成同样状态，这何尝不是一个充满根本性矛盾的、处于危险边缘上的尝试。

"自鸦片战争以来中华民族遭受欺凌的屈辱史，以及日渐抬头的民族自卑情绪和全盘西化论，都对文化民族主义的兴起给予了刺激、催化的作用。"① 在英美文化侵覆中华并导致相当程度的文化解体过程中，文化民族主义形成，这是中华文化表现出的一种"本能的"自我保存的应激性抗拒，是因为预测到了文化触变的"甘薯藤枝蔓"现象，并对其持有强烈的抵抗意识的文化反应。文化民族主义产生于文化触变的机制之中，是强势西方文化触变非西方文化历史进程中出现的一种文化抵抗。这种抗拒来自在面对强势异文化时的一种对自我被否定的恐惧，这里，民族的文化类似于人的社会性，否定一个民族的文化，相当于否定一个人的社会性及其社会关系的总和，激起其本能的恐惧和抵抗的情态是很自然的机制。其中所体现出的文化民族主义，跟本土文化中心主义，即恶性的我族中心主义倾向是有本质区别的。

"'文化民族主义'的基础是难以消除的'我族中心主义'。"② 关于我族中心主义，殷海光指出，一个民族或一个国家一般来说就是一个文化单位，这个文化单位的民众对自己所习以为常的宗教仪式、风土人情、道德理想、伦理价值、社会制度、民俗生活等方面，总是表现出依赖、守护和爱惜的心态，所以说，这种我族中心主义是很自然的现象。人类社会中良性的文化我族中心主义，也会理解和尊重其他民族或国家的相应的文化要素的特色。而

---

① 柴文华. 现代新儒家文化观研究[M]. 北京：三联书店，2004：361.
② 殷海光. 中国文化的展望[M]. 上海：三联书店，2002：111-112.

七、中华文化复兴与中国高校英语教育的转折

恶性的我族中心主义则下意识地以我族的文化与价值为绝对优越,因而对他族相应的文化要素持歧视和侵覆心态。

产生于20世纪20年代初期的现代新儒家秉持中国传统价值本体,表现出顽强的文化寻根意识,是文化保守主义的一种。正如文化触变理论所描述的那样,当一种文化受到异文化的强烈挑战时,其本能地表现出文化上的保守主义(本土主义)。在文化触变中,当受体文化的文化抵抗发展成为一种抵抗运动时,这一运动便会扬弃外来的文化要素,给自身原有的文化要素赋予新的活力,并进行再利用。现代新儒学致力于在新时代恢复儒家思想的主导地位,重建儒家的价值系统,其出现是工业文明时代儒学的变革与发展,不是要回归古代或师法古代,而是要在近现代社会保存或保全中华文化的主体性,并以此为基础来吸纳、融合、会通西学,力图使之通过现代性的转换,延续中国文化传统的千年血脉。现代新儒学坚守传统文化本位,但是更力倡拥抱新文化,对西方的民主与科学文化要素持吸纳姿态,坚持开创具有现代品质和解释力的儒学,致力于儒学的现代化。现代新儒学是一种良性的我族中心主义,将成为继承中华文化传统并加以光大的主要学派之一,其可贵之处在于其坚持了儒学价值为文化主体,并主动吸纳来自西方的优秀文化要素。

从内涵上,现代新儒学对中国现代化路径的选择,多属于"儒家资本主义"范畴,是儒学对自由主义的融合。学者方克立认为,在中国现代思想史上,存在着三种实现中国现代化的主体流派,自由主义、共产主义、现代新儒家,"马克思主义者坚持走社会主义现代化的道路,并在实践探索中把'中国特色'放到了越来越重要的地位,自由主义者主张照搬照抄西方经验,走西方工业文明即西方资本主义国家发展的老路;现代新儒家则批判了'现代化即等于西化'的口号,向往一条东方式工业文明即'儒家资本主义'的道路"①。

在全球化的新时代,多元文化接触、争鸣、交融,中华文化作为其中一支,其处境与先秦时儒学之于百家颇为相似。在当代国际环境下,弘扬鲜活自由的先秦儒学的人文精神,以中华民族固有的伦理价值为本位,生发创新以复兴中华文化,既有深厚的民间的文化传统,又切合中国特色社会主义道路,当是中华文化自强不息、包容并蓄、影响世界的现实发展路径。中华民

---

① 方克立. 现代新儒学与中国现代化 [M]. 天津:天津人民出版社,1997:46.

族的文化自信在全球化深入发展的当代得以彰显，是中华文化触变西方文化的客观进程发展到一定阶段的必然结果，也是中华民族真正实现文化独立并走向复兴的主要标志。

2013年《中共中央关于全面深化改革若干重大问题的决定》要求：加强国际传播能力和对外话语体系建设，推动中华文化走向世界。习近平同志也要求"讲好中国故事"。在中国国情下，中国高校英语教育对中国社会精英的价值观念与英语能力的形成有直接作用，所以，应承担起培养适应中华文化复兴并走出去要求的国民英语能力的责任。在这个时代大势下，中国高校英语教育的文化价值取向的定位必将以文化自信为指针，应当促进相应的理论创新和政策调整。

（一）中华文化复兴中的中国高校英语教育

"人类迄今所经历的最深刻的文化转型就是现代化进程中的文化转型，即传统农业文明条件下自在自发的经验主义文化模式被工业文明条件下的自由自觉的理性主义文化模式所取代。这即人们通常所说的文化的现代化。"① 近代以来，所谓中华文化的衰落，体现为两个方面，一是文化僵化，失去活力和生机；二是相对于西方，工业文明的发育滞后。在此背景下的中华文化复兴，即是传统中华文化的现代化转型，以国家的工业化为前提，以适应工业化所引起的社会变革为转型的内在动力。由于中华传统文化的博大精深与原生品格，其迥异于西方个人主义的集体主义文化底色，使中华文化复兴（即中华传统文化的现代化转型）在西方个人主义文化的侵覆中尤为艰难和独特。

在西方，文化的现代化起源于文艺复兴。在公元13世纪到15世纪年君士坦丁堡被奥斯曼土耳其的军队攻陷前后，东罗马帝国处于衰落过程中，有大量的教士和学者带着大批古希腊古罗马典籍逃到了意大利，也把大量由阿拉伯人保存的古文献翻译成拉丁文。他们在佛罗伦萨开办"希腊学校"，讲授相关历史和文明成就，与西欧"黑暗的中世纪"形成鲜明对比。意大利人在整理这些典籍时，逐渐发现了许多与罗马教会宣扬的东西不一样的内容（如重新发现的古希腊数学家欧几里得的著作），启发了他们对人与神、政治与经

---

① 衣俊卿.文化哲学：理论理性和实践理性交汇处的文化批判[M].昆明：云南人民出版社，2005：133.

济、物质与精神生活、圣经与科学的重新理解。所以，西欧文艺复兴的源头，在于古希腊古罗马典籍的发现和整理。新航路的开辟和地理大发现导致的16世纪欧洲"价格革命"，加速了资本主义的原始积累和封建农本经济的解体。古希腊古罗马典籍的发现、整理和解读，与意大利沿海城市威尼斯、佛罗伦萨等商业活动的精神结合，催生了一种资本主义萌芽产生后的新思潮，文艺复兴运动由此在西欧兴起。文艺复兴实质上是一场新兴资产主义在思想文化领域反对天主教封建专制，复兴古希腊古罗马人文精神的思想解放运动。

从本质上说，文艺复兴不是文艺复古，复兴古希腊古罗马文化不是回到古希腊古罗马时代，它既是复兴更是一种创新，通过形式上复兴旧时代的东西，达到本质上创造新时代的目的。最根本的是，欧洲人通过复兴欧洲，达到了创新欧洲的目的；在古希腊古罗马的人文精神复兴中，找到了世界文明中的欧洲本性。"在这个时代里，个人取得了前所未有的价值，个人主义成为人文主义世界观的十分重要的组成部分。"① 受文艺复兴运动的解放精神的启迪，1536年，加尔文出版《基督教要义》，基督新教应运而生。

文艺复兴运动中，欧洲人从落后的政治形态中重新找到了古希腊民主，把这个早已经埋进历史垃圾堆的老古董重新翻出来，卢梭等人给它穿上新的衣服，不仅成了当时新兴阶层反对欧洲封建专制的有力武器，其政治思潮也成为欧洲启蒙运动的核心，启蒙运动也可看成是第二次文艺复兴，是第一次文艺复兴在政治领域的深入和发展。启蒙运动则将个人主义与人权、自由、平等民主价值观念直接融合在一起，通过法律和政治制度，为近代资本主义文化价值观奠定了社会基础。

英国是位于欧洲大陆西北方向的一个岛国，其文化和历史是"地方性"的，具有个人主义的传统，但就是这么一个岛国，却率先发生了工业革命，在而后的工业化进程中，其文化也实现了现代化，其崭新的工业文化是以个人主义为基石的。随着工业化在世界的蔓延，这一精神生活方式能否如它所伴随着的物质生活方式那样适应世界其他地方的人民呢？随着英国资本主义在世界的扩张，它终于在19世纪初世界的东方——中华帝国登陆，试图"按照自己的面貌用恐怖的方法"影响和改造古老的中华文明。数千年"未有之变局"发生了，随着英殖民主义对中华帝国的东侵叩关，近代工业文明携个

---

① 吴克礼. 文化学教程 [M]. 上海：上海外语教学出版社，2002：327-328.

人主义文化开始猛烈冲击农耕文明的传统中华文化。

整体上看,现代英、美文化同根同源于新(清)教,属于基督教文化的一支,具有鲜明的个人主义色彩。个人主义在美国则成为一种民族认同的象征,包含了美国梦中所特有的理想。独特的殖民开拓史和丰富的自然资源,激发了美国人的优越感,他们自认为是上帝的宠儿,肩负着上帝赋予的使命。"美国独立后,认为自己的制度是全新的、进步的和最完善的,这种强烈的优越感衍发出使命感,美国人认为把自己的社会制度传播到其他国家是自己不可推卸的责任。"① 所以,美国自认为自己是"山巅之城",居"民主共和的人类文明顶峰",上帝要求美国维护自由共和,解放被奴役、受压迫民族,在世界的各个角落消除愚昧、迷信、贫穷和疾病。所以,为了让自由在全世界实现以完成上帝的旨意,美国必须以扩张来增强全球影响力。这种具有浓厚宗教色彩的天赋使命意识主宰了美国的对外政策,也决定了近代以来美国对华关系的底色。

19世纪初的中国,清王朝仍在闭关锁国。1811年,清朝刑部颁布《西洋人传教治罪专条》,西人在华传教及与华人来往被全面禁止。由于清政府禁止传教,且基督教文化与中国传统文化差距巨大,早期传教士的福音传播十分困难。1818年初,英国伦敦布道会(London Missionary Society)传教士马礼逊(Robert Morrison)致函教会,提出创办马六甲书院的设想,目的是"向中国青年教授英语和基督教基本原理,特别是为传教士和其他人提供中国语言和文学方面的教育……它的最终目的是在地球上建立基督教的国度,文学是手段,而不是目的"②。近代以来,新教文化与中华文化接触的最初设想是由传教士提出来的,其途径即是教育,通过办学教授英语和教义。由此可见文化、宗教、教育、语言之间同质相通的内在联系。1818年,马礼逊在马六甲创办英国模式的英华书院,成为海外第一所向中国学生介绍西方文化、学习英语的初级学校。当美国海外传教运动在1810年开始时,传道会(mission boards)并没有明确指示传教士建立学校。但是,宗教与教育有"自然而强烈的亲和力",宗教就是广义教育的一种,是社会教化的手段之一。教会学校在中国的出现和发展,是基督教渗入中国社会的有效途径,成为近代西方文化在中国传播的主渠道。著名外交家顾维钧曾说:"教会学校培养中国人的目的

---

① 王晓德. 梦想与现实[M]. 北京:中国社会科学出版社,1995:26.
② Harrison, Brian. Waiting for China [M]. Hong Kong: Hong Kong Univeisity Press, 1979:35.

七、中华文化复兴与中国高校英语教育的转折

不是为了中国国家的需要,而是出自满足教会活动的需要。"① 从极端角度而言,传教士的确为中国考虑了"整个国家的需要和要求",那就是基督化和西化,并以救世主的姿态自居。

晚清以来,新教在华传播以美国的教会为最多;中国高校英语教育产生于传教活动中,最初是被当作传播教义、培养本土教牧人员的工具而发展的。在传教活动中,西方近代科技、人文思想先后通过教会教育在中国社会传播,高校英语教育作为载体和媒介,在科技工商、贸易洋行、人文政治等领域,对中华文化发挥了巨大影响。至20世纪初,美国已成为世界第一强国,并逐渐取代英国成为新教国家对华关系中的主导力量。与英国专注于贸易特权的保持与强化相比,"美国更加注重精神侵略方面的活动"②。在英美文化触变中华文化的进程中,高校英语教育因其在"文化要素搬运"中的重要作用,逐渐在政策上被官方教育体制所接纳,又促进了官方高等教育体制的触变,使中国高等教育近代化,也就是西化(主流是美国化)。近代以来,美国在文化和教育方面所发挥的影响使"全盘西化"的幽灵困扰着中华民族的精神独立。民国初期,一些著名知识精英曾主张汉字字母化,视汉字为全盘西化的最后障碍。20世纪30年代全盘西化形成潮流,其实质仍是中美的精神较量,是新教文化对中华文化的触变。"西化就是美国化,这是自美国传教士登陆中国以来,新教教义、个人主义、宪政民主三位一体的美式文化霸权对中国至今仍在从事的教化事业。"③ 美国对中国的文化复兴历程,也有着难以估量的深远影响,近代以来中国高校英语教育的发展历程就是一个生动的诠释。

近代以来的中国,救亡图存压倒一切,所以,自1862年京师同文馆成立后,中国正规学校英语教育诞生,其主流总是"急用先学"④,学英语以尽快吸收科学技术、西学西政,自强复兴。晚清英语热并进入"高考",民国美式教育中英语一枝独秀,新中国1962年英语教育急切发展,以及改革开放后

---

① Harrison, Brian. Waiting for China [M]. Hong Kong: Hong Kong Univeisity Press, 1979: 35.
② 毛泽东. 毛泽东选集:第2卷 [M]. 北京:人民出版社,1991:1395.
③ 赵海燕. 从文化变迁看高考英语科目改革 [J]. 中国教育学刊,2015(1):76.
④ 急需要的东西或很急的事情,优先级当然比其他事高些,所以要先做,先做就要先学,此为"急用先学"。近代以来,在西方工业科技和文化的侵覆下,中华民族面临亡国灭种的危境,西方的军事、民用工业,科学技术,政治制度,文化思想等都曾成为"显学"被"急用先学"以自强救亡,从洋务运动、维新变法、清廷新政、辛亥革命,乃至后来20世纪70年代末的改革开放,就总是在"急用先学"。中华传统文化成为"旧学",形成了西方"文化殖民"的态势。

《走遍美国》红遍中国,英语教育一直折射出"急用先学"的鲜明特征。西方自由主义文化长久以来侵蚀着中华民族的文化自信,困扰着中华文化的独立与复兴。中国高校英语教育的文化价值取向长期英美化,中国高校英语教育政策长期以承载英美文化的英语为正统。

另一方面,虽然近代以来中国为救亡图存、急用先学所迫通过英语教育由器及道引入和吸收英美文化,英美国家及其教会也致力于以新教文化改造中国,但是,传统中华文化在被迫与新教英美文化触变的过程中,虽然备受冲击甚至否定,其基本文化精神和价值体系却始终没有消解,渡尽劫波仍根植于中华大地。

鸦片战争后,秉持数千年华夏正统的中华帝国被无情地卷入资本主义世界性扩张的漩涡中,中华文明面临近代西方工业文明殖民扩张的强烈冲击。晚清以传教为先声的英美近代工业文明对中华农业文明的侵覆性触变,激起了"洋务""变法""新政"等救亡运动,也使传统中华文化在面临惨痛变局时,一步步开始了与近代新教文化的触变。新教传播由沿海口岸逐渐深入中国腹地。1873年基督徒陈梦南在广东成立独立于"洋教"的"中华福音会",首倡民族新教"自立运动"。戊戌变法前夕,深受基督教影响的康有为却写了《孔子改制考》,呼吁明确儒教在中国的国教地位,以儒教为本位变法图存,这是抵抗新教文化侵覆的文化民族主义的最初呐喊,"保全中国的文化认同(儒教)和维持中国的政治独立是同等重要的,两者都不能被来势汹汹的'西潮'所吞没"[①]。儒学为主流的中华文化在触变中对新教文化要素的抵抗持久而顽强。

洋务运动促进了近代民族资本主义起步发展,在社会对新式人才的需求和教会学校的影响下,封建教育体系开始松动和变革。19世纪末至20世纪初,中国社会面貌急剧变化,社会风俗、文化价值、经济结构、教育体制均发生程度不同的转型。我国第一个近代学制"癸卯学制"应运而生,于1904年确立,打下中华文化复兴的基础,使"1861年以来以点滴方式进行的教育改革已到达登峰造极的地步,已经大大超过了自强运动的成就"[②]。高校英语教育成为晚清西学东渐的重要媒介与途径。但癸卯学制中,清廷视孔儒经书为

---

① 萧公权. 近代中国与新世界:康有为变法与大同思想研究 [M]. 南京:江苏人民出版社,1997:89.
② 费正清. 剑桥中国晚清史:下卷 [M]. 北京:中国社会科学出版社,1985:379.

七、中华文化复兴与中国高校英语教育的转折

"中国之宗教",明确"读经立国"。英美新教文化并没有撼动传统中华文化的精神根基。

辛亥革命推翻了延续两千余年的皇权文化政体,民国时期"城头变幻大王旗",内外战争频仍,政局动荡不稳,思想混杂多元,美国通过美式教育的推进逐步确立了对中国社会精英的深层影响,在政治、文化、科技等方面进行渗透。在现代民族主义兴起的压力下,教会高校纳入国民教育体系,宗教课程被取消,中国高校英语教育似乎仅仅只是一门语言课目了,但实际上,它却又更深地融入了美式自由主义的政治、思想等文化要素。此间高校英语教育也趋完善,在传播英美文化和培养西式人才方面有很大效果,所以,文化触变与高校英语教育两者相得益彰。但是,中华文化的传统价值在与英美文化的深层触变中仍未溃散,蒋介石1966年11月在《中山楼中华文化堂落成纪念文》中指出:"余笃信伦理、民主、科学,乃三民主义思想之本质,亦即我中华民族传统文化之基石也。"①实际上,儒学在民国社会始终发挥着重要作用,维系着民众的道德标准与生活方式。

新中国的成立,结束了长达百余年的动荡与战乱,实现了民族独立,真正开启了古老中国的复兴之路。面对美国的敌视和封锁,新中国对自由主义文化要素的排斥不可避免。新教本土化,从19世纪70年代萌芽至20世纪50年代彻底实现,新教对中华文化的"基督化"反而以其被儒化而宣告彻底失败。新中国成立初期以"全面学习苏联"踏上现代化道路,苏式社会主义成为建设的样板。在俄语"一边倒"发展的同时,高校英语教育一度被严重忽视和削弱。20世纪60年代初,中苏关系破裂,中国力图摆脱苏式社会主义,独立自主摸索社会主义建设,逐步开启、发展与以美国为首的西方国家的关系。中国高校英语教育在此前后也实现了一次转折,重新被重视起来。高校英语教育的兴衰变革,侧面反映出我国文化独立的复杂历程。

"文化大革命"中,英语教育一度全面停滞,改革开放后,高校英语教育才又一次重新回归正常轨道。

随着改革开放的深入,中华文化进入了与西方文化接触、变化的新时期。与英美社会的全方位交流,使中国高校英语教育逐渐加载了大量的英美文化要素和价值,学生以之为文明进步,从而冲淡了对中华文化的认同。中国社

---

① 秦孝仪. 中华民国文化发展史:第二册[M]. 台北:近代中国出版社,1981:615.

会出现了将英语及英美文化置于价值高地的态势。20世纪80年代后期,国内"全盘西化"思潮泛起,严重削弱了对中华文化的认同,中华文化的独立性地位受到挑战。这也引起文化界、教育界有识之士的关注,全社会的文化反思和中华文化复兴运动开始拉开帷幕。

改革开放后,中国在经济领域逐步建立和完善社会主义市场经济体制,经济和科技实力迅速增长,综合国力大幅度提升,形成中国特色社会主义现代化道路。进入21世纪后,中国经济贸易加速发展,建国后长期的教育和科技积累开始发力,科技实力迅猛增强,中华文化全面复兴的态势日趋明朗。高校英语教育新课标的制定与修订,也开始体现出国家发展新时期的要求。

(二)中国高校英语教育的"自文化本位"回归

近代以来,中华文化变革的起点恰恰是传统中华文化的衰落和新教文化的侵覆之时,所以,中国高校英语教育是在中华民族的文化自信受到根本动摇的时代应运而生的。在当代中华文化复兴与传播成为新常态时,中国高校英语教育的"自文化本位"回归将是历史的必然。

1. 中国高校英语教育形成以英美文化为本位的历史文化根源

自古以来,中国人就有"万方来朝,四夷服宾"的观念,认为"中华是世界的中心"。整个社会对外语学习持排斥的态度。明清时期,少数劳动人民为了生活之需,在澳门、广州以及上海等一带自发地学习外语。早期的教会学校由于其与传统中华文化的冲突,也只能招收到劳动人民的子弟。因此,洋务运动前,民间的英语传播一般限于少数的低阶层人民。

中国本土的英语教育由美英新教传教士开启,成为传播教义、教化信徒的语言媒介;自然地,其宗教与殖民色彩十分浓厚。第二次鸦片战争后,清廷一批头脑清醒的实权派感觉到了西方列强对大清帝国生死存亡的外在威胁,终于从舰、炮等武备制造着手开始了"师夷长技以制夷"的实践。"急用先学"虽然从西方工业器物开始,却催生了京师同文馆等官办语言学校,并且开启了军事类、工业类洋务学堂的英语教育,形成了官办中国高等英语教育,从官方层面以引入西方工业文明文化要素的方式开始了传统中华文化的现代化进程。洋务运动中,洋务学堂受教会学校英语教育模式影响很深,师资和教材往往都是原封引进,西语、军工、科技都成为学习对象,但侧重于专业

七、中华文化复兴与中国高校英语教育的转折

技术的英语教育也难以摆脱其鲜明的殖民色彩。

甲午战后,新式学校兴起,至癸卯学制,教会模式成为新式学堂取法的对象,殖民色彩与目的语霸权随着近代学制的确立植入国民教育体系,新教文化开始全面传播。而高校英语教育的起步发展更以英美教会高校传统的模式为标准,以文学赏析特别是英国古典文学为主要学习内容,实质上也传承了以英美文学为基础的培养模式和学术研究体系。这种阅读英美文学、领会英美文化价值、形成英美文化概念的高校英语教育培养模式至今被奉为正宗,对中国高校英语教育的影响极其深远,是中国高校英语教育"殖民色彩"延续的重要原因。而高校的英语专业教育在中国英语教育领域的主要作用在于生成师资、引领理论研究,师承延续成为较之英语培养模式更为顽强而隐晦的力量,成为中国高校英语教育在今后的发展中"殖民色彩"的基因得以传承的主要根基。

民国后,留学英美的学生陆续回国,很多人都在高校教授英语,还有很多英美教师也在中国教书,他们带来的英美文化价值,客观上加强了英美文化的影响和高校英语教育的殖民色彩。同时,美国生活方式在华成为时尚,促进了自由主义文化对中国社会伦理价值的触变和政治文化的变迁,在这种背景下,中国高校英语教育不断完善的过程也变成了英美文化本位成型的过程,殖民色彩一步步渗透。特别是民国高校英语专业教育的学术与人才培养特点,不但直接决定了当时包括高校英语教育在内的英语教育的文化价值取向,而且其影响一直延续到改革开放后英美文化再次进入中国。

新中国在改革开放前,一直主张以英语反映和传播中国的政治思想和社会面貌。例如,时任国务院副总理兼外交部部长的陈毅1964年10月22日在北京第二外国语学院发表讲话,"我们也有很出色的翻译人员,他们在国际斗争中起了很好的作用,能够很好地把毛泽东思想翻出去,狠狠地打击了帝国主义。"① 对新生的社会主义文化的自信,使英语在中国承担了向外传播中国思想文化、社会制度的角色,这是近代以来中国高校英语教育第一次打破英美文化本位,坚守鲜明的"自文化本位",显示出新中国坚强的文化独立意志。

建国后,旧中国的高校英语专业传统与人才培养模式被作为帝国主义的

---

① 李传松,许宝发. 中国近现代外语教育史 [M]. 上海:上海外语教育出版社,2006:236.

殖民产物而被革除,但是新的理论和实践既不成熟也不稳定,又由于英语教育几度被严重挤压和冲击,人才的培养和理论研究断断续续、水准很低。20世纪70年代末,中国改革开放,高校英语教育很大程度上也只是延续传统。"民国时期培养的学者与师资在高校英语教育的重建与发展中发挥了主导性作用,传统学术研究与人才培养模式得以恢复,以英美文学为载体的英美文化价值重居正统地位,并在相对封闭的专业藩篱内通过师承延续影响至今,形成'中国文化失语'的重要根源。"[①] 同时,改革开放以后,中国又兴起了向西方学习的热潮。西方特别是美国的物质、生活方式、文艺作品等源源不断流入中国,出国热成为一种潮流;西方情人节、圣诞节等洋节日开始在中国盛行;中国产品竞相取洋名以示档次;能说英语不仅成为一个人受到精英教育的标志,而且有时与一个人的社会地位相联系。英美文化要素和英语因为被需求,所以很容易地通过过滤和选择进入中华文化体系。学术上"言必称希腊"渐成时尚,惟西方风气日盛。在这种文化背景下,英美文化本位逐步发展成为中国高校英语教育的文化价值取向的基本面。而在强调英语文化和价值观的同时,中国传统文化的系统学习在国民教育体系中却仍处于断层状态,造成中国学生表达中华文化的英语能力很差。

传统中华文化源远流长,底蕴深厚,文化精神大异于英美新教文化,但由于近代以来随着工业革命向全球发展,英美新教文化引导了人类文化的现代化路径,使得传统中华文化的现代化道路甚为艰难和独特。这就是中国近现代高校英语教育发展的文化触变背景。由于美国开国以来根深蒂固的"天赋使命"意识,美国传教士和美国政府对"开化"古老的中华帝国抱有宗教征服般的情结,从而注重在教育、思想和文化等精神层面对中华民族加强渗透和控制,近代以来未曾有中断与松懈。中国高校英语教育中"英美文化本位"的形成和延续,直接受到了美式文化霸权的影响。

自英语随传教士登陆中国本土以来,宗教、科学、民主、自由、博爱等文化要素长期存在于中国英语教育,且以之为"先进",加深了国人对中华民族传统文化的自卑心理。鸦片战争以来,面对一系列的关涉生死存亡的危机,对西方工业武备、科学技术和文化政治的"急用先学"主张已成常态,所以,尽管国学教育在新中国成立前一直在传承延续,英语教育却一直以承载英美

---

① 赵海燕.从文化变迁看高校英语教育的"中国文化失语"[J].中国高教研究,2016,(11):101.

七、中华文化复兴与中国高校英语教育的转折

文化要素为正统。通过英语表达国学只存在于个别著名学者的学术实践中，在学校英语教育中却是不入流的，英语的本土化更是未有提及。由于英美文化的长期渗透，英语成为所谓的"西方自由民主、文明进步的象征"，"除新中国改革开放前一段时期外，中国英语教育在文化取向上基本上是以学习和吸收英美文化为全部目的。"① 这种现象成为"中国文化失语"的某种根源。成功地习得英语并以之进行文化交流，对英美文化及其背景有相当理解是必要的，但相对于博大精深、源远流长的中华文化本体，毕竟通过外语教育所获知的异文化要素应是借鉴性的，是"为我所用"而不是"反客为主"。当前，美国的民主激进主义情结仍然支撑着美式个人主义文化而自居人类道德高地，但是包容共赢的价值必将伴随中华文化的复兴走向世界，打破其"天赋使命"的神话。只有扫除对美式文化的迷信，树立民族文化自信心，调整中国高校英语教育政策的文化价值取向，才能彻底消除中国文化失语现象。

2. 中华文化复兴的脉络与趋势

从历史纵深的维度看来，中国高校英语教育的作用在于丰富、发展和复兴中华文化，绝不是以习得英美文化为全部目的，更不是以覆盖中华文化为最终目的。中国高校英语教育之所以至今仍难以祛除其挥之不去的"殖民色彩"，其原因就在于没从历史的角度纵深地、全面地观察和梳理中华文化的发展进程，而是受限于近代以来的中华文化状态的点截面，为美式文化神话所迷惑，丧失了文化自信，形成了"舍己从人"的心态。

中华文化源自散居于东亚江河之畔的人类群落，性质上不是狭隘的种族文化。至商代，由于产生了广大区域内唯一的较为发达的文字体系，以商文化为核心，广大区域内的各个地方性文化逐渐向商文化碰撞融聚，形成了具有很大包容性的华夏文明。商文化发展到周代形成周文化，并将视野从宗教色彩的上帝、鬼神、天等超验范畴开始转向现实世界的社会和人事，人文色彩的道德、伦理等成为关注的对象。春秋时孔子继绝学，传承周的人文精神，开创了儒家，"人的存在及文化创造是儒家的基本关注之点，儒家价值观即展开于与之相涉的一系列关系。"② 秦汉以后，以汉族为主体，逐渐形成了中华民族，各民族文化通过相互竞争、碰撞、融合，最终形成了多元一体的中华

---

① 赵海燕.从文化变迁看高校英语教育的"中国文化失语"[J].中国高教研究，2016（11）：101.

② 杨国荣.善的历程——儒家价值体系研究[M].上海：华东师范大学出版社，2009：3.

文化。

中华文化在漫长的历史发展中虽与异族文化屡屡"遭遇",却没有产生真正的危机,反而以强大的包容性将其融变,丰富了自身内容,增加了活力。明清数百年间,在文化和政治领域,理学走向了对孔孟儒学的反动,严重扼杀了民族的思想活力,使中华文化的精神气质走向僵化和压抑,与源初的人文旨趣与包容特性相去日远;科举八股化,皇权专制化,文字狱,贸易垄断化与海禁,社会治理官僚化、特务化,邪教猖獗等现象,标志着中国封建社会的政治也日趋没落。鸦片战争后,西方殖民主义侵入中国,利用不平等条约把基督教文化和近代科技带入了晚清社会,对没落的晚清农耕社会形成了强烈冲击,国家动荡、战乱频繁、文化衰危自此成为常态。洋务运动、戊戌变法、新政等,目的都是自强图存,其间中华文化不断深入地接触和吸收西方文化要素。

民初共和政体虚置,内外危机依旧,尊孔复古回潮,反而激发了自由主义思想的传播,新文化运动形成。中国学界和思想界掀起了一场深刻的思想转型,以对传统儒家文化的反思和批判来思索和探讨传统中国的现代化,以西学的价值观念去颠覆中国传统的价值观念,进而唤醒国人的使命感。至五四时期文化激进主义发展至顶峰,开辟了一个与中国固有的"崇古"传统完全不同的,以"反传统文化"姿态出现的新传统。

这种反传统的思想意识以当时文化发展的截面掩盖了文化发展的历史纵深和向未来的延续,悲观和虚无使之不愿意承认文化发展的连续性,而是热衷于纯粹的理想主义。现代新儒学就是对五四新文化运动中文化激进主义思潮的回应。

现代新儒学与其他的近现代学术理论一样,其形成的共同的内部原因在于中国传统文化的生存危机,而包括现代新儒学在内的保守主义文化流派产生的共同的外在原因则是第一次世界大战前后所暴露出的西方近代文化的危机和缺陷。第一次世界大战前后,西方近代文化的危机以及人们对这种危机的揭露,使一部分中国知识分子有所深思,得以重新认识传统文化的地位,主张以儒学为文化主体,拥抱和融合西方文化的民主与科学,形成了现代新儒学的理论主线。

中国近代以来文化思潮与思想流派繁多,其中主要有四种文化思潮产生过重要的影响,即马克思主义、文化激进主义(自由主义)、文化保守主义和

七、中华文化复兴与中国高校英语教育的转折

宗教思想（主要是基督教和佛教）。尤其是前三种思潮，一直活跃在中国思想文化的舞台上，相互间进行着错综复杂的斗争。民国时期"东西文化论战""科玄论战"以及此后的"中国社会史论战""中国本位文化论战"等文化论争基本上都在这三大阵营之间展开。频繁而激烈的文化论争成为这一时期最绚烂的文化风景。

早在20世纪30年代，张岱年提出"创造的综合"，20世纪80年代他又主张"综合创新"。方克立把张岱年的综合创新理论总结为：一是对古今中外文化要素的继承和借鉴，取全面开放的历史主义立场；二是继承和借鉴的目的是立足现实促进中国社会和文化的现代化；三是继承和借鉴的方法是马克思主义的扬弃方法，以及具体的解析、综合和创造。"文化系统的解构与重构是一个既有分析又有综合的辩证过程。综合本身就是创造，就是创新，就是发展。"① 这种对文化系统的解构与重构的理解，与文化触变论甚为相似，分析就是过滤与选择，综合就是接纳与适应，创新就是"重新解释"，发展就是在文化体系重新平衡中实现文化要素功能正常。但是，"综合创新说"没有明确地指出，是以哪种文化系统为主体的综合创新。按照文化触变论，中华文化对西方文化的触变，自然是以中国固有的文化系统即传统中华文化为主体，这在理论上与历史上是统一的。

"马列主义提出了一种自相一致、具有普遍性的世界历史观，把共产主义当作全人类的普遍理想，在这一意识形态支配下的民族主义就会变成一种类似于传统华夏中心主义的情结。"② 社会主义是作为对资本主义的否定而在西方产生的。马克思主义传入中国产生了中国共产党，为中华民族找到了超越西方资本主义的理论制高点，同时也开始了马克思主义本土化的进程。毛泽东思想是中国漫长革命和建设过程中本土化的马克思主义，是在中国现实国情下，就现代中国的精神文化和政治文化如何架构问题上的深刻理论创造，其本身就是开放和包容的。马克思主义和传统儒学的文化要素在毛泽东思想中都有所体现。墨子刻就认为，"儒教文化和马列主义意识形态中有关人性和社会的乐观主义及相互依赖的精神气质传统与毛泽东思想有内在联系。"③

张岱年认为，"中国传统哲学思想与马克思主义的理论观点，虽然距离遥

---

① 方克立.现代新儒学与中国现代化[M].天津：天津人民出版社，1997：498-499.
② 费正清，赖肖尔.中国：传统与变革[M].南京：江苏人民出版社，1995：459.
③ 墨子刻.摆脱困境：新儒学与中国政治文化的演进[M].南京：江苏人民出版社，1990：222.

远，所属时代不同，所表现的阶级立场更不同，但是也有一些相通之处。"①相通之处主要在于唯物论思想、辩证法思想、唯物史观和社会理想等四个方面。马克思主义之所以在20世纪初迅速被中国知识界所接受和传播，与其在以上四个方面与中华文化传统相通是密切相关的。张岱年认为，"马克思主义与中国文化优秀传统的结合，就是中国文化发展的主要方向，同时也要吸收西方优秀的文化包括近代资产阶级所创造的文化，以此创造中国文化的新统。而事实上，中国文化的新统已经在建立之中。"②

事实正如张岱年所说的那样，"中国文化的新统"即现代化的中华文化，在本书著者看来，确实已经在建立之中。正如本书前论，改革开放后，传统中华文化在当代社会主义文明的条件下，成为中国特色社会主义文化的重要组成部分。近代以来，中华文化在与西方文化及马克思主义的触变中，其文化体系历经冲击碰撞，现正趋于稳定，趋于达到新平衡的阶段。毫无疑问的是，传统中华文化作为被触变的文化本体，并没有在近代以来的文化触变进程中崩解，而是通过触变恢复了功能和活力，形成了适应工业文明甚至是后工业文明环境的新体系。正如文化触变论所说，"'文化的整合'，不管其变化如何激烈，只要人们的主体性得到了发挥、维持，被整合的文化是不会遭到丧失的。"③ "人们的主体性"，除了指民族国家政权的独立外，在文化层面，就是民族文化的母体和本体地位。

在中华文化走向复兴的当代，立足于整理和发掘中华民族传统文化的精华，是要在和现代文明的互动与相互借鉴中，寻找中国的本根性，从而为创造新的中华文化奠定基础，并且使这种文化精华在复兴中成为新生和发展的文化，催生新一代的中华文明，使之成为世界文明价值中的一个重要组成部分。考察中国高校英语教育的发展趋势，必须要考虑中华文化复兴与美式文化教化对其文化价值取向的影响，从而使政策的调整符合文化本身发展的逻辑。

3. 中国高校英语教育的"自文化本位观"

随着中华"文化自信"日益确立，以及世界对中华文化要素需求的增强，

---

① 张岱年.马克思主义在中国的传播与中国传统哲学的背景 [J].中国社会科学院研究生院学报，1987（3）：2.
② 贾陆英.马克思主义与儒学的融合——中华文化百年走势探析 [M].太原：山西人民出版社，2012：128.
③ 平野健一郎.国际文化论 [M].北京：中国大百科全书出版社，2011：105.

七、中华文化复兴与中国高校英语教育的转折

更多的中华文化要素的英语表述将成为中国高校英语教育的主要内容,学生以民族文化为本在跨文化交际中感知和调适文化差异的能力将被重视。在文化价值取向上,中国高校英语教育开始摆脱英美文化的桎梏,走向独立和自由,这也是历史的必然。

当前中国高校英语教育对本国文化的认知尚处于能在交流中用英语介绍中国文化要素的技术层面,并没有充分体现出文化自信所相应的自文化本位回归。例如,"2000年《高等学校英语专业英语教学大纲》仅在相关专业知识的选修课清单中,含有一门'中国文化概论',而专业知识课程均属英美文学与社会文化,以英文承载'中华文化'尚没有被纳入'英语专业知识',表达技巧亦没有被认为属于'专业技能'。"① 在2007年《大学英语课程教学要求》里,仅笼统提出"充分考虑对学生文化素质的培养和国际文化知识的传授"。② 再如,虽然最新的《大学英语教学指南》已明确提出,教学目的是"有效传播中华文化","提升国家软实力",但在教学内容上,则是在"跨文化交际课程"部分提出,"适当导入一定的中外文化知识,以隐形教学为主要形式,也可独立开设课程,为学生讲授与中西文化相关的基础知识"③;"中国文化在中国英语教育中的存在尚只是表现为在英美文化核心内容以外的表层上浮游的若干文化要素。"④

伟大的中华文化博大精深,在欧亚大陆的东部辉煌数千年,其文化精神与英美文化有着极大的差异。在近代以来两者的文化触变中,中华文化已经接近完成这一轮的对来自西方的思想文化的吸纳和转化,在这个中华民族走向复兴的时代,如果中国高校英语教育仍然在理论和政策上拘泥于英美文化本位而画地为牢,这种失误将是历史性的。中国高校英语教育本来就是"外语"教育,英美文化是外来文化,怎么能成为主体和主流?以中华文化(自文化)为本位,吸收英美文化优秀因素以发展和丰富中华文化,并进一步向英美和世界交流中华文化,应成为中国高校英语教育理论创新和政策调整的出发点。以中华文化为本位,并不意味着弱化英美文化要素的吸收,只是将

---

① 赵海燕.从文化变迁看高校英语教育的"中国文化失语"[J].中国高教研究,2016(11):101.
② 教育部高等教育司.大学英语课程教学要求[S].北京:高等教育出版社,2007:6.
③ 本部分均引自《大学英语教学指南》.
④ 赵海燕.中国近现代基础英语课程发展的文化路径及启示[J].课程.教材.教法,2016(1):79.

其"教化"作用消除,由"以彼为本"且"为彼所致",调整为"以我为本"且"为我所用"。①"英语教育的'文化意识',应以中华文化'本我意识'为基本面,由以英语阐释中华文化的'交流意识'和取向英美文化优秀因素的'吸纳意识'为主要构成。"②中国高校英语教育"自文化本位"的回归,将颠覆"英美文化本位"的传统,引发从教育目标、教育内容、教育政策到教育实践的一系列的创新,使中国高校英语教育在文化价值取向上由近代以来的被动转向主动,使中国从一个英语教育大国转变为一个英语教育强国。

(三)"中国英语"(China English)与中华文化国际传播

语言作为文化最为活跃的构成部分,其社会交际实践与文化的形成、传播密切相关。异文化在相互接触中,通过语言交际传递的异文化要素往往被吸纳入不同语言当中去,丰富和发展了不同的语言及其文化。外语学习的表层价值是掌握新的交际工具,而其深层价值则是培养学生的文化能力。仅从人类语言领域看,"不管全球化造成了其他什么结果,语言集团之间的更多接触是这一现象的重要的结果。"③全球化时代,不同语言集团频繁接触,全球通语的产生不可避免。因为人类工业化和现代化的历史路径由英美主导,全球通语的角色已不可避免地为英语所承担,越来越多地为不同语言和文化背景的人学习和使用。英语之所以为全球通用,是因为"为全世界英语使用者共同享有……包括各种地域、文化特征的本土化的英语表达形式"④。在"短时期内使汉语成为国际交流的通语之一,显然目前还不可能,中华文化的英语表达,即"'中国英语',无疑是中华文化国际传播的现实途径。"⑤"中国英语"(China English)表面上看是一种语言现象,实质上是一种文化现象,

---

① 赵海燕.论我国英语教育跨文化意识的双向成长[J].中国教育学刊,2013(11):69.
② 赵海燕.中国近现代基础英语课程发展的文化路径及启示[J].课程.教材.教法,2016(1):80.
③ Wright S. Language Policy and Language Planning: from Nationalism to Globalization [M]. New York: Palgrave Macmillan, 2004.
④ Crystal D. The future of Englishes [J]. English Today, 1999, 15 (02): 11.
⑤ 赵海燕.中国近现代基础英语课程发展的文化路径及启示[J].课程.教材.教法,2016(1):80.

七、中华文化复兴与中国高校英语教育的转折

是一种独立而影响力日趋强大的非英语文化对英语本身所形成的渗透和触变。对"中国英语"在理论上深入研究,是秉持文化自信改变中国高校英语教育文化价值取向的重要环节,也是调整中国高校英语教育政策以接纳"中国英语"的重要前提。

1. 关于"中国英语"存在与否的争议

英国殖民主义在全球扩张的同时把英语也带向了全世界,并与各地不同语言接触融合,形成了如印度英语、美国英语、新加坡英语、菲律宾英语、尼日利亚英语、澳大利亚英语等国别变体。"英语的学习和使用传统上以英、美'本族语者'变体为唯一标准,这实际上也体现着英美文化的霸权。这种霸权地位随着英国殖民地在世界范围的土崩瓦解、美国民权运动的兴起、各国人民平等权利意识的增强而受到挑战。"① 20 世纪风起云涌的民族解放运动使各殖民地国家获得了政治上的独立与平等,并追求文化平等,这促进了英语国别变体的发展。

卡奇鲁(Braj Behari Kachru)是美国的印度裔语言学家,他于 1980 年代把世界上的英语国别变体区分为三个有共同圆心的语言圈,最里面的内圈(Inner Circle)描述英语本族语者国家的变体,如美国英语和新西兰英语等;中间的外圈(Outer Circle)包含"制度化"的非本族语者国家的变体,一般英语在这些国家是官方语言或第二语言,有菲律宾英语、印度英语等;最外面的扩展圈(Expanding Circle),指使用性的国别变体,也就是在把英语作为外语使用的国家的变体,包括如中国英语、巴西英语等。卡奇鲁认为,外圈和扩展圈里的国别变体所发生的英语在语言学方面的变化不应作为错误对待,并认为这些变化是各自的系统变异,具有合理性。"三个同心圆"理论是一种对英语随着大英帝国的移民和殖民运动,以及美国的崛起而向世界传播的历史进程的描绘。英国清教徒和被流放人士向新世界的移民,使英语在北美大陆和大洋州落地,生成所谓的内圈变体。日不落帝国在亚非的殖民开拓,使英语成为其殖民地的官方用语,遂发展成为外圈变体。而英语变体在"'扩展圈'的形成与英语在政权中的功能无关,主要是与经济贸易、科学技术的全

---

① 高一虹,许宏晨."世界英语"及"中国英语"研究:新世纪的挑战与展望[J].新疆师范大学学报(哲学社会科学版),2015(5):122.

球传播联系在一起。"①

在此基础上,卡奇鲁提出了"世界英语"(World English)②概念,标志着20世纪70年代以来,一些关于英语在功能、类别和分布方面多元化的理论开始产生越来越大的影响。"世界英语的提出具有革命性的意义,它颠覆了'标准英语—非标准英语'、'本族语者—非本族语者'的权力结构和二元对立,建构了全新的视野和全球英语版图,英语成为可由不同国家和民族使用以表述各自文化与认同的语言。这开创了一个新的时代。"③世界英语概念的提出,源于现实的历史背景,对颠覆英美在英语语言世界的霸权、形成多元平等的英语国别变体生态意义重大。

关于"中国英语"的最初研究出现于1982年。葛传椝认为,"就我国而论,无论在旧中国或新中国,讲或写英语时都有我国所特有的东西要表达",并第一次以"中国英语"描述之,同时指出了其四个特征:"第一,中国英语是一种客观存在的事实;第二,从词汇层面来说中国英语是专门用来表达中国特有的事物的;第三,在实际交流中中国英语会引起交际上的困难,但经过解释后依然可以理解;第四,中国英语的使用的前提是依照英语民族的习惯用法。"④而后中国英语引起了国内学者的广泛关注和研究。葛先生的观点是具有奠基性的,但其是从翻译专业的角度思考这个问题,而不是从文化关系的角度所进行的理论建树,所以对中国高校英语教育的理论和政策都没有产生什么影响。

中国英语教育向来是以"标准英语"的存在为前提的,这就是英美英语,因此学界在"中国英语变体"是否存在的问题上是有分歧的。孙骊认为,"目前讨论在中国使用的英语是否应当看作是语言学上的一种变体条件尚不成熟,有待于我们对我国使用的英语进行更为系统的研究。"⑤张培成

---

① Kachru, B. B. Nelson C L. World Englishes in Asian Contexts [M]. Hong Kong: Hong Kong University Press, 2006: 316.
② Kachru, B. B. The Other Tongue: English across Cultures [M]. Urbana: University of Illinois Press, 1982.
③ 高一虹,许宏晨."世界英语"及"中国英语"研究:新世纪的挑战与展望[J].新疆师范大学学报(哲学社会科学版),2015(5):122.
④ 葛传椝.漫谈由汉译英问题[J].翻译通讯,1982(2):1-8.
⑤ 孙骊.英语国别变体的研究和英语在中国[J].外国语:上海外国语大学学报,1989(2):21.

七、中华文化复兴与中国高校英语教育的转折

同意此观点,认为"中国英语尚不是一种国别变体,已是一种很明显的事实"①,然而却又矛盾地提到,"当然,我们还必须踏踏实实地做许多工作,以完善中国英语这个事物。"② 榕培则认为"中国英语是客观存在的……可以被视作的一种国别变体"③。这一观点出现较早且很具有典型性,并受到很多学者的支持。

当前,学界一般认为存在中国英语变体,但只是使用型变体,而非制度化变体,这方面卡奇鲁的划分标准和观点作为权威得到了较多的认同和追随。④ 普遍认为,"中国英语是以标准英语为核心,具有中国特点的并适合用来表达中国文化的语音、词汇、句式和语篇的使用型变体,一般通过音译和译借手段等来实现。"⑤ 在中国,因为英语从来不是官方语言或第二语言,因而只能是使用型的变体,被认为不同于制度化的变体如印度英语等。制度化变体,强调英语在国内社会生活的广泛使用中其变异已系统化、稳定化,形成了规律的变体。而属于使用型的"中国英语",则"由于国际使用的交际目的的限制,其变异的不定性较大,常随说话人的不同处境,语言水平以及受话人的不同态度和具体反应而变化,其变异现象尚未固定,无一定规律。"⑥

否定中国英语存在的观点中,最鲜明的是"中国不应该也不需要有一种英语的中国变体"⑦。作者陈文存认为,不存在国别变体的中国英语。他根据卡奇鲁(Kachru)的理论,认为"作为外语而用于国际交流的英语变体是未被看作国别变体的,所以,从一定角度讲,在我国使用的英语还称不上是一种变体。"⑧ 作者还进一步引用祝畹瑾对语言变体(a variety of language)的解

---

① 张培成. 使用目的与国别变体——也谈中国英语 [J]. 现代外语,1995 (3):18.
② 张培成. 使用目的与国别变体——也谈中国英语 [J]. 现代外语,1995 (3):20.
③ 榕培. 中国英语是客观存在 [J]. 解放军外国语学院学报,1991 (1):1-8.
④ 国内学界很多学者,认为中国英语是使用型变体而非制度化变体,他们以之辩护的就是卡奇鲁的英语变体划分标准和观点。例如:高超. 世界英语理论与中国英语研究综述 [J]. 外语教学理论与实践,2006 (4):59;郑德虎. 把"中国英语"融入高职高专英语教学的实证研究 [J]. 当代外语研究,2012 (7):49;乔春华,周华媛,骆红亚. 中国英语在中国文化输出中的作用及实现路径研究 [J]. 科学·经济·社会,2012 (3):185;等等。而我们应当看到,在21世纪的中国与1980年代初卡奇鲁的理论产生时的中国相比,可谓发生了日新月异的变化。
⑤ 乔春华,周华媛,骆红亚. 中国英语在中国文化输出中的作用及实现路径研究 [J]. 科学·经济·社会,2012 (3):186.
⑥ 李伯利. 中国式英语:变体透视 [J]. 重庆工商大学学报(社会科学版),2001,18 (2):96.
⑦ 陈文存. 简析"Chinglish" [J]. 四川师范学院学报,1999 (4):68.
⑧ 陈文存. 简析"Chinglish" [J]. 四川师范学院学报,1999 (4):70.

释,"意指是由具备相同的社会特征的人在相同的社会环境中所普遍使用的某种语言表达形式。"① 由此,认为中国人是为了国际交流而使用英语,对方是外国人,双方的社会特征以及所处社会环境显然相异,所以不存在成为语言变体的"中国英语"。

陈文存还主张中国不存在形成中国英语变体的历史条件。他认为英语的海外变体都是殖民主义时代的产物,是一种优势语言奴役劣势语言的不平等的历史潴留,因为当时沦为殖民地的国家和民族语言庞杂弱小,没有完善而强势的通用语言。而中国的情况显然与之不同,中文延续数千年,文采璀璨,在广大东亚区域根深蒂固。而殖民主义时代已成为历史,就是中国历史上在沿海商港曾有过类似的洋泾浜语,也已随着时代的发展而消失了。作者认为,中国有主要的共同语言汉语,所以不需要发展英语为共同语言从而形成"中国英语"这样的国别英语变体;另外,新中国成立后,殖民主义已在中国已被铲除,作为殖民主义产物的"英语海外变体""皮钦语""洋泾浜语"等自然不可能再形成和发展了。

陈文存的结论是:虽然汉语会干扰中国人以英语表述中国特有的现象及事物,但是所使用的英语是规范的,即便英语民族的人听到或读到这些名称,一时可能不懂,但一经解释,不难懂得。所以,他认为,中国人使用的英语并未脱离出英语语言的共同规律,还是标准英语。

陈文存还认为,报刊可以反映中国人使用英语的状态。他认为仅存在两种中国英语报刊,一种为了外宣,另一种则是用于帮助中国人学习英语和提高英语水平的,"所以不存在用于国内交流的英语。无须一种用于国内交流的英语,没有必要也不应该去'完善中国英语'。我们有全国通用的、历史悠久的、有着深厚文化内涵且有丰富表达力的母语。无须另外一种语言用于国内交流。"②

基于此,陈文存认为,"根据汉语习惯,汉语文化和思维习惯用英语单词去编造英语",就会形成 Chinglish,是错误的语言,原因在于不够了解英语,只能在英语本族语者中产生误解,阻碍交流,甚至会不利于"净化英语语言环境,树立良好的国际形象"。学校的广大教师要"让学生既学习到正确的语言,又了解英语国家文化,学到地道的英语……应注意英汉两种语言的差异,

---

① 祝畹瑾.社会语言学概论[M].长沙:湖南教育出版社,1992:209.
② 陈文存.简析"Chinglish"[J].四川师范学院学报,1999(4):70.

同时明白外语是别人的东西，只能老老实实地照搬，不能自己创造。"①

显然，陈文存的观点全盘套用了卡奇鲁的理论模式，而忽视了考察英语在中国实践的历史与发展趋势。这涉及卡奇鲁理论的局限性，就是其虽然"提出不独英语本族人设定标准，二语英语使用者也正在形成并提供标准，但把所谓的外语使用者排除在外。"② 卡奇鲁认为，"扩展圈"变体缺乏稳定性，是不真实的，其英语使用者的语言能力存在比较大的程度上的差异，并且人们日常生活中并不使用英语，而只是在个别的职业或专业领域才使用。所以，"规范形成的条件还根本不存在"，"人们在巴西或中国偶尔能听到的英语是具有巴西或中国特色的英语，而不是'巴西英语'或'中国英语'。"③

卡奇鲁世界英语概念的提出本来是基于这样一个事实，即英语在世界传播中所呈现的两个重大变化。"一个是范围和规模上数量的增长，所引起的英语使用格局的变化，即非英语本族人的英语使用者远超英语本族人；另外一个就是英语的使用主体和功能的转变，使英语语言自身发生质的改变。"④ 所以，在当代人类社会，英语的所有权再也不是先天注定的了，鉴于英语在世界上被广泛应用的现实状态，它也就再也不是纯粹的理论概念了，而是与英语应用密切相关的实践问题了。

卡奇鲁关于英语属权理论的产生背景是20世纪60、70年代世界上风起云涌的反殖民主义的民族解放运动，该理论顺应了前殖民地国家民族独立、国际关系民主化等历史潮流，在英语语言领域对英语本族语者的霸权发起冲击，以世界英语的概念引导前殖民地国家英语变体争取独立地位，以成为平等的一员。正是基于非英语本族语者社会对英语的实际运用，英语的使用主体和功能的多样化得以发展，对这样的在实际运用中产生的英语变体，英语非本族语者也拥有属权，从而否定了英语本族语者对英语属权的预设。

但如果全盘套用产生于20世纪80年代的卡奇鲁的世界英语或三个同心圆理论来分析当代中国的英语语言发展趋势，将不可避免地产生局限性。卡奇鲁的理论把"扩展圈"的英语作为"外语"使用者的语言实践而排除在制

---

① 陈文存.简析"Chinglish"[J].四川师范学院学报，1999（4）：72.
② 李文中.《理解国际通用英语》述评[J].外语教学与研究，2014（6）：952.
③ Bruthiaux, P. Squaring the Circles: Issues in Modeling English Worldwide[J]. International Journal of Applied Linguistics, 2003（13）：161, 169.
④ 李文中.《理解国际通用英语》述评[J].外语教学与研究，2014（6）：949.

度化变体之外，认为在英语使用的扩展圈，英语作为外语用于对外交流，限于少数职业领域，所以不能通过日常生活形成稳定的变体。然而，当代中国的英语使用的实际情况和背景，至少有以下几个方面与卡奇鲁理论产生的视角和条件不同。

首先，在国际化程度越来越高的当今世界，对于中国而言，英语不仅仅是"外语"，而且还是"世界通用语"。中国面对的是一个比40—50年前在全球化方面取得长足进展的世界，信息技术和自由贸易深刻地改变了国际交往的社会形态，"地球村"的概念前所未有地清晰确立；同时，随着权利和收入的增进，作为个体的"人"，在国际交往中的权重将越来越大。在这样的国际环境中，对中国而言，英语不仅仅是外语，还确定无疑地是一种世界通用语，在中国英语教育的目标定位中，英语应不仅仅承负"外语"的功能，更要承担起越来越重要的世界通用语的功能。作为世界通用语的英语的社会功能，要求英语所蕴含的文化内容及其表达形式不可能再仅限于"正宗"的英语本族语者的文化和变体了。这种现实必然要引起中国英语教育理论的创新和政策的调整。

其次，当代中国已走向民族复兴，综合国力及国际影响力快速跃升，其博大精深、源远流长的文化精神将再次影响世界，对中国文化的强劲世界需求将极大地扩展中国元素的交流领域，而不仅仅限于少数职业领域。卡奇鲁理论提出时，几个前殖民地国家文化底蕴尚浅，英语及其文化覆盖其原生文化成为主流，并在"日常生活"中产生固定化的可考察的变异；同时，卡奇鲁理论认为，扩展圈国家的英语使用一般仅仅存在于科技、教育、经贸、文化等有限的职业或专业领域的国际交流；在这种情况下，主要以英语本族语者的英语变体（或标准英语）为本体，即使产生一些表达上的变异，也是不稳定的，不会系统化和制度化。这里其实隐含着一个前提，那就是处于外圈与扩展圈的国家在科技与文化上都落后于英语本族语者的国家，因而从整体上看，一定是"被覆盖"或"被传播"的对象。卡奇鲁的理论没有预见到，一种比英美文化底蕴还要深厚绵长而价值和精神又迥异的东方文化及其国度，会在经济、科技、政治、军事等方面全面崛起并赶超，并对英语变体理论形成影响。卡奇鲁的理论形成时，中华民族的文化独立和文化自信正经历着试错、波折和挫折。随着中国的重新崛起和中华文化的复兴，中国将为世界的发展和治理提供规模巨大的精神资源，中国的文化和科技通过英语这种国际通用语言向世界传播将是必然的发展趋势。这种规模宏大、全面深入地使用英语在国际社会交流中国的物质资源和精神资源的语言实践，将会使中国特色的文明成果和思维方式在英语中形成稳定而系统的表达，从而产生新的中国特色的英语变体。这是一个以历史和经济的发展为基本逻辑和动力的客观趋势。

最后，中国庞大的英语教育规模以及集中统一的教育体制将在中国英语制度化变体的形成中发挥重要作用。在英语承载的中国的物质资源和精神资源越来越被世界所需求的大势下，英语在中国的变异方式和制度化途径也将是独一无二的。卡奇鲁的理论认为在非英语本族语者的社会，形成制度化英语变体的基本前提是人们在国内社会生活中使用英语。国内社会的个体交流基于相同或相似的文化场景，达成共识，互相认可，特有的变异便可确定下来并在本国社会传播、发展，形成制度化变体。实际上，在国内社会生活中使用英语，并不是英语已成为世界通用语的前提条件。中华文化在国际社会中使用英语传播且影响巨大，使得为承载该文化而产生的英语变异亦将为世界所接受。另外，最重要的一点是，即便是在卡奇鲁所提到的英语作为第二语言的国家里，教育系统都是英语语言变异发展成制度化变体的关键环节。在英语为第二英语的国度里，原来绝大部分人是不使用英语的，而在被殖民地化以后，这些地区往往模仿英美而建立其近代教育系统，英语成为专门的课程，甚至是其他课程的教授语言，英语渐渐在社会中具有各种不同的功能，广泛地在例如新闻通讯、信件写作、文学创作、国会辩论、官方语言、学术会议、上流社会口头交际等领域使用，同时在语音、语法、词汇、搭配等方面的异化规则也渐渐固定，形成本土化的英语变体。英语是当代中国国民教育体系里面延续时间最长、覆盖面最宽的一门课程，接受中国英语教育的人口基数也是巨大的。由于中国集中统一的国民教育体制，通过英语课程的开发和讲授把承载中华文明的英语变体"制度化"，并在包括中国在内的国际社会传播和使用，将形成"中国英语"特有的"逆向"生长路径。并且，在中国，不是英语经由教育在国内社会生活中承负起一些交际功能，而是英语经由教育在中国社会乃至国际社会承负起关于中华文明（中国技术和中国精神）的交流、交际功能，这种交流、交际功能的必要性和强度将随着中华民族的复兴而持续增大，从而支撑起中国英语的被需求度和制度化。

2. 历史上各形态的"中国英语"

"中国英语"在社会生活中的起源可能要追溯到近代的中西贸易。任何形式的中外交往都必须以语言文字沟通为前提。早期近代中西贸易中自发产生的洋泾浜英语，就是中西方集团因为生活与贸易交流的需求而产生的一种以纯交际为目的的、混杂了中西语言的变种语言，某种程度上也是英语在中国最早、最原始的变体之一。近代贸易中洋泾浜英语的产生，历经了三个多世纪。

由于社会政治、教育、经济等因素的变化，洋泾浜英语到今天几乎已经彻底消亡，而且作为特定的环境下产生的洋泾浜英语即便在当时也不太受大众的认同，甚至被认为是一种在民间非正式传播的粗俗的语言，很少被纳入正规英语教育体系，并且随着正规英语教育的发展而逐渐消失了。但是，在当时特殊的社会历史条件下，洋泾浜英语在早期中西贸易交流和中西文化交流中起着无法替代的作用。19世纪美国在华的外交官何天爵在其著作《真正的中国佬》提到："外国人与当地中国佬之间所进行的巨额贸易有十分之九都是通过这一古里古怪的洋泾浜英语去完成，离了它，您还真是玩不转。"[①] 在同文馆设立之前，中外交流在较大程度上依靠懂洋泾浜英语的通事。这些通事受的教育有限，对中西文化认识较为肤浅，社会地位低下，只能从事比较简单的翻译工作，不可能处理复杂的外交事务。历史上对这些通事的评价往往是贬多于褒，但是通事使早期的中外交流成为可能。民间的一些通事高手有谢清高、罗森等人，他们对中外贸易往来和文化交流起到了重要的作用。在上海洋泾浜英语时期，随着通商口岸以及租界工商业的发展，社会上逐渐出现了对洋泾浜英语的需求，一度开始兴办洋泾浜英语培训班。这些培训班重视英语的实用功能，重视简单听说能力的培训，在一定程度上满足了商贸与民间交流的需要。可以说这些培训班是早期民间英语培训的雏形，对我国民间非正式的英语传播产生了一定的影响。

洋泾浜英语实际上是一种民间自发产生的实际交流用语，反映了当时的中国社会现实，并对后世的英语和汉语都产生一定的影响。今天来看，作为一种曾经存在过的实用语言，洋泾浜英语大部分已经消亡，但也有部分词汇被英语吸收，进入了惯用词、俚语等行列。例如，当代英语中习惯用语 long time no see（好久不见），明显地留着洋泾浜英语的痕迹。另一方面，在现代汉语中也有许多外来的词汇如：逻辑（logic）、咖啡（coffee）、可可

---

① 何天爵，鞠方安. 真正的中国佬 [M]. 北京：光明日报出版社，1998：58-59.

七、中华文化复兴与中国高校英语教育的转折

(cocoa)、吐司（toast）、浪漫（romantic）、打（dozen）、摩登（modern）等词都是采用英语中的音译法而来的。美国人列文森这样评价中国洋泾浜英语的作用："西方给予中国的是改变了它的语言，而中国给予西方的是丰富了它的词汇。"① 随着教会学校、洋务学堂、新式学校英语教育的发展，1900年后，受过正规英语训练的人不断增加，又有越来越多的归国留学生，上海洋泾浜英语逐渐退出了历史舞台。

中华文化通过英语系统地为世界所知是从儒家经典开始的。儒家经典在英语世界的最早传播者是来华新教传教士。基督教新教传教士是19世纪儒家经典英译的主体，也是西方世界孔子与儒经形象的主要制造者。19世纪初至20世纪，出版的英译儒学经典种类大大多于其他西语译本种类，除去少数几种，几乎全部由英国新教传教士直接从汉语原文译出。在这些译本的绪论中，传教士们论述的是儒学的宗教问题，极少阐释儒学的人文精神和概念义理。他们把基督教文化要素拿到儒学里去探究，结论是儒学存在重大缺陷，因为孔子不关注上帝而关怀人生。儒家经典的传教士译者，抱着虔诚的基督教信仰，以一种审查异教者的眼光认识儒学，先是出于好奇而了解，后开始"辟儒"，即给予批判，终而"补儒"，就是以基督教神学改造儒学。其实，"辟儒"与"补儒"最终目的是相同的，即认为儒学作为异教应当被消灭，中国社会信仰的必须是上帝。所以，"传教士翻译儒经，并非因为信服儒家之道，而是作为学习汉语、了解中国文化的一种手段，其最终目的，是为更好地传播基督教'福音'服务。"② 但在客观上，儒家经典的英译，形成了最早的中华文化英文表达的文本，是珍贵的语言资料。另外，值得注意的是，早期新教传教士基于其信仰，冒着违反清廷禁令的危险学习中文、了解中华文化，以方便在中国"显现神迹"，推介本国文明，在传播自身文化时具有强烈的文化自信和文化信仰。这是中华文化传播方式与之不同的地方。

新中国成立前，极少数精通英语的中国学者，也用英语向西方宣介中华文化。如，"清末怪杰"辜鸿铭，"幼学于英国，为博士。遍游德、法、意、奥诸邦，通其政艺。年三十始返而求中国学术，穷四子、五经之奥，兼涉群籍。爽然曰：'道在是矣！'乃译四子书，述春秋大义及礼制之书。西人见之，

---

① 列文森. 儒教中国及其现代命运 [M]. 北京：中国社会科学出版社，2000：139.
② 王辉. 新教传教士译者对孔子和儒家经典的认识 [J]. 孔子研究，2011 (5)：119.

始叹中国学理之精,争起传译。"① 晚清西学东渐日盛,辜鸿铭却卓立不群,译介四书,文以载道,向西方人倡扬东方文化和精神,其译介中华文化之举,异峰突起,其思想和文笔在极短时间内轰动了整个欧洲,并产生了巨大的影响,昭示他日复兴的中华文化,必将义理昭昭、传播海外。民国大家林语堂所著《吾国吾民》(*My Country and My People*),是一部用英文写作的有关中国社会、历史和文化的著作,1935年发行后在当时的欧美畅销书排行榜上创造了出版后四个月内印发七次的奇迹。

"20世纪50年代开始的中国化马克思主义在世界范围内的广泛传播……不仅对20世纪世界历史产生了重要影响,也标志着中国人的思想在沉寂数百年之后重新回到世界舞台中央。"② 从文化触变的角度看,马克思主义的中国化,使近代以来趋于崩溃的传统文化体系重新趋于平衡,僵化的文化要素功能获得了活力。英语成了文化要素搬运的工具。"在这场中国近代以来规模最大的一次对外思想传播过程,英语首先扮演了最重要的媒介作用。《毛泽东选集》英译本的出版发行,使得……中国出现了近代以来前所未有的对外思想传播的高峰。"③ 1964年,陈毅赞扬"很出色的翻译人员"能够"很好地把毛泽东思想翻出去"④。毛泽东思想为代表的中国政治文化与英语的结合,在改革开放前的新中国所形成的"中国英语",是语言学意义上质量很高的英语新语料。

改革开放后,各种英文报刊、电视英文频道、广播电台英文频道等等如雨后春笋般地出现。作为以英语传播中国事物的主要基地,中国的英文媒体在数量上越来越多,传播质量和强度也越来越高,形成了高水平的英语新闻采编队伍,使中国事物的英文表达质量得以保证、传播频次不断跃升。另外,这些英文媒体的对外传播功能客观上使其与中国国力和国际影响力的快速提升相互契合和促进,同时越来越多的中国英语性质的词汇和表达方式越来越频繁地出现在涉外媒体上。有人通过研究指出,*China Daily* 与 "CCTV 国际"等机构输出的英语,是"以标准英语为核心,具有中国特点的英语……是中

---

① 赵尔巽,等.清史稿[M].北京:中华书局,1976:3449.
② 中共中央编译局.毛泽东思想怎么向世界传播?[N].人民日报,2012-4-28.
③ 牛道生.英语对中国的历史性影响[M].北京:北京大学出版社,2013:226.
④ 李传松,许宝发.中国近现代外语教育史[M].上海:上海外语教育出版社,2006:236.

七、中华文化复兴与中国高校英语教育的转折

国英语的口头与书面语的代表。"①

3. "中国英语"在中国本土生成的文化及实践理据

百家之一的先秦儒学,兼容并蓄,自强不息,文化精神延续至今,在全球化的当代,中华文化须发扬传统,刚健进取。当代中国特色社会主义的现代化道路,为人类探索多元的现代化路径提供了新思想,中华文化应该为人类的发展与进步展示和贡献更多的智慧和价值。"中国英语"的生成具有厚重的文化理据。

传统中华文化作为延绵数千年而仅存的人类原生文明,本身就是不断融合吸纳周边不同文明成果而形成的一个以儒家思想为核心的精神共同体。在民族的文化精神的养育上,对先秦儒学思想的研究与传播,在当代中国既有深厚的民间的文化传统,又切合世界发展的时势,当是中华文化发展振兴的要义。历来后世儒学的发展,本质上都是在当时的时代背景下,对先秦儒学经典的解读。中华文化从传统上看,最可注意的是其兼容并蓄的底色。为此,每当中国遭逢外来异质文化时,常常能够吸收其精华,融入中华文化体系。同时,若一个历史的断面上,中华文化的思想体系趋于独断,以致僵化时,常有内发的修正,使其有更新的机会。

中华文化包容和更新的特质,关键在于"中国最值得学习的正是其自主学习的精神"。郑永年认为,中国自古至今都是具有包容性的学习型文明。在与异文化的触变中,中国的态度是互学互鉴,所以能够从最初的疑惧心态转变为很强的自信,敢于和善于吸纳异文化要素,从而能够不断新生和强大,以致延续数千年而未曾中断。近代西方文化主导世界发展以来,中国正是依靠自己的学习型文明的特性,历经磨难掌握了马克思主义,才一步步走出战乱和贫穷;又是依靠学习,才一步步由独立走向富强。"中国现在的经济体制包容了很多西方元素,但是中国经济体制绝不会成为西方体制……中国'混合经济'实现了不同所有制、不同类型企业的共存,是一种'和而不同'。在政治体制上,中国同样吸收了大量的西方元素,但中国绝不会成为西方式的民主。中国不拒绝民主,但中国有几千年的'贤能政治'传统,不会简单地照抄照搬西方。"②郑永年的论述深刻阐述了中华文化"和合"的原生特质,

---

① 杜瑞清,姜亚军. 近二十年"中国英语"研究述评[J]. 外语教学与研究,2001,33(1):40.
② 郑永年. "中国学"与"学中国"[EB/OL]. 光明网. http://news.gmw.cn/2015-11/22/content_17814322.htm,2015-11-22.

以及强大的包容性，也鲜明地指出了中国对西方在经济体制和政治体制方面的文化触变，虽然引进、融合了大量的西方文化要素，但由于经过了"重新解释"而安定下来，结果形成了与西方不一样的内涵和面目。

中华文化的兼容并蓄与自主学习的性质是由作为其核心的儒学的性质决定的。儒学具有世俗的文化性质，可是，"世俗的含义并不是绝对的无神论，因为强制的无神论本身就源于宗教式的思维方式，世俗化也不是享乐主义……它甚至也不是理性统治一切，因为理性无法解决心智的平衡，并且它也不绝对地排斥宗教。世俗化的实质是对信仰的宽容，是社会放弃对个人信仰的监督。这一点正是近（现）代文明的精髓之一。"① 儒学的包容与宽容，及其世俗性质，与一神论宗教文化具有相当大的区别。

纵观一神论新教以及英美个人主义文化传入中国的历程，无论是晚清还是北洋政府，无论是孙中山、蒋介石还是毛泽东，对个人主义及全盘西化从来都是反对的；相反，对异文化的民族化却成为历史发展的主轴。美式文化霸权欲以源于新教的个人主义文化取代中华民族源于儒学的集体主义文化，对于博大精深、源远流长的原生的中华文化是不可能的，反而可能会再次重复历史上中华文化综合包容异文化的状况。中华文化对异质文化和现代文化吸纳、融会以及综合创新，奠定了中华文化现代化的结构基础，从而引发了世纪之交中华文化的发展热潮。这股热潮包括两个方面的重要进展。一是传统中华文化在全新的开放包容社会氛围中逐渐复兴并出现了"国学热""国史热"；二是中国特色社会主义理论体系的形成，标志着马克思主义本土化又一次迈出了决定性的一步，中国政治文化（意识形态）民族化程度进一步加深。

卡奇鲁的"世界英语"概念，打破了英语"本族语者"国别变体的"文化霸权"②。世界范围内，说英语的非英语本族语者的分布和数量较快扩大，已大大超过了英语本族语者的数量，世界英语概念的出现标志着英语非本族语者的国别变体被平等接受，它们也应共同享有英语的属权。中华文化现代意义上的复兴，打破了西方模式对人类现代化路径的垄断，对世界后发国家寻找适合自身国情的现代化道路有重大启发。中华民族的政治文化、伦理价值和思维方式具有世俗性和普世性，将为人类的文明进步提供更多的借鉴和

---

① 钱乘旦. 现代文明的起源与演进［M］. 南京：南京大学出版社，1991：24.
② 高一虹，许宏晨. "世界英语"及"中国英语"研究：新世纪的挑战与展望［J］. 新疆师范大学学报（哲学社会科学版），2015（5）：122.

七、中华文化复兴与中国高校英语教育的转折

贡献。中华文化的历史传统和当代价值,形成了中国英语在中国社会产生的文化理据,对此现象,中国的英语理论界和英语教育界应深化研究。

当代中国,中华文化走出去渐成大势,"一带一路"如火如荼,自主创新方兴未艾,中国的文化、科技、工业、思想、制度等等将大规模走出国门,为世界所需求和熟悉。对于这种发展态势所产生的对国民英语能力的需求,现有的英美文化本位英语教育是不能满足的。王守仁主张,"中国本土文化需要通过英语来实现'全球化',如果中国学者不能用英语向世界讲述中国的本土文化,文化对话可能成为自话自说,在世界多元文化格局中听不到来自中国的声音。"① 因此,立足于中国高校英语教育的国情条件进行理论创新和政策创新,指导高校英语教育实践的改革创新,改变"中华文化失语"的局面,应成为理论研究的当务之急。以此为背景,中国高校英语教育将因应中华文化变迁,重视学生以英语表述中华文化能力的培养,并加强学生跨文化交际能力的训练。当前,高校英语教育在理论上和政策上仍以英美文化的学习与表达为主体,突出英语综合运用能力,还没有把中华文化在高校英语教育中的地位和作用表述清楚,更没有在实践中认识到研究和教授中国英语的紧迫性和重要性,严重滞后于新时代文化复兴态势和国家发展战略对高校英语教育效果的需要。当代中国的英语教育规模举世罕见,对外交往的规模和活力也快速提升,全球影响力也在不断发展中,承担通用语角色的英语传递中华文化各种文化要素的规模和频次在迅速增大,英语与中华文化的触变融合也在加快进行。这种现实状况形成了中国英语生成的实践理据。

"中国英语"的生成是英语在中国本土化的必然结果,鉴于学校教育是国民英语能力形成的基本途径,通过教育政策推动"中国英语"的形成、发展十分必要,其创制主导权应掌握于中国英语界。所以,应展开对符合英语语言普通规则前提下的表达中华文化元素的英语语言规律研究,建设相关的语料库,分析和归纳"中国英语"的表达原则,从而制定"中国英语"标准。符合标准的"中国英语"应首先在中国生根,形成国人英语能力的一部分,并在国内外的英语交际实践中被运用和推广,逐步为世界所熟悉、接受和完善。个人语言文字能力以及道德价值观念形成的关键在中小学教育,而一个民族的社会精英和文化精神的培养基地则主要地在于高等教育。研究和发展

---

① 王守仁. 关于全面加强中国英语教育的思考[J]. 外语教学, 2002(2):92.

"中国英语"应以高校英语教育为主要平台,但"中国英语"的教学和实践应该覆盖整个中国英语教育,这是"中国英语"在中国社会生成并扎根的主要园地。

4. "中国英语"与中国高校英语教育政策调整

"语言反映一个民族的特征,它不仅包含着该民族的历史和文化背景,而且蕴藏着该民族对人生的看法、生活方式和思维方式。"① 汉语是中国人的母语,传承中国人的文化,决定中国人的思维方式。所以,主流的看法是,语言本身不但是文化的组成部分,还是习得文化要素和知识的前提条件和主要途径。因此,有观点认为,获取习得外族文化的能力是一个国家外语教育的最终目的。"我们今天的外语教学出现了一个误区,过于重视语言技能,而忽略了学生对西方文化和思想的学习。"② 这种观点在相当长一个时期内,几乎成为主流观点,因为从语言与文化的关系来看,其似乎是不证自明的。

但是,如果对英语教育的认识仅限于此,那就是片面的观点了。这种认识对英语教育最终目的的定位,很容易导致对外语的侵蚀性丧失警惕。外语释放其侵蚀性实质上是语言领域的文化触变,当本族语处于弱势时,就会使本族语弱化,乃至外语化。非洲以及南美洲在殖民时代产生的克里奥尔语(Creole Language),就是欧洲语言对本土语言侵蚀后的结果。中国拥有悠久的文化底蕴,是名副其实的文明古国、大国,在现代化的进程中,英语教育的宏观目的必然是培养中华民族的交流型的国际语言能力,而不是以英语语言及其文化为取向的变异型的国际语言能力。由此,中国高校英语教育不但不能延续近代以来的取法英美模式以英美文化为本位,还应该防范英语的侵蚀性。另外,必须进一步地认识到,中华文化作为人类延续至今的主要原生文明形态,通过英语向世界传播是历史的必然,这也是一种文化的传承形式,只不过是在全球化的时代,传承的对象与时俱进从中国扩展到全人类。所以我们在制订高校英语课程目标时,必须从中国作为思想文化大国、英语教育大国的实际出发,认识到中国高校英语教育在文化传承层面所必然具有的民族性和世界性,重视中国高校英语教育所独有的经验、特色和前景。

在警惕英美文化殖民、保护民族文化的呼声中,已经有一些学者主张,

---

① 邓炎昌,刘润清. 语言与文化——英汉语言文化对比 [M]. 北京:外语教学与研究出版社,1989:160.
② 陈雪芬. 中国英语教育变迁研究 [M]. 杭州:浙江大学出版社,2011:34.

七、中华文化复兴与中国高校英语教育的转折

"在英语教材的编写上,要适当地加入介绍中国文化的英语素材,而不是全盘地搬用体现西方价值观和文化观的素材。"① 但是,由教材编写者或英语教学者根据个体的理解和知识去在英语教育中"补充"介绍中国文化的素材是远远不够的,因为这种行动不是系统的、有组织的,因而形不成变革的力量。对英语教育文化内容的变革,其基础和着力点在于"中国英语",即英语在中华文化中本土化的变体。

在经济全球化背景下,各种文化相互地撞击、融合,语言是第一媒介,同时也在异文化的相互作用中发生着变化。学界相当广泛地认为,"中国英语是英语在中国的本土化产物,基于规范英语并与中国文化相结合,是反映中国人特有思维方式及价值观念的英语变体,不仅可以表达特有的中国文化内涵,而且可以描述中国在政治、经济、科技、教育及日常生活中的变化和更新。"② 所以,一些关于"中国英语"的观点在承认"中国英语"的学者那里,应该是被认为符合卡奇鲁理论的,因而被广为接受;例如,"我们可以这样给中国英语下一个比较科学的、完整的定义:中国英语是英语在中国的本土化产物,它是基于规范英语并与中国文化相结合,反映中国人特有思维方式及价值观念的英语变体,是国际使用型的英语变体。"③

这里的国际使用型变体,被认为是作为外语的英语的变体,主要或全部的使用目的是在技术和精神领域(政治、经济、文化、科学、教育、宗教等)的国际交流,而却极少用于国内交流,所以其变异速度和变异量受到极大抑制。因此,"作为外语的英语变体中的变异现象能否被承认、接受,并进而固定下来,发展下去的标准,完全是由与说话者不同文化背景的,操母语英语的受话者所决定的,结果,其变异的量和速度便大大减少和削弱了……其变异现象尚未固定,无一定规律,因此不可能具有本体论意义。"④

然而,就如前文所指出的,在全球化已高速进展的新时代,中华民族的伟大复兴将使中华文明的对外影响力空前增强,近代以来英语母语民族对其他民族特别是对第三世界民族的精神和技术的压倒性优势地位将可能被颠覆,

---

① 陈桂琴. 大学英语跨文化教学中的问题与对策 [D]. 上海外国语大学, 2013: 146.
② 乔春华, 周华媛, 骆红亚. 中国英语在中国文化输出中的作用及实现路径研究 [J]. 科学·经济·社会, 2012 (3): 188.
③ 乔春华, 周华媛, 骆红亚. 中国英语在中国文化输出中的作用及实现路径研究 [J]. 科学·经济·社会, 2012 (3): 185.
④ 张培成. 使用目的与国别变体——也谈中国英语 [J]. 现代外语, 1995 (3): 17.

所以，作为国际通语而不仅仅是外语的英语，在英语教育规模庞大且教育管理体制高度统一的中国，其本土化的发生如果依然按照数十年前国外的理论去描述和套用，势将因挟洋自重和画地为牢而陷入教条和谬误。历史上，英语在英美殖民主义扩张过程中会产生各种制度化英语变体。在当代全球化过程中伴随着中华民族复兴的历史潮流，英语在中国通过集中统一的教育被本土化并在包括中国社会在内的国际社会用于交际交流，亦将产生制度化的"中国英语"，而且其"标准"将不会由所谓的"操母语英语的受话者所决定"了，而是由中国英语教育的研究和教学所决定，"操英语母语的受话者"的角色是交流、完善和传播"中国英语"。随着中国国力的跃升和文化的复兴，国外对中国精神和技术性资源要素的需求将渐趋强劲，促使其接受其母语文化中所没有的"中国英语"的表达，"中国英语"在世界英语中的地位也必将会逐步突出。"中国英语"应成为中国高校英语教育的核心内容之一，这是现行中国高校英语教育政策调整的主要方向。现在看，有许多开拓性的工作需要被认知和推进。

（1）开启英语专业学术研究的供给侧改革。从特定的语言、文化、民族、国家的形成来看，其相互之间存在着相同的基因和历史联系。正如卡奇鲁认为，"一个国家的语言、文化和教育是相互联系的，如果无视特殊的文化背景和国情，孤立看待语言问题会迷失语言的整体性。"① 所以，要习得和使用一种外语，必然会在一定程度上接触、认识和认可其文化，特别是其文化精神如思维和价值等。英语对于中国人来说也是这样，这种对英语教育文化价值取向的认识自晚清时形成，民国时代得到极大发展，改革开放以来又得以恢复。传统的英语语言文学专业来自英美教育，注重英美古典文化的研究，属于典型的人文学科；再后来，又开始重视英语各项使用技能的培养。有学者认为，"英语专业的特征是：技能加专业、复合而开放；其培养目标为纯熟的语言能力、自如的语文转换、深度的专题研究；其专业研究范围主要包括：英语语言研究、英语文学研究、英语文化研究等。"② 但当英语在中国重新崛起、文化复兴的当代，作为国际通语而不仅仅作为外语时，英语语言的文化价值取向就不应该是单一的了，而应该是多元化的。

---

① Kachru, B. B. Models for Non-native Englishes [C]. B. B. Kachru. The Other Tongue: English across Cultures. Urbana: University of Illinois Press, 1982: 138.
② 张冲. 关于英语专业定位的思考 [J]. 外语界, 2003 (4): 11.

七、中华文化复兴与中国高校英语教育的转折

高校英语专业研究和教育体系是整个中国高校英语教育的英语语文学术资源和教师资源的主要生产者和"供应侧"。高校英语专业教育的传统学术范围主要是研究英语语言、英语文化和英语文学。为了适应当前国家战略的需求,开启英语语文学术研究的供应侧改革,把"英语中华文化研究"纳入英语专业研究的学术体系,创设"中国英语"为高校英语专业新的研究方向,将是中国高校英语教育发展开辟全新境界的转折点。从历史纵深的维度考察中华文化的荣衰变迁,才能深刻地洞察当代中华民族文化复兴的历史进程,从而把握英语专业教育改革创新的文化方向,才能与时俱进,开拓创新,跳出中国英语专业传统上的故步自封,开启以"中国英语"为内容的"供给侧"政策改革,引领中国由英语教育大国向强国转变。

(2)把"中国英语"纳入中国高等教育体系英语科目核心教学内容。文化在传播中实现其传承和功能,教育是一个国家系统性传播文化的主要途径。就英语教育论,不但要传播英语文化,而且要认知英语文化。许国璋就主张,"我教学生,从来不以教会几句英语或教会一种本事为目标,而是要教怎样做人,是英语教育:用英语来学习文化,认识世界,培养心智,而不是英语教学。"①

高校英语教育通过让学生学习英语来了解和吸收外国的文化,为民族文化的发展吸纳新要素、注入新活力。当代的全球化进程,要求中国高校英语教育不但了解和认知英美文化优秀要素,也要丰富和对外传播中华文化,培养具有丰厚的民族文化素养和英语表达能力,成为地球村中可以进行跨文化交流发展的高素质国民。

但是,国内学者对系统地研究中华文化的英语表达并列入中国英语专业研究和中国高校英语教育课程体系持被动的观望或怀疑态度。例如,有学者认为,"世界英语""将语言和本土文化结合在一起,具有交际和认同两种功能,不过其交际功能受到可理解性的限制,在'扩展圈'的'认同'功能强度也还有待更多考察。"②"可理解性"实际上涉及两个方面,一个是中国人所表达的中国英语是不是符合英语语言的普通规范,一个是接受方在主观上和客观上对理解中国英语的需求强度。在第一个方面,中国英语教育历来是

---

① 佚名.许国璋教授[J].党政论坛,1994(12):24.
② 高一虹,许宏晨."世界英语"及"中国英语"研究:新世纪的挑战与展望[J].新疆师范大学学报(哲学社会科学版),2015(5):127.

以所谓的"标准英语"进行英语语文教学，英语专业教育素来有英国伦敦英语、英国文学的传统，也就是说，中国英语教育所培养出的英语能力是以"规范英语"为内核的，不存在不可理解的基础。现实中出现的"不可理解"的情况，甚至包括一些有相当英语水平的学者表述西方事物时头头是道，而在用英语表达与中国相关的思想、概念、事物、事件、历史、时事时，却往往词不达意，这并不是因为他们的规范英语水平不行，而是在以往的英语教育中没有接受过用英语表达中国事物的系统训练，因此不得不按自己的理解临场表达，导致大量Chinglish的出现，影响"可理解性"。第二个方面，可理解性还取决于对方试图理解"中国英语"的主观强度，而决定主观强度的绝不仅仅是兴趣，更重要的是"中国英语"所承载的信息能为其带来即时的和长期的利益。在拥有5000年文明史的中国人被英语母语者蔑视的时代，在与中国有关的一切技术和精神要素被英语母语者傲慢地视为愚昧落后的时代，用英语表达中国事物在英语母语者看来是没有必要和价值的；而今，事物的发展已不可同日而语。

关于"在'扩展圈'的'认同'功能强度"问题，有学者认为，"对英语的所有权意识，以及对英语本土化的正确理解能够使中国的英语学习和使用者强化自我文化身份和心理意识"[1]。这个问题的根源还是在于对当代中华文化、中华文明的自信问题，以及如何看待中华文化与英美文化的关系问题。认为"在'扩展圈'的'认同'功能强度还有待更多考察"的学者（例如高一虹等）指出，"鉴于这种对CE（指中国英语，下同）的关注动机是对外输出中国文化、维护和弘扬文化认同，以及指导英语教学实践……要积极而审慎地开发CE（中国英语）在文化输出方面的潜力。随着中国国力的增强，CE（中国英语）的对外传播可能会继续升温。不过，应注意到西方学者对CE（中国英语）政治建构性的警惕，以及汉语本身之国际传播力的增长，避免让CE（中国英语）承载过多的文化认同负荷。"[2] 可以看出，一些学者认为对中国英语的关注动机是中国文化的对外输出、维护和弘扬文化认同，但没有看到当代中华文明的技术、精神要素资源为世界所需求的强度越来越大，

---

[1] 李文中.英语全球化及其在中国本土化的人文影响[J].河南师范大学学报（哲学社会科学版），2006 33（3）：134.

[2] 高一虹，许宏晨."世界英语"及"中国英语"研究：新世纪的挑战与展望[J].新疆师范大学学报（哲学社会科学版），2015（5）：127.

七、中华文化复兴与中国高校英语教育的转折

没有看到中华文化正为建设一个更和谐和平的世界而贡献中国智慧、中国方案并将因此而为世界更多的人所认同的历史大势。因而，他们认为以中国英语"指导英语教学实践"是政治性输出，所以"应注意到西方学者对 CE（中国英语）政治建构性的警惕"。这种观点一方面没有把对当代中华文明的自信作为判断的基础，仅仅认为推出"中国英语"是一种主观的政治努力，另一方面也没有看到，即便是没有"中国英语"这个概念，西方学者对中国的和平崛起以及崛起背后所体现出的中国制度与文化价值的全球影响力早已经在"警惕"了。所以，担心"西方学者对 CE（中国英语）政治建构性的警惕"，本身就是个伪命题，恰恰证明了承载着中华文明的英语变体将在国际社会的强劲需求中被完善和接受这种趋势有着坚实的客观支撑。至于应注意到"汉语本身之国际传播力的增长，避免让 CE（中国英语）承载过多的文化认同负荷"的担忧，更是没有依据的。因为在国际社会，"汉语国际传播力的增长"与"中国英语"所承载的传播力的成长，都是基于全球化中世界政治、经济、文化、科技的发展对中国技术和精神要素的日渐趋强的需求，这与世界文化交流的大趋势是并行不悖的。

在把"中国英语"纳入英语专业研究新方向的基础上，还要在高校英语教育政策上明确体现出"中国英语"的定位和作用，在高等教育阶段进行"中国英语"教学的规划和实践，使之纳入核心教学内容，因应当代中华文明崛起于世界、发挥全球影响力、促进世界繁荣和谐发展的历史大势，突破中国高校英语教育传统的文化价值取向的束缚，与时俱进创新发展，实践中国高校英语教育"自文化本位"理论，打破近代以来中国高校英语教育"以英美文化为本位"的所谓"正宗英语"思维，开启中国高校英语教育政策的"供给侧改革"。这种改革与开拓，是近代以来中华民族在精神上、技术上由被动、落后走向主动、先进的历史转折在中国高校英语教育领域的反映，将开辟中国高校英语教育的新境界，使英语在中国走下所谓"纯正英语"与"标准英语"的神坛，真正地实现本土化，促进中华文化的传播与交流。

（3）认识并引导"中国英语"本体的逆生长，促进中国高校英语教育政策的"自文化本位"。按照卡奇鲁等人的经典理论，在外圈的使用英语的国家里，英语的作用是在"国内"的生活、教育、行政、经济等活动中充当语言媒介；而随着时间的推移，英语的变异会在这个国家的区域内固定下来，形

成制度化的变体。也就是说，由于英语在外圈国家中第二语言或官方语言的社会地位，英语成为人们在日常生活中用于交际的一种语言，这样英语在当地文化中就会发生变异并自然累积、成长，经由教育体系成为国别变体，具有了本体论意义。而在中国，英语从来都是被作为一门外语课程在课堂上学习，所以，即便是存在"中国英语"，也只是国际使用型变体，不存在产生本体论的基础。这种认识下所产生的关于发展"中国英语"的思路往往是重于研究交际技巧，且隐含着以英语母语者的交际对象为中心的心理定式，没有"中国英语"的本体意识。如周晓凤提出，要承认中国英语存在的客观性，并使其达到国际交流的目的，就要在使用中国英语时要注意以下几点：第一，使中国英语具有可接性，即中国人在使用英语的时候尽量地使之合乎英语语言的普通原则，使之为英语国家的人所接受；第二，用英语表达具有中国特色的文化现象，如清明节、洋务运动等；第三，如果在交际中出现与英语本族文化冲突的现象，要尽量地经过解释使之被英语为母语的人所理解，从而达到国际交际的目的[①]。

但是，当经典的理论在快速全球化的时代遇到磅礴复兴的中华文明时，却没有了解释力。这种承载中华文化的英语形成过程是具有本体论意义的制度化变迁，是中华文明复兴的大势下，世界政治、经济、文化、科技全球化发展的必然结果。只是由于"中国英语"发展的条件迥异于殖民时代以英语为第二语言或官方语言的国家，所以"中国英语"发展的机制也异于那种国内交际自然累积的模式，而是以教育系统的研发和教学为核心，自主推动包括中国在内的国际社会通过交际而使用传播的逆生长机制。认识并引导"中国英语"本体的逆生长，是从理论上和实践上确立中国高校英语教育"自文化本位"政策的关键环节。

与这种逆生长机制相似的语言发展案例在历史上其实也不鲜见。例如，在美西战争以前，西班牙语在菲律宾很有影响；战争后，英语却逐渐成为社会生活中普遍使用的第二语言，其根本原因就在于美国通过在菲律宾创建的教育系统，向菲律宾社会传播了英语。

另外，已有学者就"中国英语"的研发与教学进行了一些探索。例如，有学者认为，中国英语是中国文化的标记，是能够彰显中华民族的文化特征

---

① 周晓凤.英语全球化与中国英语教学［J］.长春教育学院学报，2006，22（3）：37-40.

七、中华文化复兴与中国高校英语教育的转折

的语言形式,中国英语在发展过程中,还应做到与时俱进,不断吸收创新,注重吸收现实中国在政治、经济、军事、文化、科技等领域的发展的新成果,在词汇、句法和隐喻等方面不断产生、创新中国英语的新形式,如"三个代表"(Three Represents),走出去(going global),中国宇航员(taikonaut)等。随着中国国家实力的提升,中国在国际社会中扮演着越来越重要的角色,中国的国际影响力也日益加强,全球范围内媒体有关中国的报道逐渐增加,中国英语频繁出现在国内外各大媒体上,从而为世界所知。这些中国英语往往是一些汉化的英语词汇,通常采用拼音加注释、全音译汉语词汇、按中文字面意义直译或直译加注释等方式形成,具有强烈的汉语特色,折射了汉语中的文化意象。①

有的学者强调对翻译技巧的研究,认为如果在跨文化交际表达过程中,我们的英语翻译既符合中国文化含义,又符合英语语言特征,即采用中国英语形式,则能达到满意的效果。例如,将中国菜肴"童子鸡"翻译成"spring chicken",这就是中国英语的表达方式,其既符合中国文化思维特点,也符合英语语言特征。因为在中国饮食文化里,童子鸡是指没有成年的小鸡,再结合英语语言习惯,英语一般用春、夏、秋、冬来形容小动物的年龄特征,"spring chicken"就可以指从初生到性成熟前的小鸡②。而如果翻译为"chicken without sexual life",则就成了Chinglish,不但于中国文化和英语文化均韵味全失,还不能有效、真实地传达信息。这也彰显了在中国通过英语专业研究创制"中国英语"并通过规模宏大的教育系统有效传播的必要性。至于有学者质疑,中国英语"是否是稳定、独立的语言学变体,还不宜盖棺定论"③,原因就在于他们还没有发现或者根本不愿意发现"中国英语"如何发展成稳定、独立的语言学变体的规律,更没有为此付出行动,而是预设地、教条地否定了其可能性。

高一虹等提到,要加强中国英语各层面的特征描写,充分利用语料库等技术资源充实和细化描写,达到对其完整客观的认识;对"中国英语"的深

---

① 乔春华,周华媛,骆红亚.中国英语在中国文化输出中的作用及实现路径研究[J].科学·经济·社会,2012(3):184-188.

② 北京市人民政府外事办公室.美食译苑——中文菜单英文译法[M].北京:世界知识出版社,2012:5.

③ 高一虹,许宏晨."世界英语"及"中国英语"研究:新世纪的挑战与展望[J].新疆师范大学学报(哲学社会科学版),2015(5):127.

化和全面研究，是发展"中国英语"本体的关键性基础工作。在对世界英语的其他变体的态度上，高一虹是积极的；她提出：要在语言接受性技能的层面积极促进中国学习者对世界英语各变体的认识。例如可以为英语专业的高年级本科生设置世界英语听力必修课，在有条件时安排交流性的实习课程或社会实践。值得肯定的是，高一虹等指出，"在新世纪全球化的背景下，期待实践的热情将有更坚实清晰的理性思考基础，英语教育会在多元、平等、本土与全球文化认同相得益彰的方向上稳步前进。"[①] 必须清楚地认识到一点，实践的热情和理性思考固然重要，但要在中国形成系统性变革，政策和制度才是真正的坚实基础。对中国高校英语教育的研究，不能仅限于英语语文领域本身的技术性研究，而要敏锐地在历史转折的时代，立足历史的纵深，把握历史前行的大势，以开阔的视野和多学科的视角，扎根于中国国情，秉持文化自信，实现理论创新和政策突破，真正使中国高校英语教育摆脱近代以来所形成的窠臼，在政策上确立"自文化本位"，从而在复兴与崛起的当代中国获得积极的发展。

---

① 高一虹，许宏晨. "世界英语"及"中国英语"研究：新世纪的挑战与展望[J]. 新疆师范大学学报（哲学社会科学版），2015（5）：127.

结　语

在中华民族逐步走向复兴的时代，中国英语教育却存在着"中国文化失语"的现象，并已经成为中华文化走出去的重大障碍。学界明确提出这个问题并展开研究已近20年，但都集中于教学层面的修修补补，属于被动的机械应对。

中国高校英语教育在文化价值取向上长期以英美文化为本位，这是造成国民英语能力表述中华文化不足、形成"中国文化失语"的根本原因。提出这个创造性的观点是有悖于中国英语界正统观念的，因为英语学科从来都是关于英语语言、英语文学、英语文化的，以英美文化为本位是英语教育"正宗"和"地道"的象征，挑战这个传统无疑具有很大的理论风险。但是，面对阻碍时代大势的现实问题，理论的探索和创新也无疑具有很大的担当和价值。历史上，很多被"权威"所判定的所谓"异端""邪说"，最终成为引导人类进一步接近真理的曙光，并发展成进步的革命性因素。

对于现实的问题，如果仅限于问题本身和问题所处的时代去研究，这种平面化的视野和方法往往会"不识庐山真面目，只缘身在此山中"，只能认识到问题的表象，因而撼动不了问题的根本，也就解决不了问题。所以，历史的研究方法也是必要的。

中国高校英语教育政策在文化价值取向上长期地以英美文化为本位。这是一个通过初步研究提出的假设的命题，需要证实，更需要揭示形成这种状态的原因。这样，除了历史的方法外，还需要把握中国高校英语教育与英美文化的关系；不仅仅是平面化的概念之间的理论关系，更是从历史纵深走来的两者之间的内在关系。按照这个思路再进一步地研究，就会从高校英语教育近代以来在中国的产生中认识到其最初的性质——新教教士在华传播教义的工具。梳理中国高校英语教育的发展历程，一个观点和结论渐渐显现出来，那就是：中国近代以来的救亡图强的历史，也就是传统中华文化不断吸收新的要素而逐步改变面貌以现代化的进程，同时也是中国高校英语教育不断调整、发展的历程。也就是说，中国高校英语教育文化价值取向的调整和变化，与传统中华文化的现代化进程有着内在的联系。要深入地考察这种内在的联系，就必须对中华文化的现代化有动态的把握，而不仅仅只是静态历史事件的描述。把这种动态与中国高校英语教育的发展联系起来后，一种新的思想呼之欲出，那就是：近代以来英美新教文化的侵覆引起了传统中华文化的应激反应和变迁，由此影响着中国高校英语教育政策文化价值取向的调整变化。这涉及从异文化之间的接触与变容的角度研究近代以来中华文化的变迁，目前相关研究基本上是空白。文化的接触与变容，即文化触变，是一种研究人类不同文化间接触时相互干涉和改变的动态机制，基于此，日本学者平野健一郎建构了文化触变的分析框架，形成了较为完整的理论体系，也对近现代西欧文化对东亚文化的触变做了研究。国内对文化触变理论处于初步的引介阶段，并无应用成果。本书以文化触变分析为方法，研究近代以来中华文化在英美文化影响下的变迁进程，以及其与中国高校英语教育文化价值取向的调整变化的关联，并进行创造性的理论开拓。

中华文化与英美文化分别是人类东西方的主流文化，英美文化因为其较早工业化而率先实现了现代化，并在近代以来对中华文化形成了侵覆之势；但中华文化又是一种底蕴深厚的原生世俗文化，因其极强的包容、吸纳能力，虽历尽劫难仍延绵至今，因此这两种文化之间的触变甚为独特复杂。中国高校英语教育的产生本身即是这两种文化触变的产物，是已经工业化的英美文化向农耕的传统中华文化传播文化要素的媒介。中华文化与英美文化相互异质，几乎在文化精神的所有方面都处于相对的两端。例如，中华文化是人文文化的性质，哲学思维方式是二元融合，持集体本位的价值观；英美文化则是一神教宗教文化，哲学思维方式是二元对立，持个体本位的价值观。所以，英美文化对中华文化的侵覆与触变是具有替代性的，同时，中华文化对英美文化的抗拒和变容也将是坚韧的和长期的。

美国早期的清教移民因为其优越的地理位置和丰厚的自然资源，自诩为上帝的宠儿，更由于其坚定的宗教信仰和社会理想，自认为所创造的北美新世界有别于腐朽没落的旧欧洲，代表着人类自由解放的方向；上帝把解放全世界受压迫人民的使命赋予了美国人，美国的扩张就是为了完成上帝的使命。这种宗教色彩鲜明的"天赋使命"意识，对近代以来的中美关系的影响是持久而深刻的。自从19世纪初新教传教士登陆中国以来，在传教和英语教育方面，美国传教士在数量和影响力上在新教国家中一直居于首位。美式文化霸权近代以来对中华文化的教化与演变至今仍在进行，其思想根源即是宗教性

结语

的"天赋使命"意识。一神教的英美文化在世俗生活中的意识形态是个人主义和自由主义,这是其价值观念、经济制度和政治制度的逻辑起点。美式文化霸权将其价值观标示为普世价值,实质上其性质与传教士的"福音"无异。百余年来,新教文化对中华文化的触变,从宗教福音、政治文化到工业化,在各个层次和方面均向中华文化体系内强势传播。这些英美文化要素既经历了中华文化体系的抵抗、拒绝、抹杀等排异反应,也经历了选择、重新解释、融入重构等受容反应,这些文化触变的进程,在近代以来的中国社会体现为一个个的历史现象与事件。这些历史现象与事件,都对中国英语教育包括高校英语教育的文化价值取向产生了程度不同的影响。在文化触变的分析框架中,这些历史现象与事件,都能纳入近代以来中华文化触变英美文化这条主线进行分析与解释,这种分析与解释也揭示了文化触变的进程如何影响了中国高校英语教育文化价值取向的调整,进而引起相关政策的相应变化。本书对此进行了详细的描述与论证,认为近代以来英美新教文化对传统中华文化的触变开启并促进了中国的工业化进程,严重冲击了中华民族的价值伦理,侵蚀和撼动了中华民族的文化自信;高校英语教育因而形成了文化价值取向上的英美文化本位,延续至今,已然百余年了。中国英语教育的"中国文化失语"只是一个表象,真正的问题在于中华民族百余年来文化自信的缺失,英美新教文化的倾覆,中国高校英语教育以英美文化为本位、为正统的历史传统,以及相应的政策上的保守与僵化。

英美新教自由主义文化百余年来对中华文化的触变,并没能阻断中华文化延绵数千年的儒文化基因和血脉,中华文化体系的主体性也并未解体,反而由于社会主义文化的融入而提升了现代性。以社会主义市场经济为特征的中国特色社会主义道路,是近代以来中华文化面对西方文化兼收并蓄而形成的文化触变成果,虽然各组成要素的面目和内涵已异于其在原文化体系中的状态,但这些文化要素的面目和内涵是经过触变形成的,是一种文化创新或创造,在中华文化体系中已经扎根并发挥功能。在中国特色社会主义道路上,中国综合国力快速跃升,传统文化精神回归,迎来了中华民族伟大复兴的时代。延续百余年来中华文化触变英美文化这条主线的逻辑,中华文化走向复兴、走向世界是历史的必然。所以,承载中华文化要素的英语即"中国英语"(China English)的开发和建设,是破解英语教育中"中国文化失语"问题的着力点,是英语教育文化价值取向由"英美文化本位"回归"自文化本位",

乃至中国高校英语教育政策调整的关键的实践性支点。"中国英语"走向国际交流语境，不但是中华文化传播的历史必然需要，也是中国思想、道路、人文、科技等越来越为世界所需求的大势决定的。

因应这个伟大时代的召唤，目前中国高校英语教育在政策上已有一些调整，但没有触动以英美文化为本位这个政策基础。中华文化在中国高校英语教育中，还只体现为在英美文化内容所形成核心之外浮游的一些文化要素，其根本原因在于中国英语界没有相应的理论创新以撼动以英美文化为本位这个所谓的正统理论。

20世纪60、70年代世界民族解放运动风起云涌，英语非本族语者的规模和范围也逐渐超过了英语本族语者，基于前殖民地国家所使用的英语变体的地位问题，以及英语非本族语者对英语的属权问题，产生了"世界英语"（World Englishes）理论。承载非英美文化的英语变体也应该成为"世界英语"中平等的一员。对于"世界英语"理论引领的英语多元化的教学趋势，对于全球英语变体的平等化、民主化的潮流，相当一部分以"正统"和"正宗"自居的学者却视而不见。另外，按照国内一些学者的观点，即便是"世界英语"理论，也只是赋予把英语作为官方语言和第二语言的国家所产生的"制度化变体"以合法的国别变体身份，而像中国这样把英语作为外语用于国际交流的国家所产生的"使用型变体"则因不稳定、不系统而不是国别变体，因而，承载中华文化要素的"中国英语"不具有本体论意义。这是另一部分正统和正宗论者坚持英美文化本位的主要论证。

相对于那些惯于套用国外社科理论判断中国问题的所谓主流理论，本书创造性地论证了"中国英语"通过制度化形成本体的必然性，从而在学理上论证了"中国英语"的合法地位。在全球化的时代，作为世界通用语的英语的国际社会功能，其所蕴含的文化内容及其表达形式不可能仅限于英美文化本位了。另外，中国作为一个比英美的文化底蕴还要深厚绵长，价值观念和人文精神又迥异的国度，其复兴对已有英语变体理论的解释力造成了冲击。在承载中国的技术资源和精神资源的英语越来越被世界所需求的大势下，通过中国集中统一的教育体制，经由英语课程的开发和讲授把承载中华文化的英语变体"制度化"，并在包括中国在内的国际社会使用、传播和完善，将形成"中国英语"特有的"逆向"生长路径。这个路径不是英语在国内社会生活中承担交际功能，变异累积，再通过教育系统使之制度化，而是变异先经

结语

由规模庞大、集中统一的中国英语教育"制度化",再在包括中国社会在内的国际社会通过频繁使用而被完善和接受。

中国高校英语教育的目的绝不是模仿英美文化以"见贤思齐",而是要在吸收英美文化的优秀要素的基础上丰富、复兴中华文化并传播中华文化。基于以上的理论创新,要打破现有中国高校英语教育政策的英美文化本位,回归自文化本位。要跳出英语专业传统上的故步自封,开启以"中国英语"为内容的"供给侧"改革,把"英语中华文化研究"纳入英语专业研究学术体系,创设"中国英语"为高校英语专业新的专业方向。理论创新固然重要,但要形成系统性变革,政策和制度才是真正的实践基础。所以,要在高校英语教育政策上明确体现出"中国英语"的定位和作用,在高等教育阶段进行"中国英语"教学的规划和实践,使之纳入核心教学内容。以本土教育系统的研发和教学为核心,推动包括中国在内的国际社会通过交际而使用、传播和完善"中国英语",引领中国由英语教育大国转变为英语教育强国。

参考文献

[1] 中共中央. 中共中央关于深化文化体制改革推动社会主义文化大发展大繁荣若干重大问题的决定 [J]. 求是, 2011 (21).

[2] 新华社. 中共中央关于全面深化改革若干重大问题的决定 [J]. 求是, 2013 (22).

[3] 习近平. 在哲学社会科学工作座谈会上的讲话 [N]. 光明日报, 2016-5-19 (06).

[4] 赵海燕. 中国近现代基础英语课程发展的文化路径及启示 [J]. 课程·教材·教法, 2016 (1).

[5] 习近平. 建设社会主义文化强国:着力提高国家文化软实力 [N]. 人民日报, 2014-1-1 (01).

[6] [日] 平野健一郎. 国际文化论 [M]. 北京:中国大百科全书出版社, 2011.

[7] 辜正坤. 中西文化比较导论 [M]. 北京:北京大学出版社, 2007.

[8] 吉田和子, 张启雄. 平野健一郎先生的学风与学问 [J]. 近代中国史研究通讯, 1997 (24).

[9] 胡壮麟. 语言学教程 [M]. 北京:北京大学出版社, 2001.

[10] 马克思, 恩格斯. 德意志意识形态 [M]. 北京:人民出版社, 2003.

[11] 李宇明. 论母语 [J]. 世界汉语教学, 2003 (1).

[12] Littlewood W. Foreign and Second Language Learning [M]. 北京:外语教学与研究出版社, 2000.

[13] 束定芳, 庄智象. 外语、第二语言、母语及其他 [J]. 外语教学, 1994 (2).

[14] 孔颖达. 礼记正义 [M]. 北京:中华书局, 1983.

[15] 刘海峰. 论书院与科举的关系 [J]. 厦门大学学报(哲学社会科学版), 1995 (3).

[16] 吴明海. 试释英国公学的课程设置 [J]. 高等师范教育研究, 1999 (4).

[17] 叶赋桂,罗燕.英国衰落的教育探源——兼评近年来中国相关教育改革[J].清华大学教育研究,2001,22(1).

[18] 张岱年,方克立.中国文化概论[M].北京:北京师范大学出版社,1994.

[19] Kroeber A. L, Kluckhohn C. Culture: a Critical Review of Concepts and Definitions [J]. American Journal of Sociology, 1954, 47 (1).

[20] Ritter H. Dictionary of Concepts in History [M]. New York: Greenwood Press, 1986.

[21] Tylor, Edward Burnett. The Origins of Culture [M]. New York: Harper and Brothers, 1958.

[22] 毛泽东.毛泽东选集:第2卷[M].北京:人民出版社,1991.

[23] 李醒民.论文化的固有特征和研究进路[J].社会科学论坛,2005(7).

[24] 许倬云.万古江河:中国历史文化的转折与开展[M].上海:上海文艺出版社,2006.

[25] 金炳镐.民族理论通论[M].北京:中央民族大学出版社,2007.

[26] 梁漱溟.中国文化要义[M].上海:上海人民出版社,2011.

[27] 杨国荣.善的历程——儒家价值体系研究[M].上海:华东师范大学出版社,2009.

[28] 张岱年.儒学与儒教[J].文史哲,1998(3).

[29] 钱满素.美国文明[M].北京:中国社会科学出版社,2001.

[30] Johnstone Ronald L. Religion in Society—A Sociology of Religion [M]. Englewood: Prentice Hall, 1988.

[31] 柏拉图.理想国[M].北京:商务印书馆,1986.

[32] 马克思,恩格斯.马克思恩格斯选集:第一卷[M].北京:人民出版社,1995.

[33] 连淑能.中西思维方式:悟性与理性——兼论汉英语言常用的表达方式[J].外语与外语教学,2006(7).

[34] 王力.中国语法理论[M].济南:山东教育出版社,1984.

[35] 李清源,魏晓红.中美文化与交际[M].上海:复旦大学出版社,2012.

[36] 沈福伟. 中西文化交流史 [M]. 上海：上海人民出版社，2014.

[37] 杨伯峻. 孟子译注 [M]. 北京：中华书局，2005.

[38] 钟叔河. 走向世界——近代中国知识分子考察西方的历史 [M]. 北京：中华书局，1985.

[39] Ride Lindsay. Robert Morrison：the Scholar and the Man [M]. Hong Kong：Hong Kong University Press，1957.

[40] [美] 费正清. 剑桥中国晚清史：上卷 [M]. 北京：中国社会科学出版社，1985.

[41] Biggerstaff, Knight：The Earliest Modern Government Schools in China [M]. New York：Cornell University Press，1961.

[42] Graham, Gael. Gender Culture and Christianity：American Protestant Mission Schools in China 1880—1930 [M]. New York：Peter Lang，1995.

[43] 沈福伟. 西方文化与中国 [M]. 上海：上海教育出版社，2003.

[44] 顾长声. 从马礼逊到司徒雷登——来华新教传教士评传 [M]. 上海：上海书店出版社，2005.

[45] 李金强. 西学摇篮——清季香港双语精英的诞生. 黄爱平，黄兴涛. 西学与清代文化 [M]. 北京：中华书局，2008.

[46] 石霓. 观念与悲剧——晚清留美幼童命运剖析 [M]. 上海：上海人民出版社，2000.

[47] 李志刚. 基督教早期在华传教史 [M]. 中国台北：台北商务印书馆，1985.

[48] 张注洪. 中美文化关系的历史轨迹 [M]. 天津：南开大学出版社，2001.

[49] 露懿思. 基督教教育在中国之情形. 陈学恂. 中国近代教育史教学参考资料：下册 [C]. 北京：人民教育出版社，1987.

[50] 卢茨. 中国教会大学史（1850—1950） [M]. 杭州：浙江教育出版社，1987.

[51] 熊月之. 西学东渐与晚清社会 [M]. 上海：上海人民出版社，1994.

[52] 冯桂芬. 校邠庐抗议 [M]. 郑州：中州古籍出版社，1998.

[53] 金忠明，李若驰，王冠. 中国民办教育史 [M]. 北京：中国社会科学出版社，2003.

[54] 钟文典. 洪秀全与皇上帝. 孔夫子 [J]. 社会科学家, 1991 (5).

[55] [美] 费正清. 剑桥中国晚清史：下卷 [M]. 北京：中国社会科学出版社, 1985.

[56] 赵尔巽, 等. 清史稿 [M]. 北京：中华书局, 1976.

[57] 周振鹤. 随无涯之旅 [M]. 北京：三联书店, 1996.

[58] 熊月之. 上海广方言馆史略. 上海市文史馆文史资料工作委员会. 上海地方史资料（四）[C]. 上海：上海社会科学院出版社, 1986.

[59] 丁伟志, 陈崧. 中西体用之间：晚清中西文化观述论 [M]. 北京：中国社会科学出版社, 1995.

[60] 顾卫星. 晚清学校英语教学研究 [D]. 苏州大学, 2001.

[61] 陈雪芬. 中国英语教育变迁研究 [M]. 杭州：浙江大学出版社, 2011.

[62] 邹振环. 晚清同文馆外语教学与外语教科书的编纂 [J]. 学术研究, 2004 (12).

[63] 毛礼锐, 沈灌群. 中国教育通史：第四卷 [M]. 济南：山东教育出版社, 1988.

[64] 李华兴. 民国教育史 [M]. 上海：上海教育出版, 1997.

[65] Martin, W. A. P. A Cycle of Cathay or China, South and North with Personal Reminiscences [M]. New York：Fleming H. Revell Company, 1900.

[66] 张美平. 晚清外语教学研究 [M]. 北京：中国社会科学出版社, 2011.

[67] 郑曦原, 李方惠. 帝国的回忆：《纽约时报》晚清观察记 [M]. 北京：三联书店, 2001.

[68] 舒新城. 近代中国教育思想史 [M]. 福州：福建教育出版社, 2007.

[69] 钱曼倩. 中国近代学制比较研究 [M]. 广州：广东教育出版社, 1996.

[70] 董宝良, 但昭彬, 陈晴. 中国近现代高等教育史 [M]. 武汉：华中科技大学出版社, 2007.

[71] 王蘧常. 严几道年谱 [M]. 中国台北：商务印书馆, 1977.

[72] 钟叔河. 欧洲十一国游记二种 [M]. 长沙：岳麓书社, 1985.

[73] 顾卫星. 清末三次重要英语留学教育比较研究 [J]. 苏州大学学报

（哲学社会科学版），2007（2）．

[74] 池佑祜．海军大事记．中国史学会，中国科学院近代史研究所史料室，中央档案馆明清档案部组．洋务运动（一）[C]．上海：上海人民出版社，1961．

[75] 贺麟．严复的翻译．罗新章．翻译论集[C]．北京：商务印书馆，1984．

[76] 颜惠庆．颜惠庆自传——一位民国元老的历史回忆[M]．北京：商务印书馆，2003．

[77] 严复．与熊纯如书．王栻．严复集：第三册[C]．北京：中华书局，1986．

[78] 杜石然，林庆元，郭金彬．洋务运动与中国近代科技[M]．沈阳：辽宁教育出版社，1991．

[79] 舒新城．中国近代教育史资料：中册[M]．北京：人民教育出版社，1985．

[80] 李良佑，张日昇，刘犁．中国英语教学史[M]．上海：上海外语教育出版，1988．

[81] 孙培青．中国教育史[M]．第三版．上海：华东师范大学出版社，2009．

[82] 王立新．美国传教士与晚清中国现代化[M]．天津：天津人民出版社，1997．

[83] 朱有瓛，高时良．中国近代学制史料：第四辑（上册）[M]．上海：华东师范大学出版社，1993．

[84] 狄考文．基督教会与教育的关系．陈学恂．中国近代教育史教学参考资料．下册[C]．北京：人民教育出版社，1987．

[85] 季压西，陈伟明．语言障碍与晚清近代化进程（三）——从"同文三馆"起步[M]．北京：学苑出版社，2007．

[86] 陈学恂．中国近代教育大事记[M]．上海：上海教育出版社，1981．

[87] 基督教高等教育之起源与情况．李楚材．帝国主义侵华教育史资料：教会教育[C]．北京：教育科学出版社，1987．

[88] 张美平．民国外语教学研究[M]．杭州：浙江大学出版社，2012．

[89] 丁钢，刘琪．书院与中国文化[M]．上海：上海教育出版社，1992．

[90] 刘广京. 中国早期的基督教大学. 陈学恂. 中国近代教育史教学参考资料. 下册 [C]. 北京：人民教育出版社，1987.

[91] 李传松，许宝发. 中国近现代外语教育史 [M]. 上海：上海外语教育出版社，2006.

[92] 陈旭麓. 近代中国八十年 [M]. 上海：上海人民出版社，1983.

[93] 卿汝楫. 美国侵华史：第二卷 [M]. 北京：三联书店出版. 1956.

[94] 燕大校友校史编写委员会. 燕京大学史稿 1919—1952 [M]. 北京：人民中国出版社，1999.

[95] 陈景磐. 中国近代教育史 [M]. 北京：人民教育出版社，1983.

[96] 卫道治. 中外教育交流史 [M]. 长沙：湖南教育出版社，1998.

[97] 文乃史. 东吴大学 [M]. 珠海：珠海出版社，1999.

[98] 顾学稼，林霁，伍宗华. 中国教会大学史论丛 [M]. 成都：成都科技大学出版社，1994.

[99] 严复. 论今日教育应以物理科学为当务之急. 王栻. 严复集：第二册（下）[C]. 北京：中华书局，1986.

[100] 汤才伯. 近代上海教育的兴起和发展 [J]. 上海师范大学学报（哲学社会科学版），1983（3）.

[101] 朱有瓛，高时良. 中国近代学制史料：第一辑（下）[M]. 上海：华东师范大学出版社，1986.

[102] 张百熙，荣庆，张之洞. 奏定学堂章程学务纲要. 陈学恂. 中国近代教育史教学参考资料. 上册 [C]. 北京：人民教育出版社，1986.

[103] 鲁迅. 鲁迅全集：第二卷 [M]. 北京：人民文学出版社，1982.

[104] 金以林. 近代中国大学研究 [M]. 北京：中央文献出版社，2000.

[105] 陈旭麓. 论"中体西用" [J]. 历史研究，1982（5）.

[106] 严来庆. 浅析清朝时期英语教育的发展及特点 [J]. 科学大众，2008（10）.

[107] 吕达. 中国近代课程史论 [M]. 北京：人民教育出版社，1994.

[108] Whyte Bob. Unfinished Encounter—China and Christianity [M]. New York: Fount Paperbacks, 1988.

[109] 吴宗慈. 中华民国宪法史 [M]. 北京：法律出版社，2013.

[110] 殷啸虎. 近代中国宪政史 [M]. 上海：上海人民出版社，1997.

[111] 中国社会科学院世界宗教研究所. 中华归主：中国基督教事业统计（1901—1920）（上）[M]. 北京：中国社会科学出版社，1987.

[112] 史静寰. 狄考文与司徒雷登 [M]. 珠海：珠海出版社，1999.

[113] 谢泳，智效民. 逝去的大学 [M]. 北京：同心出版社，2005.

[114] 吴梓明，梁元生. 中国教会大学文献目录 [M]. 中国香港：香港豪威印刷出版有限公司，1998.

[115] 陈景磐. 中国近代教育史 [M]. 北京：人民教育出版社，1983.

[116] 顾长声. 传教士与近代中国 [M]. 第三版. 上海：上海人民出版社，2004.

[117] 陈学恂. 中国近代教育史教学参考资料：中册 [C]. 北京：人民教育出版社．1993.

[118] 高力克. 躁动的现代化之梦. 高瑞泉. 中国近代社会思潮 [C]. 上海：华东师范大学出版社，1996.

[119] 方克立. 现代新儒学与中国现代化 [M]. 天津：天津人民出版社，1997.

[120] [美] 费正清. 中国：传统与变迁 [M]. 北京：世界知识出版社，2002.

[121] 黄书光. 文化差异与价值整合——百年中国基础教育改革进程中的思想激荡 [M]. 北京：教育科学出版社，2011.

[122] 李娅玲. 中国外语教育政策发展研究 [M]. 北京：北京大学出版社，2012.

[123] [加拿大] 许美德. 中国大学 1895—1995：一个文化冲突的世纪 [M]. 北京：教育科学出版社，2000.

[124] 谢必震. 香飘魏歧村：福建协和大学 [M]. 石家庄：河北教育出版社，2004.

[125] 苏云峰. 从清华学堂到清华大学（1928—1937）[M]. 北京：三联书店，2001.

[126] 陈国钦，袁征. 瞬逝的辉煌——岭南大学六十四年 [M]. 广州：广东人民出版社，2008.

[127] 清华大学校史编写组. 清华大学校史稿 [M]. 北京：中华书局，1981.

［128］罗荣渠. 从"西化"到现代化［M］. 合肥：黄山出版社，2008.

［129］梁漱溟. 梁漱溟全集［M］. 济南：山东人民出版社，1989.

［130］艾恺. 这个世界会好吗：梁漱溟晚年口述［M］. 上海：东方出版中心，2006.

［131］钱乘旦. 现代文明的起源与演进［M］. 南京：南京大学出版社，1991.

［132］谢志浩. 经济学家陈岱孙 一生甘当教书匠［J］. 工会信息，2014（23）.

［133］罗炳生. 基督教高等教育当前的问题［J］. 教育季刊. 1926，2（3）.

［134］Lutz, Jessie Gregory. China and the Christian Colleges 1850—1950［M］. London：Cornell University Press, 1971.

［135］徐以骅. 上海圣约翰大学（1897—1952）［M］. 上海：上海人民出版社，2009.

［136］Corbett, Charles Hodge. Lingnan University : a Short History Based Primarily on the Records of the University's American Trustees［C］. New York：Trustees of Lingnan University, 1963.

［137］Fenn, William Purviance. Christian Higher Education in Changing China（1880—1950）［M］. Michigan：William B. Eerdmans Publishing Company, 1999.

［138］薄一波. 若干重大决策与事件的回顾［M］. 北京：中央党校出版社，1991.

［139］四川外国语学院高等教育研究所. 中国外语教育要事录：1949—1989［M］. 北京：外语教学与研究出版社，1993.

［140］Dzau, Y. F. English in China［M］. Hong Kong：API Press Ltd. 1990.

［141］Tsang Chiu Sam. Nationalism in School Education in China［M］. Hong Kong：Progressive Education Publishers, 1967.

［142］Wang, Xiaoping. The Origins and Development of English Language Teaching in China［D］. New York：Columbia University, 1992.

［143］逄先知，金冲及. 毛泽东传：1949—1976（上）［M］. 北京：中央文献出版社，2003.

［144］廖承志. 为实现四个现代化加紧培养外语人才——在全国外语教育

座谈会上的讲话 [J]. 人民教育, 1978 (10).

[145] 许国璋. Culturally Loaded Words and English Language Teaching [J]. 现代外语, 1980 (4).

[146] 布鲁贝克. 高等教育哲学 [M]. 杭州：杭州教育出版社, 2002.

[147] 肖淑云. 文化教学二十年：回顾与思考 [J]. 学术论坛, 2007 (4).

[148] 赵海燕. 论我国英语教育跨文化意识的双向成长 [J]. 中国教育学刊, 2013 (11).

[149] 揣琼, 王向东. 中国文化在大学英语教学中缺失的调查研究及对策 [J]. 西南民族大学学报（人文社科版), 2009 (5).

[150] 吴爱宁, 孟荣新, 崔瑞锋. 加强母语文化教育培养文化平等意识 [J]. 理论导刊, 2009 (11).

[151] 从丛. "中国文化失语"：我国英语教学的缺陷 [N]. 光明日报, 2000-10-19 (C01).

[152] 李岚清. 关于外语教学改革的讲话 [N]. 文汇报. 1996-09-03 (9).

[153] 教育部高等教育司. 大学英语课程教学要求（试行）[S]. 上海：上海外语教育出版社, 2004.

[154] 高等学校外语专业教学指导委员会英语组. 高等学校英语专业英语教学大纲 [S] 上海：上海外语教育出版社, 2000.

[155] 李继凯, 刘瑞春. 解析吴宓 [M]. 北京：社会科学文献出版社, 2001.

[156] 辜正坤. 中国外语学术自主创新：学术研究理路和前途展望——从单向殖文主义到双向互动的比较文化转向 [J]. 中国外语, 2007 (1).

[157] 龙臻. 论外语教育的本土文化意识 [J]. 教学与管理, 2009 (27).

[158] 束定芳, 庄智象. 现代外语教学——理论, 实践与方法 [M]. 上海：上海外语教育出版社, 1996.

[159] 许克琪. "双语教学"热中应关注中华民族文化遗失问题 [J]. 外语教学, 2004 (3).

[160] 潘洞庭. 文化意识与外语教学 [J]. 外语学刊, 2007 (6).

[161] 教育部高等教育司. 大学英语课程教学要求 [S]. 北京：高等教育出版社, 2007.

[162] 费正清. 费正清文集：伟大的中国革命（1800—1985）[M]. 北京：世界知识出版社, 2000.

[163] 熊志勇. 百年中美关系[M]. 北京：世界知识出版社, 2006.

[164] Troutner, Jennifer L. Language, Culture and Politics：English in China, 1840s—1990s[D]. University of California, 1992.

[165] 中国基督教三自爱国运动委员会, 中国基督教第四届全国会议专辑[M]. 北京：三自爱国运动委员会出版, 1986.

[166] 丁光训. 和好信息[J]. 金陵神学志, 1986（5）.

[167] 李鸿章. 李文忠公奏稿：卷二四[M]. 出版者不明, 1908.

[168] 顾廷龙. 续修四库全书[M]. 上海：上海古籍出版社, 1995.

[169] 柴文华. 现代新儒家文化观研究[M]. 北京：三联书店, 2004.

[170] 殷海光. 中国文化的展望[M]. 上海：三联书店, 2002.

[171] 衣俊卿. 文化哲学：理论理性和实践理性交汇处的文化批判[M]. 昆明：云南人民出版社, 2005.

[172] 吴克礼. 文化学教程[M]. 上海：上海外语教学出版社, 2002.

[173] 王晓德. 梦想与现实[M]. 北京：中国社会科学出版社, 1995.

[174] Harrison, Brian. Waiting for China[M]. Hong Kong：Hong Kong Univeisity Press, 1979.

[175] 顾维钧. 顾维钧回忆录[M]. 北京：中华书局, 1983.

[176] 赵海燕. 从文化变迁看高考英语科目改革[J]. 中国教育学刊, 2015（1）.

[177] [美] 萧公权. 近代中国与新世界：康有为变法与大同思想研究[M]. 南京：江苏人民出版杜, 1997.

[178] 秦孝仪. 中华民国文化发展史：第二册[M]. 北京：近代中国出版社, 1981.

[179] 金点强. 向罗斯福总统递话, 遭美驻华大使反对——毛泽东曾三次提出想访美[N]. 环球时报, 2008-06-11（13）.

[180] 赵海燕. 从文化变迁看高校英语教育的"中国文化失语"[J]. 中国高教研究, 2016（11）.

[181] [美] 费正清, 赖肖尔. 中国：传统与变革[M]. 南京：江苏人民出版社, 1995.

[182] [美]墨子刻.摆脱困境:新儒学与中国政治文化的演进[M].南京:江苏人民出版社,1990.

[183] 张岱年.马克思主义在中国的传播与中国传统哲学的背景[J].中国社会科学院研究生院学报,1987(3).

[184] 贾陆英.马克思主义与儒学的融合——中华文化百年走势探析[M].太原:山西人民出版社,2012.

[185] 张允熠.融会中西马,创造新文化——张岱年晚年文化哲学思想拾贝[J].学术界,2009(6).

[186] 程麻.中国文化视角与世界文明前景[M].北京:清华大学出版社,2012.

[187] 孙开泰.先秦诸子精神[M].南京:凤凰出版社,2010.

[188] Wright S. Language Policy and Language Planning: from Nationalism to Globalization [M]. New York: Palgrave Macmillan, 2004.

[189] Crystal D. The future of Englishes [J]. English Today, 1999, 15 (02).

[190] 高一虹,许宏晨."世界英语"及"中国英语"研究:新世纪的挑战与展望[J].新疆师范大学学报(哲学社会科学版),2015(5).

[191] Kachru, B. B. Nelson C L. World Englishes in Asian Contexts [M]. Hong Kong: Hong Kong University Press, 2006.

[192] Kachru, B. B. The Other Tongue: English across Cultures [M]. Urbana: University of Illinois Press, 1982.

[193] 葛传椝.漫谈由汉译英问题[J].翻译通讯,1982(2).

[194] 孙骊.英语国别变体的研究和英语在中国[J].外国语:上海外国语大学学报,1989(2).

[195] 张培成.使用目的与国别变体——也谈中国英语[J].现代外语,1995(3).

[196] 榕培.中国英语是客观存在[J].解放军外国语学院学报,1991(1).

[197] 乔春华,周华媛,骆红亚.中国英语在中国文化输出中的作用及实现路径研究[J].科学·经济·社会,2012(3).

[198] 李伯利.中国式英语:变体透视[J].重庆工商大学学报(社会科

学版），2001，18（2）．

[199] 陈文存．简析"Chinglish"[J]．四川师范学院学报，1999（4）．

[200] 祝畹瑾．社会语言学概论[M]．长沙：湖南教育出版社，1992．

[201] 李文中．《理解国际通用英语》述评[J]．外语教学与研究，2014（6）．

[202] Bruthiaux, P. Squaring the Circles: Issues in Modeling English Worldwide [J]. International Journal of Applied Linguistics, 2003 (13).

[203] 何天爵，鞠方安．真正的中国佬[M]．北京：光明日报出版社，1998．

[204] [美]列文森．儒教中国及其现代命运[M]．北京：中国社会科学出版社，2000．

[205] 王辉．新教传教士译者对孔子和儒家经典的认识[J]．孔子研究，2011（5）．

[206] 中共中央编译局．毛泽东思想怎么向世界传播的？[N]．人民日报，2012-04-28．

[207] 牛道生．英语对中国的历史性影响[M]．北京：北京大学出版社，2013：226．

[208] 杜瑞清，姜亚军．近二十年"中国英语"研究述评[J]．外语教学与研究，2001，33（1）．

[209] 郑永年．"中国学"与"学中国"[EB/OL]．http://news.gmw.cn/2015-11/22/content_ 17814322. htm, 2015-11-22．

[210] 江泽民．祝贺《世界人权宣言》发表50周年[N]．人民日报，1998-12-10（1）．

[211] 王守仁．关于全面加强中国英语教育的思考[J]．外语教学，2002（2）．

[212] 邓炎昌，刘润清．语言与文化——英汉语言文化对比[M]．北京：外语教学与研究出版社，1989．

[213] 陈桂琴．大学英语跨文化教学中的问题与对策[D]．上海外国语大学，2013．

[214] B. B. Kachru. The Other Tongue: English across Cultures [M]. Urbana: University of Illinois Press, 1982.

[215] 张冲. 关于英语专业定位的思考 [J]. 外语界, 2003 (4).

[216] 佚名. 许国璋教授 [J]. 党政论坛, 1994 (12).

[217] 李文中. 英语全球化及其在中国本土化的人文影响 [J]. 河南师范大学学报（哲学社会科学版），2006, 33 (3).

[218] 周晓凤. 英语全球化与中国英语教学 [J]. 长春教育学院学报，2006, 22 (3).

[219] 北京市人民政府外事办公室. 美食译苑——中文菜单英文译法 [M]. 北京：世界知识出版社，2012.

后　　记

　　笔者从山东大学毕业到首都经济贸易大学任教已20个春秋了，其间大部分时间是从事大学英语教育。20世纪90年代后期，高度计划、统一管理模式的痕迹还在大学英语教育中存在，四、六级考试也在无形中强化着这种集中统一。另外一种趋势是，改革开放以来以英语为工具吸收西方先进科学技术为大学英语教育主要目标的情况已有很大改变，强调大学英语教育应增加文化内容的理论逐渐成为主流观点，这使大学英语教材中的人文性内容大大增加。集中统一的管理使英语教育所承载的文化要素的传播很有规模和效率。这就是我参加工作时大学英语教育的状态。

　　随着教学实践的增加，我发现了一个让我感到疑惑的问题。学生们普遍认为英语水平比汉语水平更能体现自身价值。如果学生的汉语语言文字功底较差，英译汉时答案支离破碎、词不达意，会被认为是无伤大雅，但如果不能"口音纯正"地表达英美世界的事情则被视为严重的缺陷。更有甚者，学生对中华文化本身也是一知半解，不甚了了，而一旦涉及西方文化，却往往是如数家珍。这种有悖常识的现象引起了我内心的震动，并开始进行研究和思考。2000年从丛关于英语教育中"中国文化失语"的论述，第一次比较鲜明地提出了这个问题；但是近20年来，无论是理论上还是实践中，中国高校英语教育都没有解决这个问题。我曾经在从事的工作中做出自己的努力以试图改善这种状况，也参阅大量关于这个问题的学术论文，把一些措施和建议运用起来，但是效果非常有限。随着认识的深入，我发现这绝不是一个教学层面的问题，而是涉及高校英语教育政策导向的问题。由此，我萌生了从教育政策入手研究这个问题的想法。

　　随着研究的深入，我逐渐地认识到：近代以来中国高校英语教育的产生和发展的特殊历史背景与中国文化失语问题有着内在的联系。探索这种内在联系，构成了本书的主要内容。对这种内在联系的研究和解析，需要跨学科的视角和多领域的知识，还需要历史的纵深感和对未来的穿透力，这些都给我带来了极大的挑战。在应对这些挑战中，我认识了近代以来波澜壮阔的中华文化复兴的进程，领略到东西方两大主要文化的精神风貌，洞悉了中国高校英语教育产生、发展的既无奈又艰险的文化足迹。作为这数年体验与思考的结果，有了这本小书，这其实是我心底深处沉闷的呐喊，因为在这伟大的历史转折时代,百余年来积郁在中国高校英语教育界的价值误区的阴云还远未消散,还在遮蔽着正确的政策方向。希望这一声呐喊能够为实现中国高校英语教育政策文化价值取向的转折助威,能够为中华文化实现走出去出一把力。由于自己学力有限,把握这么一个宏大的课题深感吃力,书中的不足和缺憾比比皆是,但我深信这项研究是有价值的,我也从中体会到了历史责任感的重大和寻求理论创新的乐趣,并会在以后的教育生涯中继续奋力探索。